GONGLU GONGCHENG SHIGONG ANQUAN FENGXIAN
公路工程施工安全风险
BIANKONG SHOUCE
辨控手册

主　编　孟续峰
副主编　张雪峰　李忠陶　陶云川

人民交通出版社股份有限公司
China Communications Press Co.,Ltd.

内容提要

本手册主要以公路工程施工现场作业工序为单元进行风险辨控,主要内容包括辨识风险因素、评估风险等级、分析可能造成的后果和提出防控措施。手册共 10 章,分别为:总则、基础管理、施工准备、通用作业、路基工程、路面工程、桥涵工程、隧道工程、交通安全设施和改扩建工程。

本手册图文并茂、文字精炼,具有较强的可读性和实用性,可供公路工程施工安全管理人员和作业人员安全教育培训、安全交底使用,也可供公路工程项目建设、监理及施工等单位相关人员学习参考。

图书在版编目(CIP)数据

公路工程施工安全风险辨控手册／孟续峰主编. —
北京：人民交通出版社股份有限公司,2017.8
ISBN 978-7-114-13400-5

Ⅰ.①公… Ⅱ.①孟… Ⅲ.①道路施工—安全管理—手册 Ⅳ.①U415.12-62

中国版本图书馆 CIP 数据核字(2016)第 243128 号

书　　名：	公路工程施工安全风险辨控手册
著 作 者：	孟续峰
责任编辑：	周　宇　李　农　张江成
出版发行：	人民交通出版社股份有限公司
地　　址：	(100011)北京市朝阳区安定门外外馆斜街 3 号
网　　址：	http://www.ccpress.com.cn
销售电话：	(010)59757973
总 经 销：	人民交通出版社股份有限公司发行部
经　　销：	各地新华书店
印　　刷：	北京市密东印刷有限公司
开　　本：	787×1092　1/16
印　　张：	16.75
字　　数：	392 千
版　　次：	2017 年 8 月　第 1 版
印　　次：	2017 年 8 月　第 1 次印刷
书　　号：	ISBN 978-7-114-13400-5
定　　价：	70.00 元

(有印刷、装订质量问题的图书,由本公司负责调换)

《公路工程施工安全风险辨控手册》
编审委员会

主　　编：孟续峰
副 主 编：张雪峰　李忠陶　陶云川
编　　委：王　伟　冯凯伟　刘丽英　刘　佳　安　进　许延杰
　　　　　任　鹏　李爱军　杨　毅　张芳燕　陈久万　陈明星
　　　　　尚海波　孟志军　赵　云　赵　伟　郝松卿　顾文惠
　　　　　郭春敬　梁　斌　强白亮　解卫江
　　　　　（按姓氏笔画排序）
统　　稿：张芳燕
主　　审：李新杰
副 主 审：韩　萍　马冬云　张晓燕
参加人员：赵海元　郝倩妮　杜蓉华　张　敏　宋彩娜　贾蓉蓉
　　　　　牛彦峰　张志伟　王家林　王培剑　郭卫琦　李　飞
　　　　　王昱晓　马波海　高国栋　尹晋文　张宏亮　郝　宁
　　　　　路正明

前言

安全风险辨控是安全管理的重要手段和措施,是预防事故的第一道防线。为提高公路工程施工安全风险管理水平,由山西省交通科学研究院作为主编单位,山西省忻州高速公路有限责任公司神岢项目建设处、长治高速公路有限责任公司、山西路桥集团运宝黄河大桥建设管理有限公司等作为协助单位,共同编制了《公路工程施工安全风险辨控手册》(以下简称本手册)。

本手册以神(池)岢(岚)高速公路新建项目、运(城)宝(灵)黄河大桥新建项目、长(治)邯(郸)高速公路改扩建项目等3个试点项目为依托工程,以相关法律、法规、规章、标准为依据,借鉴了国内外公路工程施工安全风险管理的成功经验,坚持"安全第一、预防为主、综合治理"的方针,以《公路工程施工安全技术规范》(JTG F90—2015)为蓝本,以施工作业工序为主线,针对各工序作业特征,列出主要风险因素、风险等级和可能造成的后果,提出事前防控措施,适用于施工安全管理人员和作业人员使用。

本手册编写工作历时一年多。在编写过程中,山西省交通建设质量安全监督局、四川公路桥梁建设集团有限公司神池至岢岚高速公路TJ1合同段项目经理部、山西省晋中路桥建设集团有限公司神池至岢岚高速公路TJ2合同段项目经理部、宁夏路桥工程股份有限公司神池至岢岚高速公路TJ3合同段项目经理部、中交路桥建设有限公司神池至岢岚高速公路TJ4合同段项目经理部、山西路桥集团长临高速公路有限公司等单位提供了大力支持和帮助,在此表示衷心感谢。

本手册由山西省交通运输厅安全监督处组织审定,主审专家对本手册的成稿和内容质量的提升提供了许多建设性建议,在此向山西省交通运输厅领导和专家表示衷心感谢。

交通运输部公路科学研究院肖殿良和交通运输部安全与质量监督管理司桂志

敬为本手册的修改完善提供了许多宝贵的建议和资料,在此表示衷心感谢。

本手册因初次编制,受编写人员认知及经验等方面的局限,疏漏或错误之处在所难免,欢迎广大读者提出宝贵意见,并反馈至山西省交通科学研究院(山西省太原市小店区许坦西街36号,邮编030006),以供本手册再版时修改和完善。

编 者

2017年3月

目 录

1 总则 …………………………………………………………………………… 1
2 基础管理 ……………………………………………………………………… 2
　2.1 安全生产条件 …………………………………………………………… 2
　2.2 安全生产管理制度 ……………………………………………………… 4
　2.3 安全生产技术管理 ……………………………………………………… 8
　2.4 档案管理 ……………………………………………………………… 11
　2.5 安全专项工作 ………………………………………………………… 11
3 施工准备 …………………………………………………………………… 13
　3.1 驻地建设 ……………………………………………………………… 13
　3.2 预制场建设 …………………………………………………………… 18
　3.3 拌和站建设 …………………………………………………………… 21
　3.4 储油罐场地建设 ……………………………………………………… 24
　3.5 施工便道建设 ………………………………………………………… 25
　3.6 临时码头和栈桥建设 ………………………………………………… 27
　3.7 施工临时用电建设 …………………………………………………… 30
　3.8 生产生活用水设施建设 ……………………………………………… 35
　3.9 施工机械设备 ………………………………………………………… 37
4 通用作业 …………………………………………………………………… 40
　4.1 测量作业 ……………………………………………………………… 40
　4.2 支架作业 ……………………………………………………………… 41
　4.3 模板作业 ……………………………………………………………… 45
　4.4 钢筋作业 ……………………………………………………………… 50
　4.5 混凝土作业 …………………………………………………………… 53
　4.6 砂浆作业 ……………………………………………………………… 56

1

- 4.7 电焊与气焊作业 58
- 4.8 起重吊装作业 61
- 4.9 高处作业 65
- 4.10 水上作业 69
- 4.11 潜水作业 72
- 4.12 爆破作业 73
- 4.13 小型机具作业 77
- 4.14 涂装作业 79
- 4.15 危险品储存运输作业 80
- 4.16 特殊季节与特殊环境施工 84
- 5 路基工程 89
  - 5.1 场地清理 89
  - 5.2 土方工程 91
  - 5.3 石方工程 96
  - 5.4 浆砌防护 99
  - 5.5 挂网锚喷防护 101
  - 5.6 排水工程 103
  - 5.7 软基处理 105
  - 5.8 特殊路基 111
- 6 路面工程 116
  - 6.1 基层与底基层 116
  - 6.2 沥青面层 120
  - 6.3 水泥混凝土面层 123
- 7 桥涵工程 126
  - 7.1 人工挖孔桩 126
  - 7.2 钻孔灌注桩 129
  - 7.3 沉入桩 132
  - 7.4 沉井 134
  - 7.5 地下连续墙 138
  - 7.6 围堰 138
  - 7.7 明挖地基 140
  - 7.8 承台 142
  - 7.9 墩台 143

7.10	盖梁	145
7.11	预制梁架设	148
7.12	支架现浇梁	151
7.13	0号、1号块施工	154
7.14	挂篮安拆与悬浇	156
7.15	拱桥	160
7.16	斜拉桥	163
7.17	悬索桥	165
7.18	钢桥	167
7.19	桥面及附属工程	167
7.20	圆管涵	170
7.21	盖板涵、箱涵	171

8 隧道工程 173

8.1	洞口施工	173
8.2	明洞施工	176
8.3	开挖	178
8.4	装渣与运输	184
8.5	支护	187
8.6	衬砌	193
8.7	防水和排水	197
8.8	通风、防尘及防有害气体	199
8.9	风、水、电供应	202
8.10	不良地质和特殊岩土地段	206
8.11	特殊地段	213
8.12	小净距及连拱隧道	215
8.13	附属设施工程	218
8.14	超前地质预报和监控量测	220

9 交通安全设施 225

9.1	护栏	225
9.2	交通标志	226
9.3	交通标线	227
9.4	隔离栅和桥梁护网	228
9.5	防眩设施	229

10 改扩建工程 ··· 231
10.1 桥涵拼宽 ··· 231
10.2 路基拼宽 ··· 234
10.3 旧桥拆除 ··· 235
10.4 加固工程 ··· 238
10.5 支座更换 ··· 242
10.6 伸缩缝更换 ··· 243
10.7 隧道防排水修复 ··· 244
10.8 边通车边施工 ··· 244

附录 A 风险等级划分及处置原则 ··· 248

附录 B 事故类型 ··· 249

附录 C 《本手册》应用示例 ··· 250

参考文献 ··· 255

1 总则

1.0.1 本手册主要对公路工程施工安全基础管理和现场作业工序进行风险辨控。

1.0.2 风险辨控主要包括辨识风险因素、评估风险等级、分析可能造成的后果和提出防控措施。

1.0.3 风险因素是指引起或增加风险事故发生的概率或扩大损失程度的条件,是风险事故发生的潜在原因。风险分为Ⅰ级(重大)、Ⅱ级(较大)、Ⅲ级(一般)三个等级(见附录A)。

1.0.4 可能造成的后果是指可能发生的事故类型和伤害形式,事故类型按照《企业职工伤亡事故分类》(GB 6441—1986)划分(见附录B)。

1.0.5 防控措施是指避免形成生产安全事故隐患和预防生产安全事故发生的行为手段,主要包括安全技术措施、安全管理措施、安全预防措施。

1.0.6 施工企业应根据风险因素的风险程度实施分类分级、差异化管理,通过隔离风险源、采取技术手段、实施个体防护、设置监控设施等措施,规避、降低和监测风险。

1.0.7 施工作业前,应对照本手册并结合工程实际,对施工作业所涉及的风险因素进行筛选和补充,形成安全风险辨控清单,并作为施工安全管理人员和作业人员安全教育培训、安全交底的参考资料。《手册》应用示例见附录C。

1.0.8 本手册适用于新建、改扩建、大中修公路工程施工安全管理人员和作业人员。

1.0.9 本手册未涉及或未拓展阐述的内容,参照国家及行业相关规定执行。

2 基础管理

本章主要对公路工程施工安全管理中的主要风险进行辨控,工程项目开工前安全生产条件在本章不同的小节中予以体现。

2.1 安全生产条件

2.1.1 主要内容

本节中的安全生产条件风险辨控是指项目开工后为了避免造成人员伤害和财产损失,从人员、设备管理等环节进行的风险辨控。其主要内容包括:安全生产许可证、安全组织机构及职责、从业人员资格、设备设施管理、施工作业手续等。

2.1.2 风险辨控

安全生产条件风险辨控,见表2.1.2。

表2.1.2 安全生产条件风险辨控

序号	内容	风险因素	风险等级	违法违规情况	主要防控措施
1	安全生产许可证	未取得安全生产许可证,擅自生产;或安全生产许可证失效,继续生产	I	违反《建设工程安全生产管理条例》第二十条。依据《安全生产许可证条例》第十九条,将被责令停止生产,没收违法所得,并处10万元以上50万元以下的罚款;造成重大事故或其他严重后果,构成犯罪,依法追究刑事责任。第二十条,将被责令停止生产,限期补办延期手续,没收违法所得,并处5万以上10万元以下的罚款	1.按照法律法规要求,取得安全生产许可证; 2.安全生产许可证有效期满前3个月,向原安全生产许可证颁发管理机关办理延期手续; 3.企业主要负责人应指定专人办理延期手续,并对办理情况进行有效监督
2	安全组织机构及职责	未按规定设置安全生产管理机构或配备专职安全生产管理人员	I	违反《中华人民共和国安全生产法》(以下简称《安全生产法》)第二十一条、《建设工程安全生产管理条例》第二十三条。依据《安全生产法》第九十四条,将被责令限期改正,可以处五万元以下的罚款;逾期未改正的,停产停业整顿,并处五万元以上十万元以下的罚款,对其直接负责的主管人员和其他直接责任人员处一万元以上二万元以下的罚款	1.按规定设置安全生产管理机构或配备专职安全生产管理人员; 2.将安全组织机构框图悬挂在明显位置; 3.将安全生产管理机构、专职安全生产管理人员行文上报备案

2 基础管理

续上表

序号	内容	风险因素	风险等级	违法违规情况	主要防控措施
2	安全组织机构及职责	1.未明确安全生产管理机构的职责权限,企业安全生产责任未落实到位; 2.施工单位签订安全生产目标责任书不全面,安全生产责任未有效落实	Ⅱ	违反《安全生产法》第十八条、第二十二条、第十九条和《公路水运工程安全生产监督管理办法》。依据《安全生产法》第九十一条、第九十二条、第九十三条进行处罚	1.明确安全生产职责权限,落实安全生产责任; 2.明确各部门负责人、各岗位作业人员、其他从业人员的安全生产责任,并确定各岗位的责任人员、责任范围、考核标准及奖惩措施; 3.与重点作业单位、分包单位签订安全生产责任书; 4.企业主要负责人、分管领导、全体员工安全职责明确,层层签订安全生产责任书; 5.安全生产目标责任制内容有针对性,可进行动态考核
3	从业人员资格	主要负责人和安全管理人员(项目经理、分管安全生产经理、项目总工、安全生产管理机构负责人、专职安全生产管理人员)无安全生产考核合格证	Ⅱ	违反《安全生产法》第九十四条、《特种设备作业人员监督管理办法》第二条和《公路水运工程安全生产监督管理办法》。依据《安全生产法》第九十四条,将被责令限期改正,可以处五万元以下的罚款;逾期未改正的,停产停业整顿,并处五万元以上十万元以下的罚款,对其直接负责的主管人员和其他直接负责人员处一万元以上二万元以下的罚款	1.提出整改方案; 2.强化培训管理; 3.更换持证人员,且证件与工作岗位相对应; 4.安全管理人员和特种作业人员、特种设备作业人员登记建档,并建立动态管理资料
		特种作业人员未持有效资格证书上岗,或证件与工作岗位不对应;特种设备作业人员未持有效的《特种设备作业人员证》	Ⅱ		
		专职安全生产管理人员配备不足	Ⅱ	违反《安全生产法》第二十一条。依据《建设工程安全生产管理条例》第六十二条,将被责令限期改正,逾期未改正的,责令停业整顿,依照《安全生产法》的有关规定处以罚款等	1.加强安全教育培训; 2.完善并配备足够的专职安全生产管理人员; 3.施工现场按照年度产值配备安全员
		专(兼)职安全管理人员不稳定,不具备专业安全生产管理知识和经验,不熟悉各岗位的安全生产业务操作规程	Ⅲ	违反《安全生产法》第二十四条和《公路水运工程安全生产监督管理办法》。依据责令限期改正;逾期未改正的,责令施工单位停业整顿;造成重大安全事故、重大伤亡事故或者其他严重后果,构成犯罪的,依照刑法有关规定追究刑事责任	配备稳定的可以胜任安全管理岗位的人员

续上表

序号	内容	风险因素	风险等级	违法违规情况	主要防控措施
4	设备设施管理	机械设备管理混乱	III	违反《中华人民共和国特种设备安全法》(以下简称《特种设备安全法》)第三十三条、第三十四条和第三十五条和《公路水运安全生产监督管理办法》。依据《安全生产法》第九十六条和《特种设备安全法》第八十三条、第八十四条、第八十六条进行处罚	1. 建立机械设备分类管理台账； 2. 台账齐全
		特种设备的检测检验不符合要求，或未检测检验即投入使用	I	违反《特种设备安全法》第三十二条和《公路水运工程安全生产监督管理办法》。依据《安全生产法》第九十六条进行处罚	1. 将特种设备的安装、修理、改造、检验、化学清洗、维护保养等工作委托给取得相应许可的单位； 2. 未取得检测检验合格证的特种设备不得投入使用
		特种设备的维护、保养不及时或管理不规范	III	违反《特种设备安全法》第三十九条、第四十条。依据《特种设备安全法》第八十三条，责令限期改正；逾期未改正的，责令停止使用有关特种设备，处一万元以上十万元以下罚款；或依据《特种设备安全监察条例》进行处罚	1. 对特种设备登记建档，一机一档； 2. 日常检查、维修、保养记录应齐全，并建立运行、保养台账
		非标准设备的安全性未经论证即投入使用	I	不符合《公路工程施工安全技术规范》(JTG F90—2015)第3.0.10条的要求。依据《建设工程安全生产管理条例》第五十九条进行处罚	大型模板、承重支架及未入国家特种设备目录的非标准设备，组织专家论证和验收
		施工现场临时设施的安全管理不到位	I	违反《公路水运工程安全生产监督管理办法》	施工现场临时设施的采购、租赁、搭设与拆除、验收、检查、使用应规范
5	施工作业手续	1. 未办理作业手续即开始施工； 2. 多方协调作业的工程安全管理混乱	I	违反《安全生产法》第四十六条、《道路交通安全法》和《公路安全保护条例》等。依据《安全生产法》第一百零一条，责令限期改正，可以处五万元以下的罚款，对其直接负责的主管人员和其他直接责任人员可以处一万元以下的罚款；逾期未改正的，责令停产停业整顿	1. 跨线施工、交通管制及水上水下作业等按规定办理相关安全许可手续； 2. 审查协作单位资格条件，明确双方的安全责任后，再签订安全协议

2.2 安全生产管理制度

2.2.1 主要内容

安全生产管理制度主要包括以下内容：安全目标管理制度，安全生产例会制度，安全教育培训制度，安全生产费用管理制度，危险品安全管理制度，消防安全责任制度，安全检查制度，安全奖罚考核制度,生产安全事故调查处理及报告制度,职业健康管理制度,安全生产风险分级管控制度,生产安全事故隐患排查治理制度,重大危险源管控制度,危险作业管理制度,劳动防护用品采购、配备和使用管理制度,安全设备管理制度,特种作业管理制度,特种作业人员管理制度等。其中,劳动防护用品采购、配备和使用管理制度,安全设备管理制度,特种作业人员管理制度方面的内容已在"2.1 安全生产条件"中陈述;安全生产风险分级管控制度、生产安全事故隐患排查治理制度、重大危险源管控制度、危险作业管理制度方面的内存将在"2.3 安全生产技术管理"中陈述。

2.2.2 风险辨控

安全生产管理制度风险辨控,见表2.2.2。

表2.2.2 安全生产管理制度风险辨控

序号	工序	风险因素	风险等级	违法违规情况	主要防控措施
1	安全目标管理制度	企业安全生产方针、目标低于上级下达的安全控制指标,脱离了实际工作情况	Ⅱ	不符合《安全生产法》第三条的规定	1. 企业安全生产方针、目标不得低于上级下达的安全控制指标; 2. 制定的安全工作方针、目标措施与实际工作相符; 3. 细化分解安全生产管理指标,制定阶段性的安全生产控制指标
2	安全生产例会制度	安全生产例会流于形式,会议无针对性,无落实痕迹资料	Ⅱ	违反《公路水运工程安全生产监督管理办法》和《建设工程安全生产管理条例》第二十一条有关规定	1. 建立安全生产例会制度; 2. 按时召开例会; 3. 记录完整、签字齐全
3	安全教育培训制度	从业人员未按规定内容、学时培训或记录不清晰	Ⅲ	违反《安全生产法》第十八条、第二十二条。依据《安全生产法》第九十四条进行处罚	1. 制定安全教育培训制度和计划; 2. 按规定的培训学时和内容对作业人员进行安全培训或再教育; 3. 培训时间、培训内容、参加培训人员记录清晰
		未结合安全生产的新情况开展有针对性的专项培训	Ⅱ	违反《安全生产法》第二十五条、第二十六条和《公路水运工程安全生产监督管理办法》。依据《安全生产法》第九十四条,责令限期改正,可以处五万元以下的罚款;逾期未改正的,责令停产停业整顿,并处五万元以上十万元以下的罚款,对其直接负责主管人员和其他直接责任人员处一万元以上二万元以下的罚款	1. 按要求对项目经理、管理人员、安全专职人员开展专项安全教育培训; 2. 新上岗、复岗、转岗人员及时进行岗前安全培训; 3. 新技术、新设备投入使用前,对管理和操作人员进行专项培训; 4. 对从业人员、特种作业人员、实习学生进行培训; 5. 从事危险性较大工程的作业人员,按规定内容、学时培训; 6. 开展应急救援演练培训,使作业人员充分了解应急程序和应急处置方案

续上表

序号	工序	风险因素	风险等级	违法违规情况	主要防控措施
3	安全教育培训制度	安全宣传教育内容单一、无针对性，更新不及时，未进行记录	Ⅲ	违反《安全生产法》第二十五条。依据《安全生产法》第九十四条，责令限期改正，可以处五万元以下的罚款；逾期未改正的，责令停产停业整顿，并处五万元以上十万元以下的罚款，对其直接负责主管人员和其他直接责任人员处一万元以上二万元以下的罚款	1. 按生产需要进行安全宣传教育，并及时更新； 2. 安全宣传、教育培训档案记录详细、准确
		安全教育与培训管理不闭合	Ⅲ		评估安全培训效果
4	安全生产费用管理制度	安全生产费用管理不规范或安全生产费用未在成本中据实列支	Ⅲ	违反《建设工程安全生产管理条例》第二十一条和《山西省公路工程安全生产费用管理办法》的第九条的有关规定	1. 制定本项目安全生产费用管理制度和使用计划； 2. 建立安全生产费用使用台账，费用明细清晰，记录全面
		安全生产费用不足或挪用安全生产费用	Ⅱ	违反《安全生产法》第十七条、第二十条。依据《安全生产法》第九十条，责令生产经营单位限期改正，提供必需的资金；逾期未改正的，责令生产经营单位停产停业整顿	1. 按规定足额提取安全生产费用，及时投入以满足安全生产条件； 2. 安全生产费用专款专用
5	危险品安全管理制度	危险品管理责任不明晰	Ⅱ	违反《公路水运工程安全生产监督管理办法》，不符合《公路工程施工安全技术规范》（JTG F90—2015）第3.0.1条的相关要求。依据《公路水运工程安全生产监督管理办法》第三十五条进行处理	1. 建立危险品管理办法； 2. 危险物品进出库台账清晰，管理措施、使用记录等符合有关要求； 3. 危险品管理人员持有效证件上岗
		爆破作业无审批或手续不齐全	Ⅱ	不符合《公路工程施工安全技术规范》第5.10.2的规定，违反《民用爆破物品安全管理条例》第三十二条。依据《民用爆破物品安全管理条例》第四十八条，责令停止违法行为或者限期改正，处10万元以上50万元以下的罚款；逾期不改正的，责令停产停业整顿；情节严重的，吊销《爆破作业单位许可证》	1. 爆破工程施工取得有关部门的批准； 2. 爆破作业相关审批、备案、登记手续齐全
6	消防安全责任制度	消防安全无责任人，消防器材不完善	Ⅱ	违反《建设工程安全生产管理条例》第三十一条。依据《建设工程安全生产管理条例》第六十二条，责令限期改正；逾期不改正的，责令停业整顿	1. 制定消防安全责任制度； 2. 绘制消防设施布设图； 3. 按规定对消防责任区域、责任人、消防器具配置及维护进行管理； 4. 建立消防器材管理使用台账，记录清晰

续上表

序号	工序	风险因素	风险等级	违法违规情况	主要防控措施
7	安全检查制度	安全检查工作不规范	Ⅱ	违反《安全生产法》第四十三条和《公路水运工程安全生产监督管理办法》。依据《公路水运工程安全生产监督管理办法》第三十七条进行处理	1.建立安全检查制度； 2.制定项目负责人带班制度
		隐患排查与治理不彻底	Ⅱ	违反《安全生产法》第四十三条。依据《安全生产法》第九十九条,责令立即消除或限期消除;生产经营单位拒不执行的,责令停产停业整顿,并处十万元以上五十万元以下的罚款,对直接负责的主管人员和其他直接责任人员处二万元以上五万元以下的罚款	1.制定隐患排查方案,明确目标和任务、方法和措施、经费和物资、机构和人员、时限和要求； 2.按规定的频率开展隐患排查,及时发现安全管理缺陷和漏洞,分析检查安全隐患的原因； 3.制定并落实有效的控制对策,彻底消除安全隐患； 4.对隐患排查和治理情况进行统计分析,向有关部门报送书面统计分析表
8	安全奖罚考核制度	安全生产奖罚无法落实	Ⅲ	不符合《公路水运工程安全生产监督管理办法》的要求	1.建立奖罚制度； 2.明确奖励、处罚条件及方式； 3.将执行情况进行记录
9	生产安全事故调查处理及报告制度	安全生产事故的处置与调查混乱	Ⅱ	违反《安全生产法》第七十八条、第八十二条。依据《安全生产法》第一百零六条和第一百零七条进行处罚	1.制定生产安全事故调查处理及报告制度； 2.及时处置事故现场； 3.按要求成立事故调查组； 4.按时提交事故调查报告,事故原因分析清晰,落实整改措施落实到位； 5.跟踪事故发展情况,及时续报事故信息； 6.建立事故档案和事故管理台账
10	职业健康管理制度	对作业人员的职业健康管理不到位	Ⅱ	不符合《交通运输建筑施工企业安全生产标准化》的相关要求,违反《安全生产法》第四十二条和《职业病防治法》第二十一条、第二十二条。依据《职业病防治法》第七十三条进行处罚	1.设置或指定职业健康管理机构,配备专(兼)职管理人员； 2.在从业人员工作环境和条件中,配备与职业健康保护相适应的劳动防护用品、设施、工具

2.3 安全生产技术管理

2.3.1 主要内容

安全生产技术管理主要包括以下内容:施工组织设计、专项施工方案、安全技术交底、风险预控、临时用电方案、应急预案及演练、现场通用管理、安全目标、职业健康等。

2.3.2 风险辨控

安全生产技术管理风险辨控,见表2.3.2。

表2.3.2 安全生产技术管理风险辨控

序号	工序	风险因素	风险等级	违法违规情况	主要防控措施
1	施工组织设计	未按规定编写、审核、批准施工组织设计,或安全技术措施操作性不强	I	违反《建设工程安全生产管理条例》第二十六条。依据《建设工程安全生产管理条例》第五十七条、第六十四条、第六十五条,对施工单位和监理单位进行处罚	1.按规定编写、审核、批准施工组织设计; 2.施工组织设计有安全技术措施
2	专项施工方案	危险性较大工程未按要求编制专项施工方案,或未审批即开始施工	I	违反《建设工程安全生产管理条例》第二十六条、《公路水运工程安全生产监督管理办法》、《公路工程施工安全技术规范》(JTG F90—2015)第3.0.2条。依据《建设工程安全生产管理条例》第五十七条、第六十四条、第六十五条,对施工单位和监理单位进行处罚	1.按要求编制危险性较大工程专项施工方案; 2.专项施工方案报监理单位审核,报建设单位备案
		专项施工方案与工程实际不符,针对性不强	I		1.专项施工方案与工程实际相一致; 2.按批准的危险性较大工程专项方案进行施工
3	安全技术交底	安全技术交底制度可操作性差	II	违反《建设工程安全生产管理条例》第二十七条、《公路水运工程安全生产监督管理办法》。依据《建设工程安全生产管理条例》第六十四条进行处罚	1.建立安全技术交底制度,明确交底责任人、对象、方法、内容; 2.建立安全技术交底台账,记录清晰、真实,内容可行
		风险性较大的施工未进行安全技术交底	II	违反《建设工程安全生产管理条例》第二十七条、《公路工程施工安全技术规范》(JTG F90—2015)第3.0.5条相关规定	1.针对风险性较大施工工序的特点,对作业人员进行逐级技术交底; 2.技术交底有书面记录,并履行签字手续

续上表

序号	工序	风险因素	风险等级	违法违规情况	主要防控措施
4	风险预控	使用国家明令淘汰的设备、生产工艺	I	违反《安全生产法》第三十五条。依据《安全生产法》第九十六条，责令限期改正，可以处五万元以下的罚款；逾期未改正的，处五万元以上二十万元以下的罚款，对其直接负责的主管人员和其他直接责任人员处一万元以上二万元以下的罚款；情节严重的，责任停产停业整顿；构成犯罪的，依照刑法有关规定追究刑事责任	禁止使用国家明令淘汰的设备、生产工艺
		未按规定对桥梁、隧道、高边坡和地质灾害路段工程进行施工安全风险评估	I	违反《公路工程施工安全技术规范》（JTG F90—2015）第3.0.3条相关规定。依据《安全生产法》第九十八条，责令限期改正，可以处十万元以下罚款；逾期未改正的，责令停产停业整顿，并处十万元以上二十万元以下的罚款，对其直接负责的主管人员和其他直接责任人员处二万元以上五万元以下的罚款；构成犯罪的，依照刑法有关规定追究刑事责任	1. 按规定对桥梁、隧道、高边坡和地质灾害路段工程进行施工安全风险评估； 2. 桥梁、隧道、高边坡、地质灾害风险评估报告内容全面，评估准确
		危险设施或场所危险源辨识或控制措施不全面	I	违反《安全生产法》第四十一条和第五十条。依据《安全生产法》第九十四条进行处罚	1. 全面辨识危险设施或场所危险源，并及时更新，形成手册； 2. 如实告知从业人员作业场所和工作岗位存在的危险因素、防范措施以及事故应急措施
		重大危险源的管理不规范	I	违反《安全生产法》第三十七条。依据《安全生产法》第九十八条，对责令生产经营单位限期改正，可以处十万元以下罚款；逾期未改正的，责令停产停业整顿，并处十万元以上二十万元以下的罚款，对其直接负责的主管人员和其他直接责任人员处二万元以上五万元以下的罚款；构成犯罪的，依照刑法有关规定追究刑事责任	1. 根据实际情况分类编制重大危险源清单，确保无缺项，并对重大危险源进行评估、监控； 2. 制定重大危险源标准化管理监控措施、安全隐患治理措施； 3. 将重大危险源报有关部门备案； 4. 制定应急预案
		未将重大危险源公示、告知作业人员	I	违反《安全生产法》第二十二条。依据《安全生产法》第九十八条进行处罚	1. 在施工现场公示重大危险源，并进行挂牌督办； 2. 将重大风险源书面告知作业人员

续上表

序号	工序	风险因素	风险等级	违法违规情况	主要防控措施
5	临时用电方案	施工现场临时用电管理混乱	I	违反《建设工程安全生产管理条例》第二十六条,不符合《公路工程施工安全技术规范》(JTG F90—2015)第3.0.2条的规定。依据《建设工程安全生产管理条例》第六十五条,责令限期改正;逾期未改正的,责令停业整顿,并处10万元以上30万元以下的罚款;情节严重的,降低资质等级,直至吊销资质证书;造成重大安全事故,构成犯罪的,对直接责任人员,依照刑法有关规定追究刑事责任;造成损失的,依法承担赔偿责任	1.按规定制定临时用电方案,并涵盖用电设备清单、负荷计算、用电工程图等内容; 2.标注用电平面图; 3.电工巡视维修保养记录保存完好,且连续进行记录
6	应急预案及演练	1.应急预案不完善; 2.应急演练方案流于形式,可操作性差; 3.应急救援人员业务素质差,救援资源不充足	I	不符合《公路工程施工安全技术规范》(JTG F90—2015)第3.0.9条规定。依据《安全生产法》第九十四条进行处罚	1.制定操作性强的各类应急预案和现场处置方案; 2.开展应急培训和演练,及时总结经验与成果; 3.配备兼职的应急队伍和物资
7	现场通用管理	作业人员违章作业	I	违反《安全生产法》第五十四条。依据《安全生产法》第一百零四条,由生产经营单位给予批评教育,依据有关规章制度给予处分;构成犯罪的,依照刑法有关规定追究刑事责任	1.作业人员按章作业; 2.设专人监管危险作业
7	现场通用管理	施工现场的布局不合理,或风险防控措施不完善	II	违反《安全生产法》第三十九条,不符合《公路工程施工安全技术规范》第3.0.14条。依据《安全生产法》第九十六条、第一百零二条进行处罚	1.按规定设置工作、生活场所,确保疏散距离合理,消防通道通畅,设施布局符合要求; 2.建立本合同段危险性较大工程台账及分布图; 3.按安全规范和技术要求堆放和存储生产物资; 4.作业场所及设施设备应采用可靠的防雷、防风、防火和防电措施; 5.在危险作业区设置警戒区,悬挂安全警示标志,配备逃生设施
7	现场通用管理	存在危险因素的场所和设备设施,未进行安全警示与告知	III	违反《安全生产法》三十二条。依据《安全生产法》第九十六条进行处罚	存在危险因素的场所和设备设施,设置安全警示标志,警示、告知危险种类、后果及应急措施

续上表

序号	工序	风险因素	风险等级	违法违规情况	主要防控措施
7	现场通用管理	对进入施工现场的临时人员或外来人员的安全管理不到位	Ⅲ	违反《安全生产法》第二十五条。依据《安全生产法》第九十四条责令限期改正,可以处五万元以下罚款;逾期未改正的,责令停产停业整顿,并处五万元以上十万元以下的罚款,对其直接负责的主管人员和其他直接责任人员处一万元以上二万元以下的罚款	对短期合同工、临时用工、实习人员、外来参观人员、客户及其车辆等进入作业现场的,有相应的安全管理措施

2.4 档案管理

2.4.1 主要内容

档案管理主要指对安全生产过程中形成的各类档案资料的管理。

2.4.2 风险辨控

档案管理风险辨控,见表2.4.2。

表2.4.2 档案管理风险辨控

序号	工序	风险因素	风险等级	违法违规情况	主要防控措施
1	档案管理	安全生产控制管理有关监测数据未在安全生产管理资料中体现	Ⅲ	违反《建设工程安全生产管理条例》第二十一条和《公路水运工程安全生产监督管理办法》。依据《安全生产法》第五十三条,给予降级或者撤职的行政处分;构成犯罪的,依照刑法有关规定追究刑事责任	1.及时获取适用的安全生产法律法规、标准规范; 2.安全生产检查、交底、培训、消防、事故报告等安全规章制度齐全完善,与实际工作相符; 3.安全生产管理资料分类整理,台账记录清晰; 4.按要求及时报送安全资料和信息,安全管理制度、安全生产操作规程等安全资料,应发放到各岗位; 5.档案内容真实

2.5 安全专项工作

2.5.1 主要内容

安全专项工作主要指政府主管部门组织的专项安全活动,包括落实与考核评价等内容。

2.5.2 风险辨控

安全专项工作风险辨控,见表2.5.2。

表2.5.2 安全专项工作风险辨控

序号	工序	风险因素	风险等级	违法违规情况	主要防控措施
1	落实	专项安全活动流于形式,存在以转发文件落实文件精神的现象	Ⅲ	不符合《山西省公路工程安全生产费用管理办法》A.9、《山西省公路工程"平安文明工地"考核评价实施细则》、《交通运输建筑施工企业安全生产标准化》的相关要求	1.制定安全专项工作方案、计划与措施,修改完善安全生产目标、指标、管理制度、操作规程等; 2.按要求开展各类专项安全活动,落实到一线工人; 3.与日常工作紧密结合,并进行检查、总结
2	考核评价	自我考核评价走过场或不及时	Ⅲ		1.按照"平安文明工地"、"安全生产标准化的实施情况"、"公路工程施工安全检查评价规程"等考核、评价要求,定期开展自我考核评价; 2.各类考核评价资料真实、准确、有效

3 施工准备

3.1 驻地建设

3.1.1 主要工序

驻地建设主要包括以下工序：选址、区域划分、场地建设、房屋建设、房屋拆除等。其中，选址、区域划分风险辨控适用于施工现场驻地和场站，场地建设、房屋建设、房屋拆除风险辨控适用于生活区、办公区及部分生产区（试验室、库房），预制场、材料加工场及拌和站建设风险辨控在后续章节中叙述。

3.1.2 风险辨控

驻地建设风险辨控，见表3.1.2。

表3.1.2 驻地建设风险辨控

序号	工序	风险因素	风险等级	可能造成的后果		主要防控措施
				事故类型	伤害形式	
1	选址	驻地选在不良或危险地段，或未考虑职业健康要求	I	坍塌、淹溺、触电、其他伤害	自然灾害毁坏驻地设施，造成作业人员群死群伤事故；噪声、粉尘等污染，影响作业人员健康	1.设在水文地质、地基良好的地段； 2.避开易发生滑坡、塌方、泥石流、崩塌、落石、洪水及雪崩等危险区域； 3.避开泥沼、悬崖、危岩、陡坡、低洼等危险地段； 4.避让取（弃）土场； 5.避开高压线路及高大树木，与通信线路保持一定距离； 6.避开雷电高发区； 7.避开存在噪声、粉尘、烟雾或对人体有害物质的区域；无法避开时，应设在噪声、粉尘、烟雾或对人体有害的物质所在区域最大频率风向的上风侧
2	区域划分	未根据功能需求划分区域	I	火灾、触电、物体打击、锅炉爆炸	施工作业与生活办公相互影响，生产安全事故造成作业人员伤亡	1.生活区和办公区应分开设置； 2.距离集中爆破区域应不小于500m

续上表

序号	工序	风险因素	风险等级	可能造成的后果		主要防控措施
				事故类型	伤害形式	
2	区域划分	生活区、办公区内的主要临时用房、临时设施的防火间距不符合要求	I	火灾	火势危及临近建筑物,造成人员伤亡	1. 宿舍、办公用房、发电机房、变配电房各自之间及相互间的防火间距应不小于4m; 2. 可燃材料库房、厨房操作间、锅炉房各自之间及相互间的防火间距应不小于5m; 3. 试验室与生活区间距不得小于15m
		临时用房、临时设施与在建工程的防火间距不符合要求	I	物体打击、火灾	机械作业或移动,伤害人员;发生火灾时波及邻近建筑物,伤害更多人员	1. 易燃易爆危险品库房与在建工程的防火间距应不小于15m; 2. 可燃材料堆场及其加工场、固定动火作业场与在建工程的防火间距应不小于10m; 3. 其他临时用房、临时设施与在建工程的防火间距应不小于6m; 4. 生活区及办公用房与在建工程的间距不得小于10m
3	场地建设	未编写建设方案或建设方案未经审核	I	坍塌、火灾	建设过程中造成人员伤亡	1. 建设方案中应包括位置平面布置图、临时设施结构图、使用的建筑材料、占地面积、功能区划分、道路布置、排水设施布置、水电设施布置、消防设施布置及施工设备的型号、数量等内容; 2. 建设方案经监理单位审批同意后方可建设,并报建设单位备案
		场地未进行处理	II	坍塌	基础失稳,临时建筑物倒塌,砸伤作业人员	1. 按照四周低、中心高的原则,进行混凝土硬化处理; 2. 面层排水坡度不小于1.5%,必要时可增大排水坡度; 3. 场地四周设施排水沟
		6级及以上大风、雷电、大雨、大雾或大雪等恶劣天气进行施工建设	I	触电、高处坠落、物体打击	受大风天气影响,砍伐失控,被伐树木意外倾倒,造成伤害	1. 严禁在恶劣天气进行施工作业; 2. 恶劣天气过后,进行安全检查后,方可施工

续上表

序号	工序	风险因素	风险等级	可能造成的后果		主要防控措施
				事故类型	伤害形式	
3	场地建设	选址范围内有树木,砍伐作业安全措施不到位	Ⅲ	物体打击	树木倒塌,砸伤人员	1. 在作业区域设置安全警戒线,树木倾倒安全距离为其高度的1.2倍,并安排专人指挥; 2. 严格按照砍伐方案系防倒绳; 3. 严禁多人在同一处对向砍伐,严禁在安全距离不足的相邻处砍伐
		未对驻地内道路交通进行规划	Ⅲ	车辆伤害	混乱	1. 设置行车指示标志和警示标志; 2. 专人指挥,车辆按规定路线进出
		消防器材配备数量不足或失效	Ⅱ	火灾	无法快速、有效地灭火,造成人员伤害、财产损失	1. 消防器材存放整齐,挂设醒目的安全标志,并经常性地检查与维护; 2. 办公区及生活区的灭火器数量,应每100m²不少于2具; 3. 可燃材料存放、加工和使用区域灭火器数量,应每75m²不少于2具; 4. 动火作业区域、易燃易爆危险品存放和使用场所等重点防火部位,灭火器数量应每50m²不少于3具
4	房屋建设	安全警示标志标牌设置不完善	Ⅲ	车辆伤害、物体打击、机械伤害、高处坠落	施工作业造成人员伤亡	1. 施工现场出入口、施工起重机械等设备出入通道口和沿线交叉口,应设置禁止、警告、指令或提示等安全标志; 2. 工程驻地、施工现场应设置工程概况牌、质量安全目标牌、安全责任登记牌、管理人员名单及监督电话牌、安全文明施工牌、重大风险源告知牌、施工现场布置图等标牌
		施工现场内的沟、坑未采取安全防护措施	Ⅲ	高处坠落、淹溺	人员不慎坠落,受到伤害	1. 深度超过2m的沟、坑,应按要求设置防护栏杆,并悬挂安全警示标志; 2. 深度不超过2m的沟、坑,应采取安全防护措施

续上表

序号	工序	风险因素	风险等级	可能造成的后果		主要防控措施
				事故类型	伤害形式	
4	房屋建设	装配式活动房屋材料不合格	Ⅰ	坍塌	房屋结构不稳,构件掉落,发生坍塌、触电、火灾等	1.购买具有生产(制造)许可证、产品合格证的房屋材料; 2.经验收,满足防火、防风、避雷等安全使用要求后,方可投入使用
		临时建筑物防雷、接地保护措施不完善	Ⅱ	触电	雷击或线路漏电,造成人员触电伤亡	1.集装箱或金属房屋应可靠接地; 2.设置防雷、避雷装置,并定期进行检测,检测合格后,方可使用
		冬季住宿或办公环境取暖安全措施不到位	Ⅱ	灼烫、触电、中毒和窒息	热水袋漏水烫伤人员;线路老化漏电,造成人员触电;煤炭燃烧不完全,产生的一氧化碳造成人员中毒或窒息	1.宿舍内未设置烧煤取暖安全防护设施; 2.煤炭取暖时采取必要的通风措施; 3.安排定期巡查
		试验室安全措施不到位	Ⅲ	触电、中毒和窒息	灯具产生电弧,造成人员触电;有害气体危害人员	1.标准养护室等湿度大的环境,采用密闭照明灯具和防水电缆线; 2.沥青及沥青混合料室等有害气体的场所,安装大功率通风橱或排气扇; 3.验收合格后,方可使用
5	房屋拆除	上下同时拆除;未采取安全防护措施	Ⅱ	坍塌、高处坠落、物体打击	临时建筑物坍塌造成人员伤亡;抛掷物件打击下方作业人员	1.作业人员相互配合,由上而下进行拆除; 2.系好安全带、穿好防滑鞋等劳动保护用品,严禁直接踩在屋顶上作业; 3.工具、物品应放入工具袋或物品袋中; 4.严禁随意抛掷工具、物品等
		6级及以上大风、雷电、大雾、大雨或大雪等恶劣天气进行拆除施工	Ⅰ	高处坠落、物体打击	易发生高处坠落	1.恶劣天气严禁进行拆除作业; 2.恶劣天气过后,经检查安全后方可施工
6	其他	起重吊装作业风险辨控详见表4.8.2;高处作业风险辨控详见表4.9.2				

注:临时用房指宿舍、办公用房、厨房操作间、锅炉房、食堂、发电机房、变配电房、库房等;临时设施指材料堆场及其加工场、固定动火作业场、作业棚、机具棚、围墙、大门、临时道路等。

3.1.3 典型示范

驻地建设风险防控典型示范,见表3.1.3。

表3.1.3 驻地建设风险防控典型示范

典型示范	风险防控要点
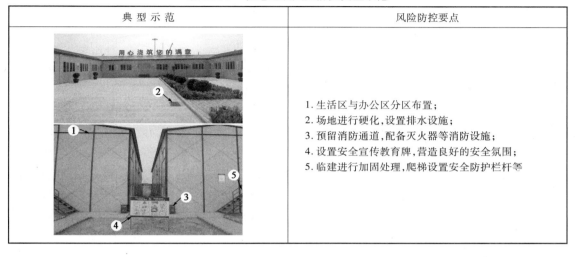	1. 生活区与办公区分区布置; 2. 场地进行硬化,设置排水设施; 3. 预留消防通道,配备灭火器等消防设施; 4. 设置安全宣传教育牌,营造良好的安全氛围; 5. 临建进行加固处理,爬梯设置安全防护栏杆等

3.1.4 警示案例

3.1.4.1 事故基本情况

2006年2月21日,某工程承包单位安排施工人员拆除北京市海淀区某临时活动房。该活动房南北长24m、东西宽5m、高9m,是一座3层的轻钢结构、外挂水泥石板活动房。当日,施工人员已将3层屋面板及2、3层墙板拆除,仅剩1层墙板及1、2层顶板未拆。午饭后,32名施工人员继续进行拆除作业。13:00左右,该房屋在拆除过程中突然发生坍塌,造成3人死亡、16人受伤。

3.1.4.2 事故原因

(1)直接原因

①临建用房拆除作业前未制定施工方案。安全技术交底内容中虽提出加设剪刀撑作为拆除过程中钢架的临时固定措施,但未明确加设剪刀撑的位置、数量、方法等具体事项,使得安全技术交底不具可操作性。

②施工人员在拆除临建用房过程中,未遵循作业规程所要求的"先安装件后拆除、后安装件先拆卸"的原则,且未按照安全技术交底要求对房屋钢架采取加设剪刀撑临时固定措施,将3层房屋同时进行拆除,导致房屋水平失稳,最终酿成事故。

(2)间接原因

①总承包单位在中标后,将该工程的项目经理换为只有项目经理培训证、未取得项目经理执业资格证书的人员,从而使该项目主要领导在不具备资格的情况下,组织管理项目工作。

②现场管理混乱,安全管理不到位。未按规定向劳务队伍的施工人员直接交底,致使其在不了解作业程序和危险因素的情况下盲目作业。拆除过程中,现场管理人员安全管理不到位,

出现未从上至下逐层拆除、未加设剪刀撑等严重违章行为,而且没有及时制止。

③现场监理人员未履行监理职责。现场监理人员发现作业人员进行临建用房拆除作业后,未履行监理责任,既没有向施工单位提出制定施工方案及相关安全技术措施要求,也没有制止施工单位的严重违章作业行为。

3.1.4.3 对事故有关责任人员的处置

项目经理、土建工长、劳务队负责人等4名责任人移交司法机关,依法追究刑事责任;总包单位主要负责人、现场总监理工程师、项目技术负责人等6名责任人,受到记过、警告、留厂察看等行政处分;总包、分包、监理单位,分别受到降低施工资质等级且暂扣安全生产许可证90天、停止投标资格90天、停止投标资格60天等行政处罚。

3.1.4.4 事故防范措施

(1)强化落实安全技术规范。建设工程应加强对施工人员宿舍、办公室等临建用房的安全管理,进一步落实施工单位的安全生产主体责任;同时,加强对《建筑拆除工程安全技术规范》(JGJ 147)的宣传和贯彻落实工作,规范危险性较大分部分项工程的专项施工方案的编制、安全技术交底的内容和要求,以提高施工方案、安全技术交底的针对性。

(2)切实加强安全技术管理。通过加强安全技术交底工作的管理,保证交底内容落实到每一位施工人员,使他们掌握施工中安全技术措施的具体内容,以及保证措施得以实施的方法。同时,要进一步落实技术部门的管理职责,明确安全技术交底中技术部门负责监督落实的内容和管理责任,加强安全与技术部门在现场管理中的协调与配合;加强对施工单位主要负责人的安全生产培训教育,使其了解并掌握相关标准、规范的内容和要求,并贯彻到日常管理工作中。

(3)进一步明确总、分包管理责任。总包单位应进一步明确对分包单位,特别是对劳务分包单位的管理职责。通过落实安全生产责任制,着力解决"以包代管、只包不管"等影响安全生产工作的普遍性问题,应按照国家法律、法规的规定,切实做好对施工人员有针对性的安全生产培训教育和考核工作。

(4)依法配备安全管理人员。施工现场应依照有关规定,配备足够数量的安全、技术、质量等专业管理人员,明确各部门及其工作人员的具体职责,加强对施工过程的管理,发现事故隐患应立即监督整改;同时,应认真落实责任追究制度,严肃查处管理、施工人员的失职和违法、违规行为。

3.2 预制场建设

3.2.1 主要工序

预制场建设主要包括以下工序:施工准备,场地建设,起重机械安装、拆除及其他。本节适用于钢筋加工场和预制场建设风险辨控。

3.2.2 风险辨控

预制场建设风险辨控,见表3.2.2。

表 3.2.2 预制场建设风险辨控

序号	工序	风险因素	风险等级	可能造成的后果 事故类型	可能造成的后果 伤害形式	主要防控措施
1	施工准备	场地布置不合理	Ⅱ	物体打击、起重伤害、机械伤害	交叉作业,安全距离不足造成人员伤亡	1. 钢筋加工场应集中布置,封闭管理,材料堆放区、成品区、作业区应分开或隔离; 2. 预制场宜采用封闭式管理,场地按照办公区、生活区、预制区、存梁区、构件加工区域、废料处理区布置
1	施工准备	现场临时值班室与生产区临时设施的安全距离不满足要求	Ⅰ	火灾	值班室或生产区发生火灾,危及现场作业人员,造成人员伤亡	1. 临时值班室与氧气库、乙炔库的间距应不小于20m; 2. 临时值班室与木材加工场、钢筋加工场、木材库的间距均应不小于15m
1	施工准备	消防器材配备数量不足或失效	Ⅱ	火灾	无法快速、有效地灭火,造成人员伤亡和财产损失	1. 消防器材存放整齐,挂设醒目安全标志,并经常性地检查与维护; 2. 动火作业区域灭火器数量应每50m² 不少于3具; 3. 易燃易爆危险品使用场所灭火器数量应每50m² 不少于3具
2	场地建设	地基处理不当,承载力达不到要求	Ⅰ	坍塌、起重伤害、物体打击	门式起重机倾覆或材料、成品倾倒,伤害人员	1. 场地进行硬化处理; 2. 设置排水设施; 3. 起重机所在场地的地基承载力满足设计要求; 4. 材料及成品存放地基应坚实、稳定
2	场地建设	钢筋加工棚不满足安全要求	Ⅱ	物体打击	失稳倒塌,伤害人员	1. 钢筋加工棚宜采用钢结构搭设,顶棚采用固定式拱形防雨棚; 2. 顶棚高度应满足设备操作空间,起拱线高度不小于7m; 3. 设置避雷和防风、防雪保护措施
2	场地建设	施工现场安全警示标志设置不完善	Ⅲ	机械伤害、物体打击、高处坠落	作业人员违章作业,造成伤亡	1. 设置围墙或护栏实行封闭管理; 2. 场内应设置明显的安全警示标志及相关工种的操作规程

续上表

序号	工序	风险因素	风险等级	可能造成的后果		主要防控措施
				事故类型	伤害形式	
2	场地建设	预制场台座基础未进行加固	I	坍塌、物体打击	预制梁体失稳,造成伤害人员伤亡	1. 对场地分层碾压密实并强夯; 2. 台座基础进行加固,尤其台座两端用C20以上的片石混凝土扩大基础进行加固; 3. 台座上应设置沉降监测点持续进行监控,并建立观测数据档案; 4. 定期对台座进行检查,发现异常,及时处理
3	起重机械安装	未设置安全防护装置	II	触电、坍塌、起重伤害	起重机滑动行走时脱轨倾覆,造成人员伤亡;雷电造成室外作业人员电击;门式起重倾倒,造成设备损坏和人员伤亡	1. 应设置夹轨器、轨道限位器;钢轨接头应用轨道夹板进行连接,并确保其牢固; 2. 轨道端头应设置车挡及防撞缓冲装置; 3. 应设置防雷装置和防倾覆设施; 4. 应定期对避雷设施进行检测检验
		轨道的技术指标不满足要求	I	起重伤害	门式起重机行走不稳而发生倾覆,伤害人员	1. 按施工方案进行安装; 2. 轨道宽度、平整度、坡度、轨距、曲线半径等应满足要求
		未按施工方案进行主梁起吊	II	起重伤害	主梁掉落,砸伤作业人员	1. 起吊前,应对起吊点进行平衡计算,并在主梁两侧系导向绳; 2. 试吊时,观察主梁平衡后,方可继续进行起吊,否则应调整吊点; 3. 正式起吊时,应匀速缓慢起吊
4	拆除	未按照规定的顺序进行门式起重机的拆除	I	起重伤害	起重机倾覆,伤害人员	1. 按照电气系统、起升系统、运行系统、主横梁、附件系统、支腿顺序,进行拆除; 2. 安排专人进行指挥,作业人员应相互配合
		未正确进行台座及其基础、轨道基础的破碎	III	机械伤害	不当破碎,发生机械伤害	1. 严格按照设计图纸进行破碎; 2. 采取措施,保证混凝土结构物能够得以全部破碎
5	其他	起重吊装作业风险辨控详见表4.8.2;高处作业风险辨控详见表4.9.2				

3.2.3 典型示范

预制场建设风险防控典型示范，见表3.2.3。

表3.2.3 预制场建设风险防控典型示范

典 型 示 范	风险防控要点
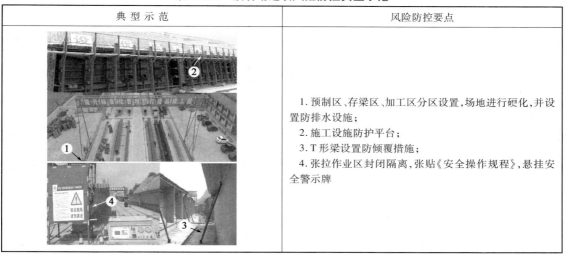	1. 预制区、存梁区、加工区分区设置，场地进行硬化，并设置防排水设施； 2. 施工设施防护平台； 3. T形梁设置防倾覆措施； 4. 张拉作业区封闭隔离，张贴《安全操作规程》，悬挂安全警示牌

3.3 拌和站建设

3.3.1 主要工序

拌和站建设主要包括以下工序：施工准备、场地建设、拌和设备安装与拆除及其他。本节适用于混凝土、沥青混合料及稳定土拌和站建设风险辨控。

3.3.2 风险辨控

拌和站建设风险辨控，见表3.3.2。

表3.3.2 拌和站建设风险辨控

序号	工序	风险因素	风险等级	可能造成的后果		主要防控措施
				事故类型	伤害形式	
1	施工准备	站内布置不合理	Ⅱ	车辆伤害、机械伤害、物体打击、其他伤害	运输车辆、搅拌机伤害作业人员；集料等掉落，砸伤作业人员	1. 根据实际情况集中布置，宜采用封闭管理； 2. 拌和站的生活区应同其他区域隔离开； 3. 合理划分拌和作业区、材料计量区、材料库、运输车辆停放区、试验区、集料堆放区及生活区等，站内设污水沉淀池和排水系统

续上表

序号	工序	风险因素	风险等级	可能造成的后果		主要防控措施
				事故类型	伤害形式	
1	施工准备	拌和站生产粉尘多、噪声大	III	其他伤害	污染环境,影响居民呼吸系统和听觉系统健康	远离生活区、居民区,尽量设在生活区、居民区的下风向
		消防器材配备数量不足或失效	II	火灾	无法快速、有效地灭火,造成人员伤亡和财产损失	1. 消防器材存放整齐,挂设醒目安全标志,并经常性地检查与维护; 2. 动火作业区域灭火器数量,应每50m² 不少于3具; 3. 易燃易爆危险品使用场所灭火器数量,应每50m² 不少于3具
2	场地建设	地基处理不当,承载力达不到要求	I	坍塌、起重伤害、物体打击、其他伤害	地基下沉,拌和设备倒塌,造成设备损毁或人员伤亡;场地泥泞,造成人员摔伤	1. 进行地基承载力计算; 2. 严格按照设计方案,进行地基硬化处理; 3. 设置排水设施
		料仓不满足安全要求	I	坍塌、物体打击	料仓倒塌,造成作业人员伤亡	1. 料仓强度和稳定性,应满足设计要求; 2. 料仓墙体外围应设置警戒区,距离宜不小于墙高2倍
3	拌和设备安装	安全防护设施设置不完善	III	坍塌、触电、机械伤害	大风等造成设备倒塌;机械设备运转造成作业人员伤亡;雷电造成电击	1. 按照施工方案,设置足够数量缆风绳; 2. 外露转动部分安装防护罩等安全装置; 3. 设置防雷装置,并定期进行检测、检验
		多个工作面同时作业,组织协调不妥	II	物体打击、高处坠落	物件坠落砸伤作业人员,损坏设备设施	1. 合理安排机械作业; 2. 派专人指挥
		6级及以上大风、雷电、大雨、大雾或大雪等恶劣天气进行安装作业	I	坍塌、物体打击、高处坠落	设备倾倒砸伤作业人员;作业人员从高处坠落	1. 禁止恶劣天气进行户外安装作业; 2. 已安装的设施应采取安全防护措施
4	拆除	吊装被拆除的储存罐时,未设置安全警戒区	II	起重伤害	行人或车辆进入,造成车辆损坏、人员伤亡	1. 设置安全警戒区,其范围不得小于起吊物坠落影响范围; 2. 设专人指挥
		夜间作业,照明亮度不够	III	物体打击、起重伤害	能见度不足、视线不良,造成意外事故发生	1. 设置足够的照明设施; 2. 机械设备应设置反光装置或爆闪装置
		6级及以上大风、雷电、大雨、大雾或大雪等恶劣天气时进行拆除施工	II	高处坠落、物体打击	作业人员从高处坠落;物件掉落砸伤人员	严禁恶劣天气进行拆除施工
5	其他	起重吊装作业风险辨控详见表4.8.2,高处作业风险辨控详见表4.9.2				

3.3.3 典型示范

拌和站建设风险防控典型示范,见表3.3.3。

表3.3.3 拌和站建设风险防控典型示范

典 型 示 范	风 险 防 控 要 点
	1. 拌和楼设置缆风绳、避雷设施; 2. 设置人员通道; 3. 拌和站划分功能区,进行围挡,实行封闭式管理; 4. 临边设置反光警示贴,交通管制到位; 5. 料棚基础牢固,结构安全; 6. 沉淀池设置安全护栏,并悬挂安全警示标志

3.3.4 警示案例

3.3.4.1 事故基本情况

2014年12月5日7:00左右,重庆某建设公司的陶某、陈某在混凝土搅拌场分别操作一台搅拌机,张某负责将配料机输送的混凝土在料斗内刨平。在11:40左右,靠水泥储存罐的搅拌机料斗升到搅拌机顶部时,料斗突然从顶部快速沿轨道滑下,将站在料斗地坑旁的工人张某撞入上料斗地坑内,压在快速沿轨道滑至上料斗地坑的料斗下。陶某立即和附近从业人员一起把搅拌机料斗升高,将工人张某救出,紧急送往巫溪县某医院抢救。张某经巫溪县某医院抢救无效于12月5日13:00左右死亡。此次事故造成1人死亡,直接经济损失115万元。

3.3.4.2 事故原因

(1)直接原因

作业人员张某违规在料斗下停留,料斗提升卷扬机锥形电动机制动器失效(制动环磨损严重并断裂)是导致此次机械伤害事故的直接原因。

(2)间接原因

①搅拌机安装不符合要求。施工现场并排安装的2台JS-500型搅拌机,合用一个上料斗地坑,作业完毕时,料斗不能均降到最低位置。

②搅拌机使用不符合要求。施工现场并排安装的2台JS-500型搅拌机,合用一个上料斗地坑,无法做到"料斗提升时,严禁在上料斗工作范围内有人员站立"、"料斗提升时,严禁作业人员在料斗下停留或通过",且重庆某建设公司提供的资料中无交接班记录,无每班作业前试运转和检查、作业前空载运转的相关资料。

③搅拌机安全检查不到位。重庆某建设公司未定期检查保险销、保险链、制动器；事故现场勘查发现保险销、保险链缺失，短钢筋代替保险销；料斗提升卷扬机中锥形电动机制动器严重损坏，制动环磨损严重并断裂，导致制动器失效。

④搅拌机维护保养流于形式。重庆某建设公司未针对保险销、保险链、制动器进行检查和维修保养，记录无人签字。

⑤监理单位未按照法律法规和工程建设强制性标准实施监理。监理单位未对施工现场的安全生产进行有效监督，对搅拌机的安装和使用不符合要求方面存在的安全隐患未及时发现，也未制止、暂停施工和报告建设单位。

3.3.4.3 对事故有关责任人员的处置

(1)重庆某建设公司的搅拌机安装及使用不规范，机械设备安全检查、维护保养流于形式，给予该公司行政处罚；给予该公司法定代表人行政处罚；项目经理被撤销项目经理职务，安全员暂停其安全员资格。

(2)重庆某监理咨询公司A县监理部总监，未对施工现场的安全生产进行有效监督，对搅拌机的安装和使用不符合要求方面存在的安全隐患，未及时发现，也未制止、暂停施工和报告建设单位。建议由A县城市建设有限公司按照相关规定对其进行处理，并将处理情况上报A县安全生产监督管理局。

3.3.4.4 事故防范措施

(1)建设单位应按照"四不放过"的原则，立即组织参建单位人员，认真学习习总书记关于安全生产的系列重要讲话，进一步强化"红线意识"和"责任意识"，在该公司的建设项目中举一反三，深刻汲取本次事故教训，确保安全生产。

(2)重庆某建设公司，一是认真总结本次事故教训，进一步落实企业主体责任；二是进一步健全安全管理机构、完善安全生产各项制度和操作规程；三是进一步加强对各种机械设备的管理，严格遵守机械设备操作规程，对操作人员严格培训，对机械设备应进行经常性的维护、保养，特别是一些安全设备，如离合器、制动器等，维护、保养应如实做好记录；四是对新来的农民工应认真进行安全教育培训，从其思想上真正从"要我安全"转变成"我要安全"，杜绝违章作业。

(3)监理单位应加大对施工现场的监理力度，严格监督施工单位对从业人员的安全教育培训与技术交底，对发现的事故隐患，应责令施工单位立即整改；情况严重的，应责令施工单位暂时停止施工，并及时报告建设单位；施工单位拒不整改或者不停止施工的，监理单位应及时向行业主管部门报告。

3.4 储油罐场地建设

3.4.1 主要工序

储油罐场地建设主要包括以下工序：施工准备、场地建设、储油罐安装、储油罐拆除及其他。

3.4.2 风险辨控

储油罐场地建设风险辨控,见表3.4.2。

表3.4.2 储油罐场地建设风险辨控

序号	工序	风险因素	风险等级	可能造成的后果		主要防控措施
				事故类型	伤害形式	
1	施工准备	储油罐选址不当	I	火灾、容器爆炸	发生火灾,伤害人员	1.储油罐与在建工程的防火间距应不小于15m; 2.应远离明火作业区、人员密集区、建(构)筑物集中区; 3.严禁将储油罐设于外电架空线路下方
		消防器材配备不当或数量不足、失效	II	火灾、爆炸	不能及时、有效灭火,造成人员伤亡、财产损失	1.应按要求配泡沫灭火器、干粉灭火器、砂土袋、砂二箱等灭火消防器材及砂土等灭火消防材料; 2.必要时可设置消防砂池及消防水池; 3.应配备报警装置; 4.消防器材存放整齐,挂设醒目安全标志,并定期检查与维护
2	场地建设	场地建设风险辨控详见表3.1.2				
3	储油罐安装	储油罐安全装置不完善	I	火灾、爆炸	静电打火、雷电火花造成油品燃烧,不能及时阻燃,造成火灾、爆炸	1.储油罐应设置防静电、防雷接地装置,加油车应设置接地装置,接地电阻不得大于10Ω; 2.储油罐上呼吸阀、液压安全阀设置阻火器; 3.定期检查防静电、防雷接地、阻火器等装置
4	储油罐拆除	作业人员劳保用品不符合要求	II	火灾	化纤服产生静电,导致储油罐着火,造成伤害	1.应穿防静电服,可与防静电毛针织服、防静电鞋及防静电袜配套使用; 2.严禁穿化纤服上罐作业
		违章拆除	II	火灾	导致易燃品燃烧,造成伤害	1.禁止使用明火、抽烟; 2.裸露电线应穿管
5	其他	起重吊装作业风险辨控详见表4.8.2,高处作业风险辨控详见表4.9.2				

3.5 施工便道建设

3.5.1 主要工序

施工便道建设主要包括以下工序:施工准备、建设、恢复等。

3.5.2 风险辨控

施工便道建设风险辨控,见表3.5.2。

表3.5.2 施工便道建设风险辨控

序号	工序	风险因素	风险等级	可能造成的后果		主要防控措施
				事故类型	伤害形式	
1	施工准备	施工便道规划不合理	Ⅲ	车辆伤害	便道不满足车辆行驶要求,造成人员伤亡	1.应与现场的存放场、仓库、施工设备等位置相协调,满足施工车辆的行车速度、密度、载重要求; 2.利用永久性道路和桥梁; 3.保证施工现场道路通畅
2	建设	施工便道宽度或坡度不满足要求	Ⅱ	车辆伤害	车辆回转不开,相互碰撞,造成人员伤害	1.双车道施工便道(桥)宽度不宜小于6.5m; 2.单车道施工便道(桥)宽度不宜小于4.5m,且300m内应设错车道,设置错车道路段的施工便道宽度不宜小于6.5m,有效长度不宜小于20m; 3.路拱坡度应根据路面类型和现场自然条件确定,并应不大于1.5%
		危险路段安全防护措施不完善	Ⅱ	物体打击、车辆伤害	落石、滑坡、交通事故造成人员伤亡	1.施工便道中易发生落石或滑坡等危险路段,设置安全警示标志和防护设施; 2.施工便道(桥)与既有道路平面交叉处,应设置安全警示标志;有高度限制的应设置限高架; 3.施工便道在急弯、陡坡以及连续转弯等危险地段,应设置明显的安全警示标志和临边防护
		便桥未经设计便予以施工	Ⅱ	坍塌	便桥坍塌,造成人员伤亡	1.应根据使用要求和水文条件进行设计; 2.应严格按照专项施工方案进行施工,经验收合格后,方可投入使用
		便桥施工安全防护措施不完善	Ⅱ	坍塌	便桥坍塌,造成人员伤亡	1.设置限宽、限速、限载等标志; 2.应在便桥两侧护栏的适当位置布置一定数量的照明灯具和醒目的反光标志
3	恢复	未设置警示标志	Ⅱ	车辆伤害	交通事故造成人员伤亡	1.严格按照施工方案进行恢复施工; 2.路口交叉处应设置"小心车辆"等安全警示标志; 3.安排专人监护

3.5.3 典型示范

施工便道建设风险防控典型示范,见表3.5.3。

表3.5.3 施工便道建设风险防控典型示范

典型示范	风险防控要点
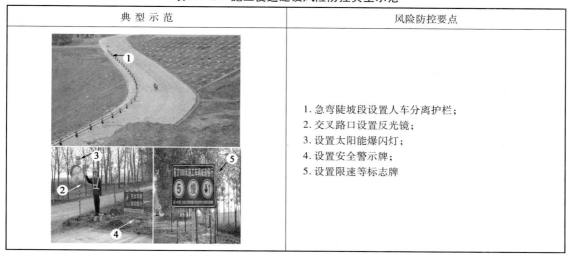	1. 急弯陡坡段设置人车分离护栏; 2. 交叉路口设置反光镜; 3. 设置太阳能爆闪灯; 4. 设置安全警示牌; 5. 设置限速等标志牌

3.6 临时码头和栈桥建设

3.6.1 主要工序

临时码头和栈桥建设主要包括以下工序:施工准备、建设、拆除等。

3.6.2 风险辨控

临时码头和栈桥建设风险辨控,见表3.6.2。

表3.6.2 临时码头和栈桥建设风险辨控

序号	工序	风险因素	风险等级	可能造成的后果		主要防控措施
				事故类型	伤害形式	
1	施工准备	临时码头设在地质条件不良的岸段或桥梁等区域的上游方向	Ⅰ	坍塌、淹溺	因岸坡失稳、波浪冲刷、断裂带活动等发生伤害;码头或栈桥破坏,损害邻近桥梁等构筑物,伤害作业人员	1. 宜设在水域开阔、岸坡稳定、波浪和流速较小、水深适宜、地质条件较好、陆路交通便利的岸段; 2. 宜设在桥梁、隧道、大坝、架空高压线、水下管线、取水泵房、危险品库、水产养殖场等区域的下游方向
		栈桥和栈桥码头安全管理不善	Ⅲ	坍塌、淹溺	非作业人员进入,发生伤害	1. 应设专人监管,非施工车辆及人员不得进入,非施工船舶不得靠泊; 2. 安装监控摄像头、兰车杆

续上表

序号	工序	风险因素	风险等级	可能造成的后果 事故类型	伤害形式	主要防控措施
1	施工准备	消防器材配备数量不足或失效	II	火灾	无法快速、有效灭火，造成人员伤亡和财产损失	1. 消防器材存放整齐，挂设醒目安全标志，并经常性地检查与维护； 2. 动火作业区域灭火器数量应每 $50m^2$ 不少于3具； 3. 易燃易爆危险品使用场所灭火器数量应每 $50m^2$ 不少于3具
2	建设	通航水域内搭设的栈桥和栈桥码头，未取得有关部门的批准	I	坍塌、淹溺	航行船舶撞击栈桥或栈桥码头，造成作业人员伤亡	1. 应取得海事和航道管理部门的批准； 2. 按要求设置航行安全警示标志
		临时码头、栈桥或栈桥码头未按照施工方案进行施工	I	坍塌、淹溺	发生坍塌、淹溺，造成伤害	1. 按照施工方案进行施工； 2. 应按照使用要求和相应的技术规范进行设计
		栈桥或栈桥码头上安全防护设施不完善	II	坍塌、淹溺、车辆伤害、高处坠落	作业人员或车辆坠落，造成人员伤亡；航行船舶碰撞栈桥等，造成坍塌事故	1. 车辆和人员行走区域应满铺，并确保与下部结构连接牢固； 2. 设置行车限速、防船舶碰撞、防人员触电及落水等安全警示标志； 3. 栈桥行车道两侧应设置不低于1.2m的防护栏杆，防护栏杆上杆的任何部位应能承受1000N的外力，并设置护轮坎
		长距离栈桥未设置会车或掉头区域	II	车辆伤害	车辆碰撞，造成人员伤亡	1. 应设置会车、掉头区域； 2. 会车、掉头区域间隔不宜大于500m
		栈桥电力线路敷设不规范，光照度不能满足生产需要	III	触电、物体打击、高处坠落	电缆破损漏电造成人员伤亡；能见度低造成人员落水或被施工设备伤害	1. 安设绝缘性能良好的电缆，并固定在栈桥一侧； 2. 设置满足施工安全要求的照明设施； 3. 机械设备应设置反光装置或爆闪装置
		栈桥面或栈桥码头面被洪水、潮汛淹没，或栈桥被船舶撞击，或桩柱被海水严重侵蚀，未及时采取措施	II	坍塌、淹溺	桩柱受海水侵蚀，栈桥或码头发生垮塌，发生淹溺	1. 应重新检修原构筑物； 2. 应复核原构筑物

续上表

序号	工序	风险因素	风险等级	可能造成的后果 事故类型	伤害形式	主要防控措施
3	拆除	未按规定的顺序进行拆除	I	坍塌、淹溺	先拆除桩柱,栈桥面板失去支撑,发生坍塌,导致附近作业人员淹溺	1.严格按施工方案确定的顺序进行拆除; 2.作业人员应相互配合
		机械设备在栈桥上行走时,未观察到车辆、人员的通行情况	II	起重伤害	起重设备碰撞车辆、人员,造成伤害	1.设专人指挥; 2.向司机反映机械设备周边情况
		直接将乙炔瓶放置在栈桥上	I	爆炸	乙炔瓶倾倒,瓶与瓶、瓶与其他物体易受到撞击,形成激发能源,发生爆炸	1.应采用铁丝等将乙炔瓶固定在栈桥栏杆上; 2.严禁将乙炔瓶卧放

3.6.3 典型示范

栈桥建设风险防控典型示范,见表3.6.3。

表3.6.3 栈桥建设风险防控典型示范

典型示范	风险防控要点
	1.栈桥设专人监管; 2.值班室设置视频监控,实时监测使用状态; 3.栈桥两侧设置护栏和挡脚板,并施涂安全色; 4.悬挂安全警示牌; 5.配备救生圈等应急设备; 6.栈桥临边处,设置夜间照明

3.6.4 警示案例

3.6.4.1 事故基本情况

2002年8月7日,某工地的两名作业人员在用手推车搬运6块钢板(规格为1250mm×2000mm×4mm)途经栈桥时,因桥面不稳,钢板自小车内滑脱撞至栈桥护栏,栈桥失稳倾覆,在栈桥上的5名作业人员连人带车及钢板一同坠落在下方的施工栈桥上,将下方栈桥砸塌,同时又将正在第10层栈桥上运料的1人砸伤,然后6人一起坠落。此次事故造成3人死亡、3人重伤。

3.6.4.2 事故原因

（1）直接原因

完全凭经验搭设栈桥，无设计、施工图纸，无横向支承连接，栈桥面板未采取固定措施，栈桥本身刚度和整体稳定性差；当载重600kg左右的小车运输时，造成桥面不稳，栈桥面板因无固定措施而自动产生滑动，小车内钢板滑落撞击护栏后，导致栈桥失稳倾覆，发生事故。

（2）间接原因

①未认真编制施工组织设计，对施工栈桥不设计、不验收、无安全防护措施。该施工公司技术负责人在进行施工方案审查时也未对此提出要求，使工人作业没有安全条件，导致事故的发生。

②管理混乱，违法将工程的建设与施工由一家承担，失去监管职能。

3.6.4.3 事故防范措施

（1）施工单位应严格执行施工方案编制和审批制度，对栈桥进行设计计算，加强构造连接保证使用中的整体稳定性，制定方案并经技术负责人审批。同时，还应加强施工中的动态管理，发现问题及时改正。

（2）工程监理人员严格履行安全监理职责，发现存在安全事故隐患的，应责令施工单位整改，情节严重的要下达停工令，并报告相关部门。

3.7 施工临时用电建设

3.7.1 主要工序

施工临时用电建设主要包括以下工序：施工准备、建设、拆除等。

3.7.2 风险辨控

施工临时用电建设风险辨控，见表3.7.2。

表3.7.2 施工临时用电建设风险辨控

序号	工序	风险因素	风险等级	可能造成的后果		主要防控措施
				事故类型	伤害形式	
1	施工准备	外电架空线路与在建工程（含脚手架）、机动车道路面、起重机的距离不满足安全要求，且未采取安全防护措施	I	触电	线路与设备或人员接触，造成人员直接或间接触电	1. 外电架空线路电压等级为<1kV、1~10kV、35~110kV、220kV、330~500kV时，在建工程（含脚手架）周边与外电架空线路边线的最小安全距离分别为4m、6m、8m、10m、15m；2. 外电架空线路电压等级为<1kV、1~10kV、35kV时，架空线路的最低点与路面的最小垂直距离分别为6m、7m、8m；3. 在外电架空线路附近安装时，起重机的任何部位或被吊物边缘在最大偏斜时与架空线路边

续上表

序号	工序	风险因素	风险等级	可能造成的后果		主要防控措施
				事故类型	伤害形式	
1	施工准备	外电架空线路与在建工程（含脚手架）、机动车道路面、起重机的距离不满足安全要求，且未采取安全防护措施	Ⅰ	触电	线路与设备或人员接触，造成人员直接或间接触电	线的最小安全距离如下：外电架空线路电压等级为＜1kV、10kV、35kV、110kV、220kV、330kV、500kV，沿垂直方向的最小安全距离分别为1.5m、3.0m、4.0m、5.0m、6.0m、7.0m、8.5m；沿水平方向的最小安全距离分别为1.5m、2.0m、3.5m、4.0m、6.0m、7.0m、8.5m； 4. 应悬挂醒目的警告标志； 5. 应经有关部门批准后，采取绝缘隔离防护设施； 6. 安全防护措施无法实现时，应与有关部门协商，采取停电、迁移外电架空线路或改变工程位置
		消防器材不足或失效，且不按规定位置放置	Ⅱ	火灾	无法快速、有效灭火，造成伤害	1. 应配备足够的消防器材； 2. 应派专人管理消防器材，存放整齐、挂设醒目标志，并经常检查、维护
2	建设	绝缘安全用具的绝缘等级不符合要求	Ⅰ	触电	高压电气作业时漏电造成作业人员伤害	1. 高压绝缘棒（＜35kV），耐压试验电压为3倍线电压，耐压持续时间5min，试验周期1年； 2. 绝缘手套，耐压试验电压为8～12kV，耐压持续时间1min，泄漏电流9～12mA，试验周期0.5年； 3. 绝缘靴，耐压试验电压为15～20kV，耐压持续时间2min，泄漏电流7.5～10mA，试验周期0.5年
		变压器安全防护措施不到位	Ⅰ	触电	高压触电造成人员伤亡	1. 应采用隔离栅或砖进行围挡，围挡高度不低于2.5m，围挡门应设置在低压一侧并上锁； 2. 接地应规范，接地电阻不得大于4Ω； 3. 装设"高压危险"等安全警示标志

续上表

序号	工序	风险因素	风险等级	可能造成的后果		主要防控措施
				事故类型	伤害形式	
2	建设	发电机未采取防护措施	I	触电	高压电弧等伤害人员	1. 发电机应进行接地：当单台容量大于100kV·A时，工作接地电阻值不得大于4Ω；当单台容量不超过100kV·A时，工作接地电阻值不得大于10Ω；土壤电阻率大于1000Ω·m时，工作接地电阻可提高到30Ω； 2. 发电机电源必须与外电线路电源互锁； 3. 发电机加油应规范，不得从油桶直接供油
		架空线路档距或线间距不符合要求	III	触电、火灾	线路掉落，造成作业人员触电；线间距太近，电线之间容易产生电感，造成电线温度升高，发生火灾等事故	1. 电杆档距最大不超过35m； 2. 线间距不得小于0.3m
		一个档距的架空线路，每层导线的接头数过多	III	触电	导线接头处易断裂，引起人员触电	1. 每层导线的接头数量不得超过该层导线条数的50%； 2. 一根导线只允许有一个接头； 3. 跨越道路、河流档距内不得有接头
		架空线路未架设在专用电杆上	III	触电	线路不稳掉落或绝缘层破损与架设物短路，导致人员伤亡	1. 严禁架设在树木或脚手架等不稳固的地方，必须架设在专用电杆上； 2. 应选用钢筋混凝土杆或木杆，钢筋混凝土杆不得有露筋、宽度大于0.4mm的裂纹和扭曲，木杆的梢径不应小于14cm； 3. 电杆的埋设深度为杆长的1/10加0.6m
		地下埋设电缆时，未采取安全防护措施	III	触电	电缆断裂，发生触电	1. 地下埋设电缆应设防护管，埋设深度不小于0.8m； 2. 沟槽边缘与现场开挖的其他沟槽边缘不小于0.5m
		总配电箱、分配电箱、开关箱安装位置不满足要求	II	触电	不能有效控制机械设备，造成伤害	1. 总配电箱应设在靠近电源的区域； 2. 分配电箱应设在用电设备或负荷相对集中的区域； 3. 开关箱与分配电箱的距离不得大于30m，开关箱应靠近用电设备，与其控制的固定式用电设备水平距离不宜大于3m

续上表

序号	工序	风险因素	风险等级	可能造成的后果		主要防控措施
				事故类型	伤害形式	
2	建设	配电箱、开关箱未装设在合适的场所	Ⅱ	触电、火灾	箱内线路接触不良或带负荷操作产生火花,导致人员伤害	1. 应装设在干燥、通风及常温场所; 2. 不得装设在存在瓦斯、烟气、潮气及其他有害介质的场所
		固定式或移动式配电箱、开关箱的中心点与地面的垂直距离不满足要求	Ⅲ	触电	发生触电	1. 固定式配电箱、开关箱的中心点与地面的垂直距离为1.4~1.6m; 2. 移动式配电箱、开关箱应装设在坚固、稳定的支架上,其中心点与地面的垂直距离为0.8~1.6m
		配电箱未采取安全措施	Ⅲ	触电	发生触电	1. 应上锁,并标识责任人及联系方式; 2. 应进行接地,接地电阻不得大于10Ω; 3. 配电箱内的进出电缆线应采用护管进行防护,配电箱内开关应标识清楚、准确; 4. 一级配电箱应设置刀开关;坐地安装时应采用混凝土底座,厚度不小于30cm;放置于室外时,应设置防雨罩
		配电柜正面的操作通道空间不满足要求	Ⅲ	触电	操作不便利,导致操作失误,造成人员触电	1. 单列布置或双列背对背布置不小于1.5m; 2. 双列面对面布置不小于2m
		未实行"一机一闸,一箱一漏"制度	Ⅱ	机械伤害、触电	开启一台机械的电源时,共用开关闸的机械电源也接通,导致不知情的人员发生机械伤害和触电	1. 实行"一机一闸,一箱一漏",严禁使用同一个开关箱直接控制两台及两台以上用电设备(含插座); 2. 每台用电设备必须独立设置开关箱
		漏电保护器的性能不满足安全要求	Ⅱ	触电	漏电保护器失效,导致作业人员触电	1. 总配电箱漏电保护器的额定漏电动作电流应大于30mA,额定漏电动作时间应大于0.1s; 2. 开关箱漏电保护器的额定漏电动作电流不得大于30mA,额定漏电动作时间不应大于0.1s
		用于潮湿和腐蚀介质场所的漏电保护器不满足安全要求	Ⅱ	触电	漏电保护器失效,导致作业人员触电	1. 应采用防溅型产品; 2. 漏电保护器额定漏电动作电流不得大于15mA,额定漏电动作时间不得大于0.1s

续上表

序号	工序	风险因素	风险等级	可能造成的后果		主要防控措施
				事故类型	伤害形式	
2	建设	在潮湿或特别潮湿、有爆炸或火灾危险、存在较强振动等场所,未选用具有相应防护功能的照明器	Ⅱ	触电、火灾	照明器漏电或发热,伤害人员	1. 潮湿或特别潮湿场所,选用密闭型防水照明器或配有防水灯头的开启式照明器; 2. 有爆炸或火灾危险的场所,按危险场所等级选用防爆型照明器; 3. 存在较强振动的场所,选用防振型照明器
		潮湿、特别潮湿等特殊场所电源电压不满足要求	Ⅱ	触电	造成作业人员触电	1. 潮湿和易触及带电体场所的照明,电压不得大于24V; 2. 特别潮湿场所、导电良好的地面、锅炉或金属容器内的照明,电压不得大于12V
		用电设备未采取防触电保护措施	Ⅲ	触电	用电设备漏电或电压超过其额定电压,发生触电	1. 用电设备的金属外壳必须接零或接地,若采用接地保护,则接地电阻不得大于10Ω; 2. 照明灯具的相线必须经开关控制,严禁直接引入灯具; 3. 应就近连接三级或末级配电箱
		动力线路与照明线路未分开设置	Ⅰ	触电、火灾	动力线路的设备功率大,连带照明线路漏电,发生触电、火灾	1. 应分开设置; 2. 由电工进行线路巡检
		配电柜或配电线路停电维修时,未采取安全措施	Ⅰ	触电	作业人员误操作,造成维修人员触电	1. 应切断电源、锁定安全保护装置; 2. 应悬挂"禁止合闸、有人工作"等安全警示标志; 3. 必须由专人停送电,同时挂接地线
3	拆除	临时用电设备和线路的拆除未由电工完成	Ⅱ	触电	错误操作,发生触电	1. 安排专人监护,由专业电工完成; 2. 先切断线路电源,再进行拆除

3.7.3 典型示范

施工临时用电风险防控典型示范见表3.7.3。

表 3.7.3　施工临时用电风险防控典型示范

典 型 示 范	风险防控要点
	1.临时配电箱设置围挡护栏,并悬挂安全警示标志、标识; 2.检修进出门设置在低压端; 3.设置可靠的接地措施; 4.实行"一机一闸,一箱一漏"制度,并对电闸箱进行编号管理,明确安全责任人; 5.电闸箱上锁管理,非专业电工不可操作; 6.野外发电机设施设置防雨棚; 7.配备灭火器等消防器材

3.8　生产生活用水设施建设

3.8.1　主要工序

生产生活用水设施建设主要包括以下工序:施工准备、建设、拆除等。

3.8.2　风险辨控

生产生活用水设施建设风险辨控,见表3.8.2。

表 3.8.2　生产生活用水设施建设风险辨控

序号	工序	风险因素	风险等级	可能造成的后果		主要防控措施
				事故类型	伤害形式	
1	施工准备	储水设施选址不当	I	坍塌、淹溺、触电、中毒和窒息	储水设施坍塌,造成人员伤亡	1.严禁设在不良地质、高压线下等危险地段; 2.严禁设在有毒有害物品存放区域
		储水设施的材质不符合要求	III	中毒	水质发霉,造成饮用人员中毒	1.应选用、购买正规厂家生产的产品,并附有产品合格证明等文件; 2.产品进场前应进行检查
		消防器材配备数量不足或失效	II	火灾	无法快速、有效灭火,造成人员伤亡和财产损失	1.消防器材存放整齐,挂设醒目安全标志,并经常性地检查与维护; 2.动火作业区域灭火器数量应每50m² 不少于3具; 3.易燃易爆危险品使用场所灭火器数量应每50m² 不少于3具

续上表

序号	工序	风险因素	风险等级	可能造成的后果		主要防控措施
				事故类型	伤害形式	
2	建设	地基处理不当	Ⅰ	坍塌	储水设施倒塌,造成设备损坏、人员伤亡	1.应按要求进行地基处理; 2.应进行场地硬化
		未采取防倾覆措施	Ⅱ	坍塌	倾覆,砸伤人员	1.搭设应稳固、牢靠; 2.应采取防倾覆措施
		未对储水设施和生活饮用水进行定期检查	Ⅲ	中毒、其他伤害	水质污染,造成饮用人员中毒	1.应派专人管理生产生活用水设施,严禁人为破坏储水设施或污染生活生产用水; 2.应定期检查储水设施渗漏情况; 3.应定期检验生活饮用水,水质应符合有关规定
3	拆除	未采取安全防护措施	Ⅲ	机械伤害、物体打击	机械、储水设施伤害人员	1.施工现场设置安全警示标志及警戒线; 2.派专人指挥,严禁人员进入储水设施倒塌范围内
		未严格按照拆除程序进行拆除	Ⅰ	物体打击	储水设施倒塌,发生伤害	1.严格按照拆除程序进行拆除; 2.派专人统一指挥,作业人员相互配合

3.8.3 警示案例

3.8.3.1 事故基本情况

某县某工地的一名作业人员,用施工水箱的水做饭。饭后1小时,全家5人相继出现恶心、呕吐、烦躁、抽搐、口唇黏膜及全身皮肤紫绀现象,其中3岁男孩死亡,其余4人经抢救脱险。

3.8.3.2 事故原因

(1)直接原因

施工水箱的水曾于数日前加入50kg亚硝酸钠,服用含有大量亚硝酸钠的生产用水是造成事故的直接原因。

(2)间接原因

①施工单位化学品管理疏忽,生产用水加入大量亚硝酸钠时未进行标记。

②生产用水管理不到位,未及时发现并制止作业人员采用生产用水替代饮用水。

3.8.3.3 事故防范措施

(1)施工单位应完善并加强化学品的管理制度,建立化学品出入库台账。

(2)作业人员应严格遵守生产用水和生活用水管理制度,严禁饮用生产用水。

3.9 施工机械设备

3.9.1 主要内容

本节主要对机械设备投入生产使用前的风险进行辨控,正常工作状态及故障维修保养过程中的风险辨控在后续章节陈述。其主要包括:施工准备、设置安全防护设施等,其中施工准备主要指机械设备进场前、使用前的检查及维护保养。

3.9.2 风险辨控

施工机械设备风险辨控,见表3.9.2。

表3.9.2 施工机械设备风险辨控

序号	工序	风险因素	风险等级	可能造成的后果		主要防控措施
				事故类型	伤害形式	
1	施工准备	进场前,未检查机械设备证件、性能、状况	Ⅲ	机械伤害、起重伤害、容器爆炸等	使用不符合要求的机械设备,发生故障,伤害人员	1. 特种设备应有安全技术规范要求的设计文件、产品质量合格证明、安装及使用维修说明、监督检验证明等; 2. 其他机械设备应附有产品质量合格证明、操作说明书等文件
		使用前,未对机械设备进行检查	Ⅲ	机械伤害、起重伤害、容器爆炸	机械设备发生故障,伤害人员	1. 使用前,对起重机械和场内专用机动车辆等特种设备进行检查,主要检查制动器、操作控制装置、紧急报警装置等安全装置的状况; 2. 使用前,检查小型机具的齿轮传动、皮带传动、联轴器传动系统及其安全防护罩或防护挡板的牢固性; 3. 检查切割类机械设备刀片的牢固性,拌和设备搅拌、共料、控制等系统
		未对机械设备进行检修或定期检查	Ⅲ	机械伤害、起重伤害、容器爆炸	机械设备发生故障,伤害人员	1. 特种设备每月进行一次自检,每年进行一次全面检查; 2. 对起重机械和场内专用机动车辆的安全装置、制动器、离合器、电气系统、液压系统、动力系统和控制器等进行检查; 3. 按照规定,定期检查其他机械设备
		未对机械设备进行日常维护保养	Ⅱ	机械伤害、起重伤害、容器爆炸	机械设备发生故障,伤害人员	1. 应按照规定对机械设备进行日常维护保养; 2. 维护保养发现异常情况,应及时处理

续上表

序号	工序	风险因素	风险等级	可能造成的后果		主要防控措施
				事故类型	伤害形式	
2	设置安全防护设施	安全设施设置不完善	Ⅱ	火灾、机械伤害、车辆伤害	安全防护不到位，造成伤害	1. 机械设备集中停放的场所应设置消防通道，并应配备消防器材； 2. 机械设备上应悬挂安全操作规程、机械设备标识牌等； 3. 运输车辆车身应设置反光标识等安全警示标识

3.9.3 典型示范

施工机械设备风险防控典型示范，见表3.9.3。

表3.9.3 施工机械设备风险防控典型示范

典型示范	风险防控要点
	1. 特种设备操作人员须持证上岗； 2. 机械设备使用须取得检测检验合格证书，并张贴安全操作规程； 3. 对机械设备进行编号管理，并落实安全责任人

3.9.4 警示案例

3.9.4.1 事故基本情况

2015年9月14日20:40左右，重庆A公司驾驶员陈某驾驶货车驶入重庆B公司料场装卸点停好车后，重庆B公司驾驶员李某便驾驶轮式装载机给该货车装碎石。20:50左右，装车完毕，李某铲了一斗碎石往后退调头时，轮式装载机左后轮撞倒下车后在场地等待的陈某，并且左后轮内侧从其头部碾过，最后将车开到磅房处。此次事故造成1人死亡，直接经济损失88万元。

3.9.4.2 事故原因

（1）直接原因

①重庆B公司轮式装载机驾驶员李某驾驶装载机倒车时观察不到位，违反操作规程，高速倒车是导致事故发生的直接原因。

②事故发生时,重庆 B 公司管理人员没有开启作业场所照明设施,致使作业场所环境不良,且作业场所无安全警示标志。

(2)间接原因

①重庆 B 公司主要负责人没有组织制定本单位对外来车辆及驾乘人员管理的安全生产规章制度。

②重庆 B 公司未将安全生产责任制明确到装载机工作岗位,未对装载机操作人员李某进行安全生产教育学习和培训。驾驶员陈某自身安全意识差,擅自在作业场所等待,没及时发现和避让作业车辆。

3.9.4.3　对事故有关责任人员的处置

(1)重庆 B 公司装载机驾驶员驾驶装载机高速后退,违反操作规程,直接将在料场等待的陈某撞倒压伤致其死亡,移送司法机关处理。

(2)重庆 B 公司主要负责人没有组织制定本单位对外来车辆及驾乘人员管理的安全生产规章制度;重庆 B 公司生产负责人和现场主要负责人没有检查料场的安全生产状况,没有及时排查照明设施未开启的生产安全事故隐患,处以罚款。

(3)重庆 B 公司,没有制定本单位对外来车辆及驾乘人员的安全生产规章制度,没有将本单位的安全生产责任制明确到装载机操作人员李某工作岗位上,没有对装载机操作人员李某进行安全生产教育学习和培训,事故发生时,生产作业场所料场内在事故发生时无照明,也没有设置安全警示标志,给予其20.5万元罚款的行政处罚。

3.9.4.4　事故防范措施

(1)应在料场生产经营场所要设置夜间照明和明显的安全警示标志。

(2)将本单位的安全生产责任制明确到各岗位的责任人员,并明确其责任范围和考核标准等内容;进行全员全方位的安全生产教育和培训,并如实记录安全生产教育和培训的时间、内容、参加人员及考核结果等内容。

(3)应制定本单位对外来车辆及驾乘人员的安全生产规章制度,并在进入厂区内明显部位设置安全告知警示牌。

4 通用作业

4.1 测量作业

4.1.1 主要工序

测量作业主要包括以下工序：施工准备、测量等。

4.1.2 风险辨控

测量作业风险辨控，见表4.1.2。

表4.1.2 测量作业风险辨控

序号	工序	风险因素	风险等级	可能造成的后果		主要防控措施
				事故类型	伤害形式	
1	施工准备	野外环境复杂，未探明周边环境	I	触电、淹溺、高处坠落、物体打击、其他伤害	人员或设备接触外电架空线路、冰面不稳、山石滑落等造成作业人员伤亡	1. 探明外电架空线路分布情况，测量人员身体和测量设备外沿与外电架空线路的安全距离满足要求； 2. 掌握冰封情况，确保冰封情况满足作业要求，冰封不稳定的河段及春季冰融期不得进行冰上测量
2	测量	不中断交通道路上测量，未采取安全防护措施	II	车辆伤害	作业人员被车辆撞伤	1. 应设置交通安全标志； 2. 应设专人指挥或警戒； 3. 作业人员穿反光标志服
		密林丛草间测量，未采取安全防护措施	II	火灾、其他伤害	烟火引起火灾或动植物伤人	1. 遵守护林防火规定； 2. 严禁烟火； 3. 采取预防有害动物、植物伤人的个体防护措施
		陡坡及不良地质地段测量，未采取安全防护措施	II	高处坠落、物体打击	脚滑坠落，山体滑落石头而砸伤人员	1. 应系安全带、穿防滑鞋等，并正确佩戴和使用个人防护用品； 2. 应加强监护
		桥梁、隧道测量作业，作业人员未穿戴防护用品	II	高处坠落、物体打击、中毒和窒息	未穿戴防护用品，造成人员伤亡	1. 桥梁上测量人员应系安全带、穿防滑鞋等劳保用品； 2. 隧道内测量人员应戴防尘口罩等劳保用品； 3. 必须正确佩戴和使用个人防护用品

续上表

序号	工序	风险因素	风险等级	可能造成的后果		主要防控措施
				事故类型	伤害形式	
2	测量	水上测量作业时，未采取安全防护措施	Ⅱ	淹溺	测量船被撞，作业人员溺水	1.测量船应悬挂号灯或号型，并设专人瞭望； 2.水上测量平台应稳固牢靠，设置防护围栏和警示标志，并派交通船守护； 3.作业人员应穿救生衣
		江中抛锚时，未按规定设置信号	Ⅱ	物体打击	抛锚伤害附近作业船只、人员	1.应按港航监督管理部门要求，设置信号； 2.应派专人负责瞭望
		夜间测量时，未采取安全防护措施	Ⅱ	各种伤害	作业人员看不清危险物，发生伤害	1.照明应满足作业要求； 2.作业人员应穿反光示志服等
		测量时，遇雷雨天气，未安全避雨	Ⅱ	电击	被闪电电击，发生伤害	1.严禁在高压线或大树下避雨； 2.应穿雨衣等劳动防护用品

4.2 支架作业

4.2.1 主要工序

支架作业主要包括以下工序：施工准备、搭设、拆除等。

4.2.2 风险辨控

支架作业风险辨控，见表4.2.2。

表4.2.2 支架作业风险辨控

序号	工序	风险因素	风险等级	可能造成的后果		主要防控措施
				事故类型	伤害形式	
1	施工准备	支架基础未按要求进行设计和受力验算	Ⅰ	坍塌	支架失稳造成作业人员伤亡	1.应根据所受荷载、搭设高度、搭设场地地质等情况进行设计及验算； 2.冻胀土基础应采取防冻胀措施； 3.水中支架基础应考虑水流冲刷的影响
		支架基础的场地未设置排水措施，地基承载力不满足要求	Ⅰ	坍塌	承载力不足，上部结构发生坍塌，造成作业人员伤亡	1.地基底部应平整，并检测地基承载力，地基承载力应满足要求； 2.支架基础的场地应设置排水设施

续上表

序号	工序	风险因素	风险等级	可能造成的后果		主要防控措施
				事故类型	伤害形式	
1	施工准备	未对支架基础进行检查验收	I	坍塌	支架失稳造成作业人员伤亡	1. 遇洪水或大雨浸泡后,应重新检验支架基础、验算支架受力; 2. 支架基础建成后,应检查验收
2	搭设	未按要求对支架强度、刚度和稳定性进行设计及验算	I	坍塌	支架失稳造成作业人员伤亡	1. 应按照有关要求对支架强度、刚度和稳定性进行设计及验算; 2. 应按照程序进行设计、验算、审批、实施
		未对进场的钢管、扣件及安全网进行检查验收	I	坍塌	使用不合格的钢管、扣件或安全网,强度不满足要求,造成伤害	1. 应对进场的钢管、扣件、安全网进行检查验收; 2. 扣件不得有裂纹、缺爪、螺栓断丝或滑丝,钢管壁厚必须满足规范要求
		支架与道路交叉或跨通航水域时,未采取安全防护措施	I	车辆伤害、坍塌	车辆行驶过程中发生碰撞	1. 与道路交叉时,应按照规定净空设置车(人)行通道和防撞墩,并设置发光或反光安全警示标志; 2. 跨越通航水域时,应设置号灯、号型; 3. 派专人监护
		未按规定的顺序和要求进行搭设	I	物体打击	交叉作业或低强度的钢管变形等造成人员伤亡	1. 严格按施工方案规定的顺序进行搭设; 2. 同一支架,必须采用相同规型号、规格的钢管; 3. 支架应设置可靠的接地装置
		立杆的设置不符合要求	I	坍塌	立杆架设不稳,支架发生坍塌,造成伤害	1. 应设置垫板和垫座,垫板和垫座应符合有关规定; 2. 立杆埋置深度应符合要求,且坑底回填土须夯实; 3. 立杆横距、纵距应满足相关规定
		未按要求搭设扫地杆、剪刀撑	I	坍塌	支架结构不稳定,发生坍塌	1. 必须按照规范要求搭设扫地杆、水平剪刀撑和竖向剪刀撑; 2. 扫地杆与地面距离应符合有关要求
		搭设扣件式钢管脚手架时,纵向水平杆的连接不符合规定	I	坍塌	脚手架结构不稳定,发生坍塌	1. 两根相邻纵向水平杆的接头不应设置在同步或同跨内; 2. 不同步或不同跨的两个相邻接头在水平方向错开的距离不应小于500mm; 3. 各接头中心至最近主节点的距离不应大于纵距的1/3

续上表

序号	工序	风险因素	风险等级	可能造成的后果 事故类型	伤害形式	主要防控措施
2	搭设	搭设扣件式钢管脚手架时,主节点处未设置横向水平杆	Ⅰ	坍塌	脚手架结构不稳定,发生坍塌	1.必须设置横向水平杆; 2.采用直角扣件,将其固定在紧靠纵向水平杆的立杆上
		搭设扣件式钢管脚手架时,脚手板对接或搭接不符合规定	Ⅰ	高处坠落	脚手板发生侧翻,造成作业人员高处坠落	1.严禁出现翘头板,必须用铁丝等绑扎牢固; 2.对接平铺时,接头处必须设置两根横向水平杆,脚手板外伸长度应取130~150mm,两块脚手板外伸长度的和不应大于300mm; 3.搭接铺设时,接头必须设在横向水平杆上,搭接长度不应小于200mm,其伸出横向水平杆的长度不应小于100mm
		桩、柱梁式支架的纵梁之间未设置可靠的横向连接	Ⅰ	坍塌	支架不稳定,发生坍塌	1.应设置安全可靠的横向连接; 2.钢管桩的承载力应满足要求
		支架安装完成后未进行检查验收,使用前未进行预压	Ⅰ	坍塌	支架不稳定,发生坍塌	1.安装完成后未进行检查验收; 2.使用前未进行预压,预压荷载应为支架需承受全部荷载的1.05~1.10倍; 3.预压加载、卸载应按预压方案要求实施,使用砂(土)袋预压时应采取防雨措施
		施工荷载集中部位未采取安全措施,混凝土输送泵管道与支架连接	Ⅱ	坍塌	荷载集中部位的钢管变形、断裂,造成脚手架坍塌	1.施工荷载集中部位,必须按规定采取加强措施; 2.混凝土输送泵、管道不得与支架连接
		未定期检查支架	Ⅱ	坍塌	局部扣件松动,造成脚手架坍塌	1.应定期检查支架有无松动等; 2.大风、大雨天气后,应检查支架
3	拆除	未设置安全警戒区	Ⅲ	物体打击	钢管掉落伤人	1.应设置安全警戒区; 2.应派专人监护
		拆除人员未采取安全措施	Ⅲ	高处坠落、物体打击	作业人员发生坠落或脚手架上的材料、杂物掉落,造成伤害	1.应使用稳定的登高工具; 2.严禁将各构件抛掷至地面,应采用绳索等工具运送到地面; 3.随身作业的工具应装入工具袋中

续上表

序号	工序	风险因素	风险等级	可能造成的后果 事故类型	可能造成的后果 伤害形式	主要防控措施
3	拆除	拆除方法不当	I	坍塌	支架发生坍塌,伤害人员	1. 必须自上而下、分层分段拆除,严禁上下同时作业; 2. 严禁先将连墙杆整层或数层拆除后再拆除脚手架,必须随脚手架逐层拆除;拆除下部最后一道连墙杆时,必须先搭设抛撑加固
		解开与另外一人有关的扣件时,未通知对方	I	物体打击	钢管坠落,砸伤作业人员	1. 应通知对方; 2. 作业人员应相互配合

4.2.3 典型示范

支架作业风险防控典型示范,见表4.2.3。

表4.2.3 支架作业风险防控典型示范

典型示范	风险防控要点
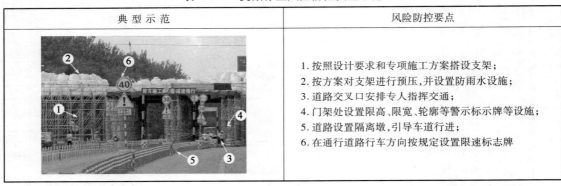	1. 按照设计要求和专项施工方案搭设支架; 2. 按方案对支架进行预压,并设置防雨水设施; 3. 道路交叉口安排专人指挥交通; 4. 门架处设置限高、限宽、轮廓等警示标示牌等设施; 5. 道路设置隔离墩,引导车道行进; 6. 在通行道路行车方向按规定设置限速标志牌

4.2.4 警示案例

4.2.4.1 事故基本情况

2014年7月28日9:00,吊装人员发现脚手架顶部向外发生位移,就赶紧停止吊装工作。10:00,唐某对现场进行查看后(唐某未对脚手架采取加固措施),再次安排明某、宁某、王某回到发生移位的脚手架上进行拆除作业。拆卸过程中脚手架突然向外倾倒,王某、宁某随脚手架一起坠落至地面,严重受伤。王某受伤被送往青岛市某医院救治,无生命危险。此次事故造成宁某死亡、王某受伤,直接经济损失约220万元。

4.2.4.2 事故原因

(1)直接原因

唐某在组织工人进行脚手架拆除作业时未按照《建筑施工扣件式钢管脚手架安全技术规

范》(JGJ 130)的要求,认真检查脚手架扣件连接、连体件、支撑体系等构造情况。在脚手架扣件连接、连墙件、支撑体系等构造缺失且发生位移的情况下,仍盲目组织工人进行脚手架拆除作业,是致使事故发生的直接原因。

(2)间接原因

①总包单位甲、分包单位乙、唐某等单位和人员对脚手架拆除人员资质把关不严;对施工队伍出现作业人员无资质、拆除组织无方案的安全隐患没有及时发现、整改。

②未对拆除施工人员进行安全技术交底等安全教育培训,对施工现场的监督检查不到位。

4.2.4.3 对事故有关责任人员的处置

(1)脚手架拆除劳务的承包人,没有按照国家规定组织工人进行规范的拆除作业,建议青岛市有关部门依据相关规定对其做出处理;脚手架拆除作业组织人员,未制定拆除作业施工方案,未按照《建筑施工扣件式钢管脚手架安全技术规范》(JGJ 130)有关规定组织拆除,由司法机关依法追究其刑事责任。

(2)分包单位乙,将脚手架搭建拆除工程发包给不具备施工资质和安全生产条件的个人唐某,且对施工现场的情况疏于管理,是典型的以包代管、包而不管的违法行为。建议由青岛市有关部门依据《生产安全事故报告和调查处理条例》,对其处以10万元以上20万元以下的罚款。

(3)总包单位甲,对分包单位乙具体施工组织情况监督检查不到位,未对分包队伍进行统一协调管理。由青岛市有关部门依据《生产安全事故报告和调查处理条例》,对其处以10万元以上20万元以下的罚款。

4.2.4.4 事故防范措施

(1)总包单位甲要认真吸取事故教训,尽快完善施工手续,督促各分包队伍严格落实安全生产法律法规,清除不具备安全生产条件的施工队伍,夯实安全生产工作基础,避免类似事故的再次发生。

(2)分包单位乙要从此次事故中吸取教训,完善本公司的工程分包审查管理制度,严格审查分包队伍的资质,对不具备安全条件施工队伍坚决予以清除。同时,本公司要强化安全的管理工作,完善安全管理制度和操作规程,切实提高公司的安全管理水平。

(3)相关部门应查找本部门在安全监管工作中存在不足和薄弱环节,适时开展安全生产检查工作,坚决打击安全生产违法行为,消除事故隐患,以防类似事故的再次发生。

4.3 模板作业

4.3.1 主要工序

模板作业主要包括以下工序:施工准备、加工及运输、安装、拆除等。

4.3.2 风险辨控

模板作业风险辨控,见表4.3.2。

表 4.3.2 模板作业风险辨控

序号	工序	风险因素	风险等级	可能造成的后果		主要防控措施
				事故类型	伤害形式	
1	施工准备	钢、木模板加工场地未分开设置	Ⅱ	火灾	钢模板加工时产生的火花引燃木屑,发生火灾	1. 应分开设置; 2. 应及时清除锯末、刨花和木屑
		消防器材配备数量不足或失效	Ⅱ	火灾	无法快速、有效灭火,造成人员伤亡和财产损失	1. 消防器材存放整齐,挂设醒目安全标志,并经常性地检查与维护; 2. 动火作业区域灭火器数量,应每50m² 不少于3具; 3. 易燃易爆危险品使用场所灭火器数量,应每50m² 不少于3具
2	加工及运输	未按要求对模板的强度、刚度和稳定性进行设计及验算	Ⅰ	坍塌	发生坍塌,造成伤害	1. 应按照有关要求对模板强度、刚度和稳定性进行设计及验算; 2. 应按照程序进行设计、验算、审批、实施
		模板未按设计方案加工	Ⅰ	坍塌	模板的受力不满足要求,发生破裂、坍塌等,造成伤害	1. 严格按照设计方案加工; 2. 应设置纵、横、斜向支撑及水平拉杆,拉杆不得焊接
		采用平刨机刨短料时,未用压板或推棍	Ⅱ	机械伤害	手被刀片割伤	1. 被刨木料厚度小于3cm、长度小于40cm时,应采用压板或推棍进行; 2. 厚度小于1.5cm、长度小于25cm 的木料,不得在平刨机上加工
		采用平刨机刨短料时,遇木料节疤未减慢送料速度	Ⅲ	机械伤害	被飞出的木料打伤或手被刀片割伤	1. 应减慢送料速度; 2. 严禁手按在木料节疤上送料
		采用压刨机刨料时,操作人员未采取安全措施	Ⅱ	机械伤害	被飞出的木料打伤或手被刀片割伤	1. 不得戴手套送料、接料; 2. 送料和接料时,应与滚筒保持一定的距离
		采用圆盘锯锯料时,操作人员未采取安全措施	Ⅱ	机械伤害	被飞出的木料打伤或手被刀片割伤	1. 应佩戴防护眼镜; 2. 应站在锯片一侧,禁止站在与锯片同一直线上; 3. 送料力量应均匀,不得用力过猛,遇木节应减速,严禁手正对锯片推料; 4. 接料应待料出锯片15cm 后进行,不得用手硬拉;当木料锯到接近端头时,由下手拉拽,上手不得用手推进

续上表

序号	工序	风险因素	风险等级	可能造成的后果		主要防控措施
				事故类型	伤害形式	
2	加工及运输	加工机械进行维修处理时,未切断电源	I	触电、机械伤害	发生触电,或碰触开关而发生机械伤害	1. 应拉闸断电,并验电; 2. 悬挂"有人操作,严禁合闸"的安全警示标志; 3. 派专人监护
		模板加工好后,堆放时未采取措施	III	坍塌	模板失稳坍塌,造成伤害	1. 堆放高度不宜超过2m,并分类码放; 2. 预拼装模板应设置临时支撑; 3. 应涂刷脱模剂,采取防雨、防潮、防滑措施
		运输模板时,未采取安全防护措施	III	车辆伤害	模板掉落,砸伤(亡)人员	1. 应将模板堆放稳当 捆绑牢固,不宜超高、超宽; 2. 车厢内必须设置可靠的防护措施
3	安装	吊装前,未检查模板、吊点及钢丝绳	III	起重伤害	模板掉落,砸伤(亡)人员	1. 应检查模板和吊点; 2. 应检查钢丝绳是否存在断丝或断股现象,若存在,立即更换
		吊装模板时,指挥不当	III	起重伤害、物体打击	正在吊装的模板磕碰作业人员	1. 应派专人指挥; 2. 作业人员应相互配合
		安装模板时,未搭设作业平台	II	高处坠落	无可靠作业平台,发生高处坠落	1. 基准面2m以上安装模板,应搭设脚手架或作业平台; 2. 安装大型钢模板时,应设置工作平台和爬梯,工作平台应设置防护栏杆、挡脚板和限载标志
		墙、柱模板未按设计要求准确就位,就位后未立即支撑和固定	I	坍塌	大风天气等情况下,墙、柱模板倾倒,砸伤人员	1. 墙、柱模板应按设计要求准确就位; 2. 就位后应立即支撑和加固,模板不宜与脚手架连接,模板支撑系统应进行安全验算,不得随意削减模板支撑及其他加固措施; 3. 模板安装完成后,应确保节点连接牢固
		支撑和固定未完成前,在梁底模板上走动或升降、移动吊钩	I	高处坠落	梁底模板侧翻,发生坠落	1. 严禁在未固定的梁底模板上走动; 2. 支撑和固定未完成前,不得升降和移动吊钩,不得实施下道工序

续上表

序号	工序	风险因素	风险等级	可能造成的后果		主要防控措施
				事故类型	伤害形式	
4	拆除	未设置安全警戒区	Ⅲ	起重伤害、物体打击	无关人员进入，造成伤害	1. 应设置安全警戒区； 2. 派专人监护
		未按照规定的顺序拆除模板	Ⅰ	坍塌	先拆除下部承重模板造成上部非承重模板失去支撑，发生坍塌，伤害人员	1. 应遵循先拆除非承重模板、后拆除承重模板、自上而下、分层分段拆除的顺序和原则，进行拆除作业； 2. 安排专人指挥
		拆除模板的所有固定配件时，方法不当	Ⅱ	起重伤害	模板不能被起吊，发生伤害	1. 严禁采用大锤硬砸、撬杠硬撬的方式拆除配件，拆除作业不得用力过猛； 2. 动火处距离可燃物应大于15m
		一次起吊2块或2块以上大模板	Ⅱ	起重伤害	模板掉落，砸伤人员	1. 严禁一次起吊2块或2块以上大模板； 2. 模板所有固定配件全部拆除后，方可进行吊运
		正在拆除的模板上下方有人员站立	Ⅱ	高处坠落、机械伤害	模板掉落，伤害人员	1. 严禁人员在正在拆除的模板上下方停留； 2. 安排专人监护

4.3.3 典型示范

模板作业风险防控典型示范，见表4.3.3。

表4.3.3 模板作业风险防控典型示范

典型示范	风险防控要点
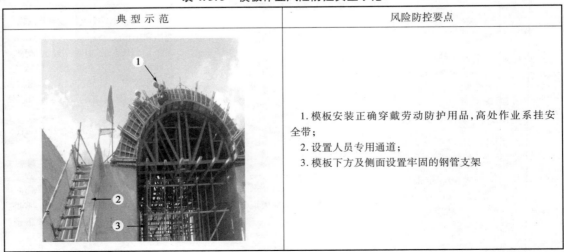	1. 模板安装正确穿戴劳动防护用品，高处作业系挂安全带； 2. 设置人员专用通道； 3. 模板下方及侧面设置牢固的钢管支架

4.3.4 警示案例

4.3.4.1 事故基本情况

2014年6月8日9:00左右,江苏某建设工程公司施工队长安排3名施工人员开始浇筑26.3m平台的外边梁。10:30左右,由北向南浇筑到第二跨梁时,施工队长安排工人只浇筑梁,不浇筑板,就离开工作面。11:30左右,施工队长发现工人开始浇筑板,立即来到作业面制止浇板施工,泵车停止输送。模板支撑系统从第三跨下沉,构架整体向西翻转。3名施工人员随坍塌的脚手架坠落至地面,1名工人坠落至坍塌支撑架体上方。此次事故造成3人死亡、1人重伤。

4.3.4.2 事故原因

(1)直接原因

模板支撑系统搭设方案未经专家论证,方案存在缺陷,未按照《建筑施工模板安全技术规范》(JGJ 162)等有关规范的要求进行搭设,造成25m处外边梁下承重立杆支承在顶层水平杆上;浇筑施工方法不当,相关人员盲目签字同意施工,导致模板支撑系统整体垮塌。

(2)间接原因

①江苏某建设工程公司现场管理混乱、分工不明确,无专职安全员,管理体系形同虚设。

②建设单位在未办理土地、规划、施工许可等相关手续的情况下,擅自开工建设;未委托监理单位对施工现场实施质量安全监理,现场管理人员不熟悉建设施工质量安全管理相关规定,施工现场质量、安全监管不到位。

4.3.4.3 对事故有关责任人员的处置

(1)江苏某建设工程公司项目部经理、项目技术负责人、施工队长对此次事故发生负主要责任,建议移交司法机关依法追究其刑事责任。

(2)江苏某建设工程公司法定代表人,未依法履行安全生产管理职责,对此次事故的发生负一定领导责任,建议处以罚款2万元的行政处罚。

(3)建设单位土建处处长对此次事故发生负主要责任,建议移交司法机关依法,追究其刑事责任。总工程师、建设总指挥对施工现场的安全监管不到位,建议建设单位给予开除处分。

4.3.4.4 事故防范措施

(1)江苏某建设工程公司要认真吸取这起事故的教训,举一反三,加强企业内部的管理。应严格按照法律法规要求,对危险性较大分部分项工程的专项施工方案,组织专家论证、审查合格后,方可施工;分部分项工程必须按规定进行检查验收,应严格应急预案管理制度,针对施工现场可能发生的危险因素,制定切实可行的应急避险和救援预案,适时组织演练,提高现场施工人员应急处置能力。

(2)该建设单位应认真吸取事故教训,严格执行建设项目施工许可制,严格履行建设单位安全监管职责,加强施工现场的安全监督;对存在事故隐患的施工作业,应要求施工单位及时进行整改,落实安全措施,将事故隐患消除在萌芽状态,确保安全生产。

(3)建设主管部门应加强安全监管队伍内部自身建设,全面排查事故隐患,严肃查处违法、违规的建设项目,把安全管理职能落实到实处,有效防范和遏制施工安全生产事故的发生。

4.4 钢筋作业

4.4.1 主要工序

钢筋作业主要包括以下工序：施工准备、加工与制作、半成品堆放、成品吊运等。

4.4.2 风险辨控

钢筋作业风险辨控，见表4.4.2。

表4.4.2 钢筋作业风险辨控

序号	工序	风险因素	风险等级	可能造成的后果		主要防控措施
				事故类型	伤害形式	
1	施工准备	钢筋搬运与加工场所杂乱	Ⅲ	火灾、物体打击、车辆伤害	焊渣、火星引起火灾，造成人员伤亡；钢筋搬运过程中，钢筋滑落伤人；车辆行驶、转弯过程中碰撞伤人或者碰撞结构物	1.按要求设计、布置场地，禁止在钢筋加工区域放置易燃物； 2.安排专人清理搬运场地的杂物、障碍物； 3.场所杂物清理干净后方可进行搬运作业； 4.车辆在场内按规定的速度和路线行驶
		电气设备防护措施不完善	Ⅰ	触电、机械伤害	电气设备漏电，导致人员触电伤亡	1.用电设备设置漏电保护器； 2.照明灯具必须加防护网罩，所有转动部件应设置防护罩； 3.各种仪表保持完好，并定期标定
		消防器材配备数量不足或失效	Ⅱ	火灾	无法快速、有效灭火，造成人员伤亡和财产损失	1.消防器材存放整齐，挂设醒目安全标志，并经常性地检查与维护； 2.动火作业区域灭火器数量，应每50m² 不少于3具； 3.易燃易爆危险品使用场所灭火器数量，应每50m² 不少于3具
2	加工与制作	钢筋切断机安全防护设施不完善，或作业人员违章操作	Ⅱ	机械伤害、火灾	切割过程中飞溅的火星造成火灾；切割机械伤人	1.切割机附近禁止堆放易燃易爆物品； 2.切断机应设置挡板； 3.机器正常运转后，再进行送料； 4.切短料时用钳子或套管夹牢；切长料时安排专人把扶
		未按操作规程使用钢筋弯曲机	Ⅱ	机械伤害	人员衣物被绞进机械内，造成伤亡	1.严禁钢筋弯曲机的作业半径内和机身不设固定销的一侧有人员站立或通行； 2.设置安全警示标志

续上表

序号	工序	风险因素	风险等级	可能造成的后果		主要防控措施
				事故类型	伤害形式	
2	加工与制作	钢筋冷拉作业区安全防护措施不完善	II	机械伤害、物体打击	钢筋断裂,应力释放,伤害作业人员;作业人员因未看到卷扬机或卷扬机不稳而被卷扬机伤害	1. 冷拉钢筋卷扬机放置在视线良好区域,并设置地锚; 2. 冷拉作业时设置警戒区; 3. 钢筋冷拉作业区两端装设防护挡板; 4. 钢筋或牵引钢丝两侧3m内及冷拉线两端,设置"不得靠近"的安全警示标志
		钢筋对焊机未按要求装设	II	触电	焊机内部电力线路短路,造成触电事故	1. 安装在室内或防雨棚内; 2. 设备外壳可靠接地或接零; 3. 对焊作业闪光区四周应设置挡板
		电焊机未采取防触电措施	II	触电	漏电,造成人员触电	1. 必须单独装设开关和漏电保护装置; 2. 外壳设置接零保护装置; 3. 电焊机放置场地必须采取防雨、防砸措施
		机械进行维修处理时,未切断电源	I	触电、机械伤害	误操作导致伤人	1. 应切断电源,并验电; 2. 应悬挂"有人操作,严禁合闸"等安全警示标志; 3. 应安排专人监护
		加工高度超过2m的钢筋骨架,违章作业	III	高处坠落	作业人员发生高处坠落	1. 搭设脚手架或作业平台; 2. 禁止沿着钢筋骨架上下
3	半成品堆放	堆放不稳固	III	物体打击	钢筋或钢筋笼掉落,砸伤人员	1. 钢筋应堆放整齐,不得超高; 2. 采用楔形块等固定钢筋笼,防止其滚动
		在临时设施上超载存放钢筋	II	坍塌	作业平台失稳坍塌,伤害人员	严禁超限堆放钢筋等材料或物件
4	成品吊运	吊运钢筋时,未采取安全措施	II	起重伤害	钢筋笼摆动、旋转,撞伤人员	1. 应设置防溜绳; 2. 安排专人指挥; 3. 吊运到位后,不得攀爬钢筋笼,进行摘钩
		未确定吊运方案即进行吊运作业	I	起重伤害	钢筋笼掉落,造成人员伤亡	1. 应确定吊点的数量、位置和捆绑方法; 2. 不得单点起吊
		运输时,车辆行驶过快、钢筋笼拖地行走	III	车辆伤害	行驶速度过快,在转弯及会车过程中发生碰撞、刮擦事故,导致人员或设备损伤	1. 运输时,严禁钢筋笼拖地行走; 2. 车辆必须限速慢行,按照规定的路线行驶

4.4.3 典型示范(表 4.4.3)

表 4.4.3 钢筋作业风险防控典型示范

典 型 示 范	风险防控要点
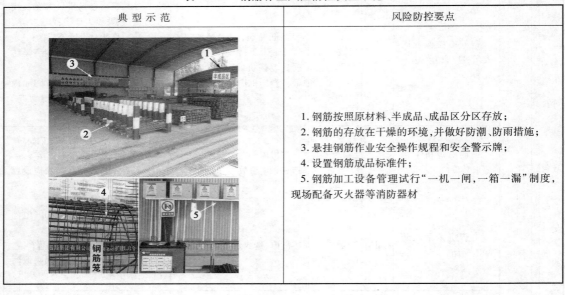	1. 钢筋按照原材料、半成品、成品区分区存放； 2. 钢筋的存放在干燥的环境，并做好防潮、防雨措施； 3. 悬挂钢筋作业安全操作规程和安全警示牌； 4. 设置钢筋成品标准件； 5. 钢筋加工设备管理试行"一机一闸，一箱一漏"制度，现场配备灭火器等消防器材

4.4.4 警示案例

4.4.4.1 事故基本情况

2014 年 12 月 17 日 17:20 左右，南京某施工现场在进行二次衬砌拱墙钢筋拱架整形加固作业时，钢筋拱架突然坍塌。此次事故造成 4 人死亡、3 人受伤，直接经济损失约 430 万元。

4.4.4.2 事故原因

（1）直接原因

二次衬砌拱墙钢筋拱架在实施整形加固过程中失稳，是造成事故的直接原因。

（2）间接原因

①某劳务公司在对二次衬砌拱墙钢筋拱架进行整形加固时，对其稳定性变化和相应维持稳定性措施缺乏实践经验，加固措施不当，现场安全管理不到位，对实施整形加固作业过程中可能发生的安全风险判断预估不足。

②施工总承包单位现场有关管理人员未能认真督促、监督某劳务公司按照有关要求有效实施作业；监理单位未能严格履行监理职责，未能及时发现并制止现场作业人员实施整形加固措施中的不当行为；建设单位相关管理人员对监理方、施工总承包单位督促检查不到位。

4.4.4.3 对事故有关责任人员的处置

（1）某劳务公司施工现场负责人在整形加固作业中未严格按照施工方案要求架设临时支撑架，并提出具体的安全防范措施，未根据作业过程中可能存在的危险因素对作业人员进行有针对性的安全技术交底和安全教育，未安排专职人员进行现场安全监护。其对此次事故发生负有直接管理责任，建议移送司法机关，依法追究其刑事责任。

(2)某劳务公司副总经理,在项目实施中未充分认识施工环境和施工条件的复杂性,对关键性工期、关键工序没有充分的认识和准备,未根据作业现场的实际情况制定相应的应急预案,对现场管理人员因整形加固作业可能造成的风险程度预估和判断不足,对此次事故发生负有领导责任。依据《生产安全事故报告和调查处理条例》第三十八条,建议给予处分一年年收入40%的罚款。

(3)撤销施工总承包单位项目部常务副经理、项目部现场副经理于某的项目部现场副经理职务;施工总承包单位项目部安全总监、副总工程师、项目部项目经理、监理单位项目部现场监理分别处以9000元的行政处罚。

(4)对建设单位工程一处项目工程师、工程一处项目主管等人,给予警告处分。

4.4.4.4 事故防范措施

(1)进一步明确总包、分包管理责任,总包单位应进一步明确对分包单位,特别是对劳务分包单位的管理职责。通过落实安全生产责任制,着力解决"以包代管、只包不管"等影响安全生产工作的普遍性问题。

(2)监理单位应认真履行安全监理职责,举一反三,加强现场安全监理,及时发现并消除安全隐患。

4.5 混凝土作业

4.5.1 主要工序

混凝土作业主要包括以下工序:施工准备、拌和、运输、浇筑、振捣、养护等。

4.5.2 风险辨控

混凝土作业风险辨控见表4.5.2。

表4.5.2 混凝土作业风险辨控

序号	工序	风险因素	风险等级	可能造成的后果		主要防控措施
				事故类型	伤害形式	
1	施工准备	作业人员未佩戴安全防护用品	Ⅲ	其他伤害	粉尘进入作业人员呼吸道,造成伤害	1.必须正确佩戴防尘口罩等劳动保护用品; 2.劳动保护用品必须符合有关标准,不得超期使用
		袋装水泥、砂石料未按要求进行堆放	Ⅱ	坍塌	材料坍塌,压伤人员	1.袋装水泥应交错、整齐码放,高度不超过10袋,且不得靠墙; 2.砂石料堆放不得超过规定高度
		原材料进场时,未设置车辆专用通道	Ⅱ	车辆伤害	装卸料或运输过程中造成人员伤亡	1.应设置车辆专用通道; 2.安排专人指挥,指挥人员必须注意观察周边环境

续上表

序号	工序	风险因素	风险等级	可能造成的后果		主要防控措施
				事故类型	伤害形式	
2	拌和	拌和站、储水池、配料机临边未采取安全防护措施	II	淹溺、高处坠落	人员发生坠落,造成伤害	1. 拌和站爬梯应布设安全网,设置"当心坠落"等安全警示标志; 2. 储水池应进行覆盖; 3. 配料机临边应采用防护栏杆进行封闭
		装载机上料坡度大、行驶速度快	III	车辆伤害	装载机失控,损毁拌和设备	1. 应按规定的坡度上料; 2. 应按规定的速度行驶
		传输皮带下有人员停留	II	机械伤害	人员被物料砸伤,或被卷入拌和料仓,造成人员伤亡	1. 人员不得在传输皮带下站立,不得穿越或跨越皮带; 2. 在传输皮带下方设置"禁止停留"等安全警示标志
		进行设备维修、保养时,设备被启动	I	触电、机械伤害	触碰带电线路,发生伤害;误操作拌和机,造成人员伤亡	1. 应封闭下料口、切断电源、锁定安全保护装置; 2. 应悬挂"严禁合闸"等安全警示标志; 3. 应派专人监护
		拌和机检修高处作业的风险辨控详见表4.9.2				
3	运输	施工现场无人监管运输车辆	II	车辆伤害	运输车辆撞伤人员;混凝土飞溅,造成人员伤亡	1. 混凝土罐车在专人指挥下进出施工现场; 2. 应按规定路线与速度行驶,不得超速; 3. 应经常观察反光镜,确保无混凝土抛洒物
		维修或清理混凝土搅拌车时,未采取安全措施	II	车辆伤害、机械伤害	搅拌车伤害维修人员	1. 确保发动机和液压泵无压力后,再进行维修; 2. 清理搅拌筒时,应熄灭车辆、关掉电门; 3. 派专人监护
4	浇筑	混凝土浇筑前的安全检查工作不全面	II	坍塌、物体打击、高处坠落	模板、支架不牢固,掉落伤人;支架、模板坍塌,人员坠落	1. 检查模板、支架及钢筋骨架的稳定、变形情况; 2. 按照施工方案要求的顺序、速度浇筑混凝土; 3. 发现异常时,应立即停止作业,并整修加固
		未按要求安装及固定输送泵	II	物体打击	管道在受压时摆动或喷出物料,伤害人员	1. 输送泵应安装稳固,松软地面泵车支腿加垫木; 2. 管道布设应平顺,安装应固定牢靠; 3. 接头和卡箍密封、紧固

续上表

序号	工序	风险因素	风险等级	可能造成的后果		主要防控措施
				事故类型	伤害形式	
4	浇筑	泵送混凝土过程中仪表故障	Ⅲ	机械伤害、物体打击	压力超压,混凝土喷出伤人	1.泵送混凝土前检查泵送和布料系统,首次泵送前进行管道耐压试验; 2.泵送混凝土时,操作人员应随时监视各种仪表和指示灯,发现异常,应立即停机检查; 3.应安排专人牵引、移动输送泵出料管,且布料臂下不得站人
		清理管道时,未设置警戒区	Ⅲ	机械伤害	剩余物料喷出,伤人	1.应设置警戒区; 2.管道出口端前方10m内不得站人
		采用吊车配料斗浇筑混凝土时,未设置专人指挥、监护	Ⅲ	起重伤害	吊车与周围构筑物相撞,物料倾翻,砸伤其下方的人员	1.设专人指挥起吊、运送及卸料等作业; 2.人员、车辆不得在吊斗下方停留或通行,并确保吊斗底下仓门关闭; 3.不得攀爬吊斗
		站在溜槽边缘进行操作	Ⅱ	高处坠落	人员坠落,造成伤害	1.溜槽应固定牢靠; 2.严禁站在溜槽边缘进行操作,在临边部位应设置防护栏杆; 3.料斗临边时,严禁人员站立在临边一侧
5	振捣	插入式振捣器漏电	Ⅰ	触电	振捣器漏电,发生触电事故	1.应装设漏电保护装置; 2.作业人员应穿绝缘鞋、戴绝缘手套等劳动保护用品; 3.不得在电缆线上堆放杂物
		振捣器带病作业或人员违章进行振捣作业	Ⅲ	触电、物体打击	电缆线绝缘破损或软管断裂,造成人员伤亡	1.不得用电缆线、软管拖拉或吊挂振捣器; 2.装置振动器的构件模板应坚固牢靠; 3.不得使用软管断裂的插入式振动器; 4.插入式振动器检修或作业停止,未切断电源
6	养护	临边及预留孔洞周围未采取安全防护措施	Ⅲ	高处坠落	人员从高处坠落	1.覆盖养护时,预留孔洞周围设置安全护栏或盖板; 2.设置安全警示标志; 3.不得随意挪动
		未结合养护类型,采取相应的安全防护措施	Ⅲ	火灾、触电	电起火或热起火,引起火灾;漏电造成人员伤亡	1.蒸汽、电热养护时,应设围栏和安全警示标志,非作业人员不得进入养护区域,并配置足够、有效的消防器材; 2.洒水养护时,应避开配电箱和周围电气设备

4.5.3 警示案例

4.5.3.1 事故基本情况

2014年7月22日上午7:00左右,青岛某混凝土工程公司金山分站操作工于某发完一批料(混凝土),将搅拌机停机后就离开操作室,给调度送底单。7:30左右回到操作室,接到调度通知要求发料,就启动混凝土搅拌机,突然听到江某喊叫"别开机",立即关闭开关,经查看发现,混凝土搅拌机主机门开着,里面躺着江某。江某经青岛某市人民医院抢救无效死亡,直接经济损失70万元。

4.5.3.2 事故原因

(1)直接原因

①青岛某混凝土工程公司企业安全生产主体责任未落实,虽然建立操作规程,但督促落实不到位,是导致事故发生的直接原因。

②辅助工江某,未按照搅拌机清理操作规程,进入混凝土搅拌机中进行清理。

③操作工于某返回工作岗位后,未对设备进行检查,就启动混凝土搅拌机,导致江某被挤伤,经抢救无效死亡。

(2)间接原因

①青岛某混凝土工程公司主要负责人未健全安全生产管理制度,履行安全生产职责不到位。

②企业安全培训流于形式,未认真落实安全培训制度,导致作业人员安全意识淡薄,进入混凝土搅拌机进行清理时未通知调度,未拉电闸,忽视自身安全。

4.5.3.3 对事故有关责任人员的处置

建议由青岛某市安全生产监督管理局依照《生产安全事故报告和调查处理条例》对青岛某混凝土工程公司及主要负责人给予行政处罚;由青岛某混凝土工程公司按照公司规定对李某、于某等其他相关责任人员进行处理。

4.5.3.4 事故防范措施

青岛某混凝土工程公司应认真按照事故调查"四不放过"的原则,汲取事故教训,认真查找在管理、教育培训等方面存在的问题,加大安全生产教育、培训力度,不断提高职工的安全防护、自我保护意识,坚决杜绝违章指挥、违章作业、违反劳动纪律现象,严格落实各项防范措施;进一步健全和落实责任制、规章制度、操作规程,明确责任人及其职责,加大对事故隐患排查治理力度,真正落实企业主体责任,及时消除安全事故隐患,警钟长鸣,常抓不懈,做好各项安全工作。

4.6 砂浆作业

4.6.1 主要工序

砂浆作业主要包括以下工序:施工准备、拌和、砌筑、养护等。

4.6.2 风险辨控

砂浆作业风险辨控见表4.6.2。

表4.6.2 砂浆作业风险辨控

序号	工序	风险因素	风险等级	可能造成的后果		主要防控措施
				事故类型	伤害形式	
1	施工准备	作业人员未佩戴安全防护用品	Ⅲ	其他伤害	粉尘进入作业人员呼吸道,造成伤害	1.必须正确佩戴防尘口罩等劳动保护用品; 2.劳动保护用品必须符合有关标准,不得超期使用
		搅拌机停放不平稳	Ⅲ	机械伤害、物体打击	搅拌机倾覆,造成伤害	1.应选择平整、坚实的场地; 2.确保搅拌机安装平稳、牢固
2	拌和	未按照操作规程进行搅拌、清灰作业	Ⅱ	机械伤害	旋转的搅拌叶片造成人员伤亡	1.搅拌过程中不得清理灰浆,严禁将手、木棒等伸进搅拌筒内; 2.操作人员不得擅离岗位; 3.投料不得超过额定容量
		搅拌出现故障,未切断电源,强行处理	Ⅰ	机械伤害、触电	工具被转动的搅拌机弹出,打击人员	1.应先切断电源,将搅拌料斗内灰浆倒出后,再进行检修,排除故障; 2.应悬挂"有人操作,严禁合闸"等安全警示标志,派专人监护; 3.严禁采用工具撬动等危险方法,强行推动机械运转
3	砌筑	砖墙砌筑速度过快	Ⅱ	坍塌	砂浆收缩变形大,砂浆强度降低,发生砌体倾倒,砸伤人员	1.砖墙每天砌筑高度宜小于1.8m; 2.雨天施工时,每天砌筑高度宜小于1.2m
4	养护	养护期间,碰撞或振动砌体	Ⅱ	坍塌、物体打击	砌体因松动而发生坠落,砸伤人员	1.严禁碰撞或振动砌体; 2.应按规定条件进行养护

4.6.3 警示案例

4.6.3.1 事故基本情况

2002年4月24日上午9:30左右,某工地使用搅拌机拌制抹灰砂浆,使用两台翻斗车进行水平运输。由于砂浆供给不上,工人在现场停工待料。抹灰工长文某趁搅拌机操纵工备料而不在搅拌机旁,私自违章开启搅拌机,且在搅拌机运行过程中,将头伸进料口查看搅拌机内的情况,被正在爬升的料斗夹到其头部后,人跌落进料斗下,料斗下落后又压在文某的胸部,造成文某头部大量出血,经抢救无效死亡。

4.6.3.2 事故原因

(1)直接原因

文某安全意识不强,违章作业,在搅拌机操纵工不在场的情况下,擅自开启搅拌机,且在搅拌机运行过程中将头伸进料斗内。

（2）间接原因

①安全教育不到位,安全技术交底未落到实处,导致抹灰工擅自开启搅拌机。

②搅拌机操纵工为备料而不在搅拌机旁,给无证人员违章作业创造条件。

③作业人员安全意识淡薄,缺乏施工现场的安全知识和自我保护意识。

④施工现场劳动组织不协调,仅安排三名工人和一台搅拌机进行砂浆搅拌。

4.6.3.3 对事故有关责任人员的处理

总包单位法人代表作书面检查,项目经理给予罚款处分。分包单位法人代表做作书面检查;分管安全生产的副经理,给予罚款;现场负责人,给予行政警告和罚款。

4.6.3.4 事故防范措施

（1）施工单位应完善安全责任体系,各级管理人员和从业人员都应按照各自职责严格执行规章制度,杜绝违章作业;安全教育和安全技术交底不能仅仅放在口头,而应落到实处,要让每个施工从业职员都知道施工现场的安全生产纪律和安全操作规程。

（2）施工作业人员应进一步加强自我防范意识,明确自己的岗位和职责,不能擅自操纵与自己工种无关的设备设施;施工现场安全员必须强化现场的安全检查力度,加强对施工危险源作业的监控,完善有关的安全防护设施。

4.7 电焊与气焊作业

4.7.1 主要工序

电焊与气焊作业主要包括以下工序：施工准备、焊接与切割、清理现场等。

4.7.2 风险辨控

电焊与气焊作业风险辨控见表4.7.2。

表4.7.2 电焊与气焊作业风险辨控

序号	工序	风险因素	风险等级	可能造成的后果		主要防控措施
				事故类型	伤害形式	
1	施工准备	未正确穿戴面罩等劳动防护用品,或劳动防护用品不合格	Ⅲ	灼烫、触电	造成作业人员眼部、面部以及身体其他部位被灼伤;设备漏电,造成触电事故	1. 必须正确佩戴、使用面罩、护目镜、防护服、绝缘手套等劳动防护用品; 2. 劳动防护用品应符合有关规定,超期不得使用
		电焊机置于潮湿的地点	Ⅱ	触电	电焊机电路短路,造成触电	1. 应放置于干燥、通风的地点; 2. 雨天、露天或潮湿区域应设置防雨、防潮装置
		备用、待用的氧气瓶、乙炔瓶存放在一起	Ⅰ	爆炸	发生火灾	1. 备用、待用的氧气瓶、乙炔瓶应分开存放; 2. 存放处间应大于10m; 3. 设置安全警示标志

续上表

序号	工序	风险因素	风险等级	可能造成的后果		主要防控措施
				事故类型	伤害形式	
1	施工准备	消防器材配备数量不足或失效	II	火灾	无法快速、有效灭火,造成人员伤亡和财产损失	1.消防器材存放整齐,挂设醒目安全标志,并进行经常性地检查与维护; 2.动火作业区域灭火器数量,应每50m²不少于3具; 3.易燃易爆危险品使用场所灭火器数量,应每50m²不少于3具
2	焊接与切割	电焊	电焊机接地保护不符合要求	I	触电、火灾	漏电,造成人员伤亡	1.与电焊机外壳连接的接地线,气接地电阻不得大于4Ω; 2.接地线不得使用建(构)筑物的金属结构、管道、轨道或其他金属物体搭接,形成焊接回路
		电焊机一次侧电源线长度大于5m,二次侧焊接电缆线长度大于30m	I	触电	线路绝缘层易磨损,且距离控制开关远,意外情况无法及时关闭电源,造成人员伤亡	1.电焊机一次侧电源线长度不得大于5m; 2.二次侧焊接电缆线应采用防水绝缘橡胶护套铜芯软电缆; 3.二次侧焊接电缆线长度不宜大于30m,且进出线处应设置防护罩
		电焊钳安全性能不达标或损坏	II	触电、火灾	芯线外漏,导致发生触电事故	1.电焊钳的绝缘和隔热性能应满足要求; 2.钳柄与导线应连接牢固; 3.电缆芯线不得外露
		交流电焊机安全保护装置配备不齐全	II	触电	电焊机空载电流大,输出电压高,造成作业人员触电	使用交流电焊机,除应在开关箱内装一次侧漏电保护器外,尚应安装二次侧空载降压触电保护器
		电焊机移动或停用时,未切断电源或未取下焊条	II	触电	触及电源或短路,造成人员伤亡	1.必须切断电源,取下焊条; 2.单台电焊机宜使用专用小推车移动; 3.多台电焊机可搭设防护棚,进行防雨、防潮、防晒等保护
		气焊与气割	氧气瓶和乙炔瓶未经检验,就投入使用	I	火灾、容器爆炸	气瓶发生爆炸,发生火灾,伤害人员	1.氧气瓶、乙炔瓶必须经检验合格后,方可使用; 2.氧气瓶、乙炔瓶瓶帽及防震圈必须完好,减压器、回火阀等不存在松动、漏气及油污现象
		违章搬运或吊运气瓶	II	火灾、其他爆炸	使气瓶内气体发生膨胀,导致气体爆炸和火灾事故,伤害人员	1.应采用专用小车搬运及非金属吊带吊运; 2.不得滚动或用钢丝绳吊运气瓶

续上表

序号	工序		风险因素	风险等级	可能造成的后果		主要防控措施
					事故类型	伤害形式	
2	焊接与切割	气焊与气割	直接焊接使用过危险化学品的容器、设备、桶槽、管道、舱室等	I	火灾、其他爆炸	残留的危险化学品在高温作用下,发生爆炸和火灾事故	1.动火前必须清洗容器等; 2.应经测爆合格
			作业时,用沾有油污的手或手套操作或开启乙炔气瓶气阀;开启气阀过快	I	火灾、容器爆炸	油污燃烧,造成爆炸	1.不得用沾有油污的手或手套操作或开启乙炔气瓶气阀,气瓶、阀门、焊具、胶管等均不得沾有油污; 2.应缓慢开启乙炔气瓶气阀,一般只开至3/4圈以内
			进行气焊作业时,气瓶放置不满足安全要求	I	火灾、其他爆炸	高压气体泄露或高温火焰使气体膨胀,发生火灾或爆炸事故	1.使用的气瓶应稳固竖立或装在专用车(架)固定装置上; 2.气割作业氧气瓶与乙炔瓶的距离不得小于5m; 3.气瓶与实际焊接作业点距离不得小于10m,无法达到时应设置耐火屏障; 4.不得在烈日下暴晒
			点燃、关闭割炬时,开关顺序不当	I	灼烫、火灾、其他爆炸	先打开乙炔时,乙炔气会与割炬中的空气混合,发生事故	1.点燃割炬前,应检查割炬连接处和各气阀连接处的严密性; 2.点燃割炬时,应先开启氧气阀,待空气排净后,再开启乙炔气阀; 3.关闭割炬时,应关闭乙炔气阀
			点燃的割炬靠近氧气瓶,或其喷嘴与金属物件相碰	I	其他爆炸	氧气瓶遇热爆炸或使金属物件发热,造成伤害	1.点燃的割炬与氧气瓶的距离不得小于10m; 2.点燃的割炬喷嘴不得与金属物件相碰
	特殊作业环境焊接	受限空间	气瓶和焊接电源放置于受限空间	I	触电、火灾、其他爆炸	活动空间小,气瓶碰撞,发生火灾或爆炸;电源故障,造成触电	1.应置于受限空间外; 2.派专人监护
			未设置通风、绝缘、照明和应急救援装置	I	窒息、触电	不通风致使氧气不足,造成作业人员窒息;电焊机无绝缘,未设置照明,作业人员易发生触电事故	1.应设置通风、绝缘、照明和通信装置; 2.照明设备的电压应符合有关规范(金属容器内照明设备的电压不得超过12V)

60

续上表

序号	工序	风险因素	风险等级	可能造成的后果		主要防控措施
				事故类型	伤害形式	
2	特殊作业环境焊接	作业区下方有临时设施或有杂物存放时,未采取防火措施	II	火灾	作业时,火花迸溅,引燃下方物体,发生火灾,伤害人员	1.应设置防火板等防火设施; 2.派专人巡视
		高处作业详见表4.9.2				
3	清理现场	未清理现场	III	其他爆炸	乙炔进入割炬喷嘴逆向燃烧,发生爆炸,残留的火种导致火灾	1.气焊作业完毕后,应先关闭乙炔气阀;电焊作业完毕后应关闭电源; 2.应及时清理现场,彻底消灭火种

4.7.3 典型示范

电焊与气割作业风险防控典型示范见表4.7.3。

表4.7.3 电焊与气割作业风险防控典型示范

典型示范	风险防控要点
	1.作业人员正确佩戴安全帽、护目镜、手套等劳动防护用品; 2.采用小推车运输氧气、乙炔瓶,并贴有安全警示标志及安全主要事项; 3.氧气瓶、乙炔瓶分库存放,保持安全距离,并贴有"禁止烟火"警示标志; 4.配备灭火器等消防器材

4.8 起重吊装作业

4.8.1 主要工序

起重吊装作业主要包括以下工序:施工准备、绑扎、试吊、起吊、就位停机等。

4.8.2 风险辨控

起重吊装作业风险辨控，见表4.8.2。

表4.8.2 起重吊装作业风险辨控

序号	工序	风险因素	风险等级	可能造成的后果		主要防控措施
				事故类型	伤害形式	
1	施工准备	作业人员未佩戴防护用品	Ⅲ	高处坠落、物体打击	人员从高处坠落等，造成伤害	1.起重作业人员应穿防滑鞋、戴安全帽等； 2.高处作业时，应按规定佩挂安全带等； 3.防滑鞋、安全帽及安全带应符合有关规定，超期不得使用
		吊装作业未设置警戒区	Ⅲ	起重伤害	无关人员进行作业区域，受到伤害	1.应设置警戒区； 2.警戒区不得小于起吊物坠落影响范围
		吊装作业无专人指挥	Ⅲ	起重伤害	起吊作业安排不当、信息沟通不畅，作业失误，发生事故	1.应派专人负责指挥捆绑、固定、吊装等作业； 2.严禁人员在已起吊的构件下方或起重臂下旋转范围内作业或通行； 3.两台以上起重机作业时，应提前进行沟通，作业人员相互配合
		所使用器具及材料等不满足要求	Ⅲ	起重伤害	器具故障或失效，造成人员伤亡	1.应检查起重设备安全装置、钢丝绳、滑轮、吊索、卡环等的可靠性； 2.钢丝绳安全系数不得小于6； 3.安装所使用的螺栓、钢楔（或木楔）、钢垫板、垫木和电焊条等材质，应符合设计要求
		流动式起重设备通行的道路或作业场地不平整、不坚实	Ⅱ	起重伤害	起重机械倾覆，造成人员伤亡	1.通行的道路和作业场地应平整、坚实； 2.吊装前，支腿应全部打开，并按要求铺设垫木
		门式起重机、架桥机、缆索起重机，未设置人员上下的平台	Ⅱ	高处坠落	人员高处坠落	1.门式起重机应设置带有护栏的爬梯，供作业人员使用； 2.架桥机作业平台处应挂设密目式安全网，人员行走平台及楼梯应设置护栏； 3.缆索起重机应配备符合要求的电梯或爬梯，不得徒手攀爬，塔架顶部设置可靠的防雷装置

续上表

序号	工序	风险因素	风险等级	可能造成的后果 事故类型	可能造成的后果 伤害形式	主要防控措施
1	施工准备	缆索起重机所使用的材料未进行验收,吊塔及扣塔未经稳定性验算、未设置缆风索	Ⅱ	起重伤害	起重机倾覆,伤害人员	1.缆索起重机所用材料进场前应进行验收,材料无损伤、无变形,强度、刚度应满足设计要求,主缆宜使用钢丝绳,安全系数不得小于3; 2.吊塔、扣塔及相应索具、风缆、锚碇均应进行稳定性验算,其安全系数应满足最不利工况要求; 3.吊塔及扣塔塔架前后及侧向应设置缆风索,缆风索安全系数应大于2
2	绑扎	绑扎不牢或重心不稳	Ⅱ	起重伤害	吊件掉落,砸伤人员	1.严格按照方案进行绑扎; 2.作业人员应密切配合
3	试吊	缆索起重机未进行起吊试验	Ⅰ	起重伤害	被起吊重物不稳而坠落,砸伤人员	1.缆索起重机在正式吊装前,应进行起吊试验; 2.应分别按1.25倍设计荷载的静荷和1.1倍设计荷载的动荷,进行起吊试验
3	试吊	吊点位置不合理	Ⅰ	起重伤害	被起吊重物不稳而坠落,砸伤人员	1.吊点位置应符合设计规定; 2.设计无规定的应经计算确定
3	试吊	吊装大、重、新结构构件和采用新的吊装工艺,未先进行试吊	Ⅱ	起重伤害	吊件掉落,砸伤人员	1.应先进行试吊; 2.高空吊装梁等大型构件应在构件两端设溜绳
3	试吊	雨、雪后,吊装前未先进行试吊	Ⅱ	起重伤害	吊件掉落,砸伤人员	1.应进行试吊; 2.吊装前应清理积水、积雪,并采取防滑和防漏电措施
4	起吊	起吊方式、起吊物不满足要求	Ⅰ	起重伤害	起重机故障,伤害人员	1.严禁斜拉、斜吊; 2.严禁起重机吊人,确保吊装构件上无人停留后,再进行吊装; 3.严禁超载吊装; 4.严禁吊装起吊重量不明、埋于地下或黏结在地面上的构件
4	起吊	吊起的构件长时间在空中停留或堆放杂物	Ⅲ	起重伤害、物体打击	承重太久,吊装工具损坏,发生构件坠落等事故	1.应及时将吊起的构件落放就位; 2.吊起的构件上不得堆放及悬挂零星物件
4	起吊	吊装作业,电缆拖地	Ⅲ	触电	电缆断裂漏电,发生人员触电身亡等事故	1.不宜拖地; 2.必须设置漏电保护装置

续上表

序号	工序	风险因素	风险等级	可能造成的后果		主要防控措施
				事故类型	伤害形式	
4	起吊	采用两台起重机起吊重物时,未选用同类型或性能相近的起重机	Ⅰ	起重伤害	负载分配不合理,被吊物坠落,造成伤害	1.应选用同类型或性能相近的起重机,负载应分配合理,单机荷载不得超过额定起重量的80%； 2.两台起重机应协调起吊和就位,起吊速度应平稳缓慢
5	就位停机	架桥机就位后,未采取措施进行固定	Ⅲ	起重伤害	遇大风天气,架桥机自动行走,发生意外事故	1.采用缆风绳等封固于墩顶两侧； 2.定期对缆风绳进行检查
		塔吊停止作业时,未松开回转制动装置、未顺风放置起重臂	Ⅱ	起重伤害	遇大风天气,悬臂受力太大,发生塔吊失稳、断臂等事故	1.应松开回转制动装置、顺风放置起重臂； 2.应断开电源总开关,打开高空指示灯

4.8.3 典型示范

起重吊装作业风险防控典型示范,见表4.8.3。

表4.8.3 起重吊装作业风险防控典型示范

典型示范	风险防控要点
	1.门式起重机轨道设置接地电阻,且地面进行硬化； 2.设置专用爬梯； 3.吊件绑扎牢固,保持重心平衡； 4.起重吊装过程中设置警戒区,安排专人指挥； 5.采用吊触式滑线槽,避免电缆破损； 6.设置限位器、块式制动器和警示灯等装置

4.8.4 警示案例

4.8.4.1 事故基本情况

2014年12月3日12:10左右,青岛港某公司45号门机司机赵某作业前检查发现抓斗钢丝上面的卡扣松动,将门机抓斗下落到了附近的斜坡上,准备到门机下面紧固卡扣。门机指挥人员何某看见后,也准备到门机下面紧固卡扣;3号门机指挥冯某看见后跑到抓斗旁边准备紧固卡扣。此时,45号门机抓斗突然从斜坡上倾斜、下滑而砸到冯某。赵某赶紧把抓斗升起并移开,冯某经青岛某医院抢救无效死亡。

4.8.4.2 事故原因

(1)直接原因

45号门机抓斗停放位置选择不当,也未进行固定,导致抓斗处于不安全状态,抓斗发生倾斜下滑后砸到正在紧固卡扣的人员。

(2)间接原因

①门机安全操作规程制定不健全。没有明确更换、紧固、维修卡扣等其他附件时的责任人员、工作流程,没有明确门机及其抓斗、绳索应当呈有的具体安全状态,导致放置抓斗、紧固卡扣等系列工作无章可循。

②岗位安全责任不明,隐患排查治理不到位。青岛港某公司日常管理中没有对设备附件及其更换、紧固卡扣,过程进行没有采取针对性的技术、管理措施,导致作业人员进行卡扣紧固工作时流程不合理,危险系数高。

4.8.4.3 对事故有关责任人员的处置

青岛市某区安全生产监督管理局依据《安全生产法》、《生产安全事故报告和调查处理条例》等相关法律法规的规定,对事故发生负有责任的青岛港某公司主要负责人依法进行处罚。

4.8.4.4 事故防范措施

(1)青岛港某公司应当根据实际操作的要求,完善岗位安全操作规程,深入查找公司、队、班组在现场安全监管上存在的管理不到位的环节、结点,特别是不能被及时发现和制止的现场人员的不安全行为。

(2)加强作业人员严格遵守操作规程的安全教育与培训,认真抓好特种设备、机械的操作、使用、管理等;反违章、反违纪,杜绝作业中的陋习,真正体现、落实好人在安全生产中的主导作用、主导地位和主导责任。

(3)加强现场安全管理、作业安全监护及作业安全防护,有针对性地加强管理人员的安全防护培训,落实监管责任。

4.9 高处作业

4.9.1 主要工序

高处作业主要包括以下工序:施工准备、作业、拆除等。

4.9.2 风险辨控

高处作业风险辨控见表4.9.2。

表 4.9.2 高处作业风险辨控

序号	工序	风险因素	风险等级	可能造成的后果		主要防控措施
				事故类型	伤害形式	
1	施工准备	搭设的钢直梯不符合要求	II	高处坠落	作业人员从钢直梯滑落	1.钢直梯攀登高度不宜大于8m,踏棍间距宜为0.3m,梯宽宜为0.6~1.1m; 2.高度大于2m时,应设置护笼,护笼间距宜为0.5m,直径宜为0.75m,并设纵向连接; 3.高度大于8m时,应设置梯间平台,并分段设梯; 4.高度大于15m时,应每5m设置一个梯间平台,平台应设置防护栏杆
		搭设的钢斜梯不符合要求	II	高处坠落	作业人员从斜梯上滑落,发生伤害	1.钢斜梯长度不宜大于5m,扶手高度宜为0.9m,踏步高度不宜大于0.2m,梯宽宜为0.6~1.1m; 2.长度大于5m应设置梯间平台,并分段设梯
		高处作业未搭设作业平台	I	高处坠落	作业人员发生坠落	1.作业平台的脚手板必须铺平绑牢,严禁出现探头板; 2.脚手架的刚度、强度和稳定性应能承受施工可能产生的各项荷载
		高处作业临边场所未设置安全防护栏杆	I	高处坠落	无防护栏杆,作业人员发生坠落	高处作业场所临边应设置安全防护栏杆: 1.防护栏杆应能承受1000N的可变荷载; 2.防护栏杆下方有人员及车辆通行或作业的,应挂密目安全网封闭,防护栏杆下部应设置高度不小于0.18m的挡脚板; 3.防护栏杆应由上、下两道横杆组成,上杆离地高度应为1.2m,下杆离地高度应为0.6m; 4.横杆长度大于2m时,应加设栏杆柱
		作业面与坠落高度基准面高差超过2m且无临边防护装置时,临边未挂设水平安全网	II	高处坠落	无防护栏杆和安全网,造成作业人员发生坠落	1.应挂设水平安全网; 2.作业面与水平安全网之间的高度差不得超过3.0m,且水平安全网与坠落高度基准面的距离不小于0.2m

4 通用作业

续上表

序号	工序	风险因素	风险等级	可能造成的后果		主要防控措施
				事故类型	伤害形式	
1	施工准备	安全网的安装不符合有关要求	III	高处坠落	安全网断裂,人员坠落	1.安全网的安装应系挂安全网的受力主绳,不得挂网格绳; 2.安装完毕应进行检查、验收; 3.安全网安装应根据现场条件,采取防坠落安全措施
		高架桥等大型构件作业场所未设置上下通道	II	高处坠落	人行塔梯强度、刚度不符合要求,造成作业人员等高处坠落	1.应采用人行塔梯; 2.人行塔梯宜采用专用厂家定型产品; 3.自行搭设人行塔梯应根据施工需要和工况条件设计,踏步高度不宜大于0.2m,踏步梯应设置防滑设施和安全防护栏杆
		登高梯上端未固定,吊篮和临时工作台未绑扎牢靠	II	高处坠落	登高梯、吊篮、临时工作平台不牢固,作业人员登高时,发生坠落	1.登高梯上端应固定; 2.吊篮和临时工作台应绑扎牢靠,其脚手板应铺平、绑扎牢固,严禁出现探头板
		高处作业场所的孔、洞未采取安全措施	II	高处坠落	人员掉入孔内,发生伤害	1.孔、洞口应设盖板等防护设施; 2.应设置"当心坑洞"等安全警示标志
		支架搭设风险辨控详见表4.2.2				
2	作业	高处作业下方未设置警戒区	III	物体打击	无关人员进入,造成伤害	1.应设置警戒区; 2.垂直处下方不得有人员站立
		随意抛掷物料、工具等	III	物体打击	上方工具等掉落,砸伤下方人员	1.不得随意抛掷物料、工具等; 2.随身作业工具应装入工具袋中
		高处作业时,同时上下交叉进行作业或沿立杆、栏杆攀登	II	物体打击	上方工具等掉落,砸伤下方人员或作业人员;无可靠支撑,作业时发生坠落	1.不得同时上下交叉进行作业; 2.高处作业人员不得沿立杆或栏杆攀登
		作业人员所用的安全带不符合有关要求	II	高处坠落	安全带磨损,起不到防护作用	1.使用前应检查安全节,发现织带磨损、灼伤、酸碱腐蚀或出现明显变硬、发脆,以及金属部件磨损出现明显缺陷或受到冲击后发生明显变形的安全带,应及时报废; 2.安全带应高挂低用,并应在牢固的物体上扣牢; 3.安全带的安全绳不得打结,安全绳上不得挂钩; 4.缺少或不易设置安全带吊点的工作场所宜设置安全带母索; 5.安全带的各部件不得随意更换或拆除

续上表

序号	工序	风险因素	风险等级	可能造成的后果		主要防控措施
				事故类型	伤害形式	
2	作业	6级(含6级)以上大风、雷电、大雨、大雾或大雪等恶劣天气下进行高处作业	I	高处坠落、触电	作业平台不稳定,发生坠落雷电天气时,可能被雷击	1.严禁恶劣天气下进行高处作业; 2.大雨等恶劣天气后,应采取安全措施
3	拆除	拆除人员未采取安全措施	III	高处坠落、物体打击	作业人员发生坠落或脚手架上的材料、杂物掉落,造成伤害	1.应使用稳定的登高工具; 2.严禁将各构件抛掷至地面,采用绳索等工具运送到地面; 3.随身作业的工具应装入工具袋中
		拆除方法不当	III	物体打击	坠落物打击下方人员	1.所有可能坠落的物件,应预先进行拆除或固定; 2.必须自上而下拆除,严禁上下同时作业
		支架拆除风险辨控详见表4.2.2,气割作业风险辨控详见表4.7.2				

4.9.3 典型示范

高处作业风险防控典型示范,见表4.9.3。

表4.9.3 高处作业风险防控典型示范

典型示范	风险防控要点
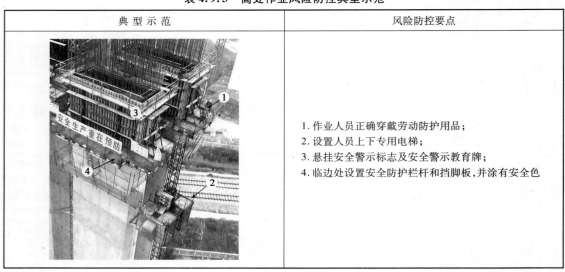	1.作业人员正确穿戴劳动防护用品; 2.设置人员上下专用电梯; 3.悬挂安全警示标志及安全警示教育牌; 4.临边处设置安全防护栏杆和挡脚板,并涂有安全色

4.9.4 警示案例

4.9.4.1 事故基本情况

2013年8月14日15:20左右,杭州某交通工程公司施工合同段的某大桥,距离东面桥头约200m的工人王某在使用自制简易电动吊具拆左侧护栏模板时,由于使用铁榔头敲击模板用力过大,吊具的钢丝绳与模板不垂直,在模板脱离护栏瞬间产生巨大的向下坠力,导致吊具车体失去平衡,尾部翘起,翻落桥下,王某本人也来不及躲避,和吊具一起掉到桥下,桥面高约18m。王某经抢救无效死亡。此次事故造成1人死亡,直接经济损失52万元。

4.9.4.2 事故原因

(1)直接原因

①王某安全意识淡薄,在吊装工未在岗的情况下,擅自单人实施拆卸作业,操作时用力过猛,严重违反操作规程。

②自制吊具设计存在一定缺陷,在防止意外发生时的安全系数达不到要求。

(2)间接原因

①该施工合同段项目部经理、安全负责人对施工现场监督检查不力,安全隐患没能及时发现,安全生产责任未落到实处。

②浙江某公路工程监理公司监理张某对施工现场的安全监管不到位。

③杭州某交通工程公司及主要负责人周某应对本单位的安全生产工作全面负责,其未有效履行安全生产管理职责,对本公司所属工程项目安全生产工作督促、检查不到位。

4.9.4.3 对事故有关责任人员的处理

(1)该施工合同段项目部安全负责人、项目部经理对事故发生负有一定责任,建议杭州某交通工程公司根据相关规定对其进行处理。

(2)浙江公路工程监理公司主要负责人及监理员,建议安全生产监督管理部门根据相关的法律法规给予行政处罚。

4.9.4.4 事故防范措施

(1)杭州某交通工程公司及其主要负责人应切实履行安全生产管理职责,针对该起事故中暴露出来的各种问题,深刻反思,要加大对公司各项目部的检查力度,对公司承揽的项目工程进行一次全面的安全生产隐患排查,对发现的安全隐患要及时整改。

(2)该施工合同段项目部应采取有效的安全防范措施,消除安全隐患;应加强职工的安全教育培训工作,强化人员安全意识。针对使用自制的类似工具,邀请专家进行一次安全会诊,严格参照国家标准、行业标准,制定操作规程,确保施工安全。

4.10 水上作业

4.10.1 主要工序

水上作业主要包括以下工序:施工准备、作业等。

4.10.2 风险辨控

水上作业风险辨控见表4.10.2。

表 4.10.2 水上作业风险辨控

序号	工序	风险因素	风险等级	可能造成的后果 事故类型	可能造成的后果 伤害形式	主要防控措施
1	施工准备	作业人员未穿戴安全防护用品	Ⅱ	淹溺	不慎落水,发生淹溺	1.应正确穿戴救生衣等安全防护用品; 2.救生衣等应符合有关规定,不得超期使用
		未了解当地气象、水文及地质等情况及现场周边工程情况	Ⅱ	机械伤害、物体打击、触电、火灾	未能预先做好大雾、大雨施工准备,未掌握周边工程情况,造成伤害	1.应了解当地气象、水文及地质等情况; 2.应掌握作业现场周边工程,如附近桥梁、隧道、大坝、架空高压线、危险品库等分布情况
		开工前,未设置安全作业区	Ⅱ	物体打击	无关船舶驶入作业区,撞毁水上作业平台,造成人员伤亡	1.应设置安全作业区; 2.应办理水上水下施工作业许可证,发布航行通告
		工程船舶及船员未持有效证书	Ⅰ	淹溺	船舶破损,船员操作错误,造成船舶故障,发生淹溺	1.工程船舶必须持有效的船检证书; 2.必须按最低安全配员要求配备船员,船员必须持有与岗位相适应的适任证书
2	作业	船舶未采取安全防护措施	Ⅱ	淹溺	不慎落水,发生淹溺	1.工程船舶甲板、通道、作业场所,应根据需要设防滑装置; 2.船舶梯口、应急场所,应设醒目的安全警示标志
		工程船舶未配备消防、救生、堵漏和油污等应急设施及定位设备	Ⅱ	淹溺、火灾	火灾,造成人员伤亡	1.应配备消防、救生、堵漏和清油污等应急设施; 2.应安装船舶定位设备,保证船岸联系有效
		工程船舶在作业、航行或停泊时,未按规定显示号灯或号型	Ⅱ	物体打击、淹溺	船舶相互碰撞,坠物打击人员或使其落水	1.按规定显示号灯或号型; 2.必须在核定航区和作业水域内作业
		打桩船未采取安全防护措施	Ⅱ	淹溺	滑脱后没有防护措施而落水,发生高处坠落、淹溺	1.派专人统一指挥; 2.打桩架上的工作平台应设防护围栏和防滑装置,打桩架上的活动物件应放稳、系牢
		水中围堰和水中作业平台临边,未设置安全防护设施	Ⅱ	淹溺	不慎落水,发生淹溺	1.设置不低于1.2m的防护围栏,挂设安全网; 2.四周设置安全警示标志和夜间航行警示灯光信号; 3.悬挂救生圈等急救用品
		起重船作业时,未按照规定的联系方式或指挥信号起吊重物	Ⅱ	起重伤害	吊臂回转半径内有人员停留就进行起吊作业,造成人员伤害	1.应熟悉吊装方案,明确联系方式和指挥信号; 2.应按照规定的联系方式或指挥信号起吊重物

4.10.3 典型示范

水上作业风险防控典型示范,见表4.10.3。

表4.10.3 水上作业风险防控典型示范

典 型 示 范	风险防控要点
	1．设置水上作业平台和栈桥； 2．临边设置安全防护设施； 3．护栏上挂设救生衣； 4．配备救生艇

4.10.4 警示案例

4.10.4.1 事故基本情况

2012年6月16日,马鞍山市某建筑公司吴某、程某手拿救生衣下到围堰内,分别站在2m×2m的钢制浮台上。程某先清理护筒边上的泥水,吴某用气割机对钢护筒进行切割作业。12:50左右,钢护筒内的泥水突然冲到浮台上,导致浮台侧翻,造成吴某掉入水中并往下沉,救生衣脱落漂浮在水面。吴某经抢救无效死亡。

4.10.4.2 事故原因

（1）直接原因

作业人员在未采取措施在未清除钢护筒内泥水的情况下冒险进行切割作业,切割到最后部位时,护筒内压力瞬间得到释放,泥水突然冲到作业人员所站的浮台上,导致浮台侧翻,侧翻过程中浮台打到作业人员身上致其受伤落水,救生衣脱落,最终造成淹溺。

（2）间接原因

①马鞍山市某建筑公司围堰班组长未遵守项目部施工计划,未对危险性较大的双壁钢围堰切割作业制定有针对性的施工方案,擅自提前组织加班,违章指挥作业。

②作业人员吴某安全意识淡薄,未按照规定穿戴好救生衣,且无证操作;所站的浮台未采取固定措施,导致泥水冲到浮台上,致使浮台侧翻,吴某掉入水中。

③马鞍山市某建筑公司未切实履行安全生产管理职责,未督促工人有效落实安全管理规定,对从业人员的安全生产教育和培训不到位,使用无资质的特种作业人员。

④某集团项目部现场管理人员责任心不强,对现场安全管理不到位,未能及时发现和制止围堰班组冒险作业。

4.10.4.3 对事故有关责任人员的处置

对马鞍山市某建筑公司及其主要负责人、围堰班组长给予行政处罚;某集团项目部对现场管理人员进行处理。

4.10.4.4 事故防范措施

(1)危险性较大的作业应制定有针对性的施工方案。

(2)加强作业人员的安全生产教育和培训,提高自我防范意识,正确使用劳动防护用品,权拒绝违章指挥和强令冒险作业。

(3)强化施工现场的安全监管力度,严格执行定期安全检查制度,并经常进行不定期、随机的检查,对于发现的问题和事故隐患,及时整改,并进行复查。

4.11 潜水作业

4.11.1 主要工序

潜水作业主要包括以下工序:施工准备、作业等。

4.11.2 风险辨控

潜水作业风险辨控,见表4.11.2。

表 4.11.2 潜水作业风险辨控

序号	工序	风险因素	风险等级	可能造成的后果		主要防控措施
				事故类型	伤害形式	
1	施工准备	未熟悉现场的水文、气象、水质和地质等情况	Ⅱ	淹溺、窒息	未能预先对雨天水位上涨或水流流速、流向等事件做好准备,造成伤害	1.应熟悉现场的水文、气象、水质及地质等; 2.应了解工程船舶的锚缆布设及移动范围等
		作业现场未配备急救箱及相应的急救器具	Ⅱ	淹溺、窒息	发生意外时,不能及时抢救	1.应配备急救箱及相应的急救器具; 2.水深超过30m,应配备预备潜水员和减压舱
		潜水员使用不符合要求的防护用品等	Ⅱ	淹溺、窒息	发生淹溺、窒息	1.潜水员的装备、装具、水下设施、电气设备等应满足有关要求; 2.过滤罐气压大于潜水员下潜深度的静水压时,方能下梯作业
2	作业	水温低于5℃、流速大于1m/s时,潜水员作业未采取安全措施	Ⅰ	淹溺、窒息	被湍急的水流卷走,发生淹溺、窒息	1.头盔面罩必须加防护罩; 2.供气软管、拉绳必须做拉力试验,潜水作业期间由专人负责

续上表

序号	工序	风险因素	风险等级	可能造成的后果 事故类型	可能造成的后果 伤害形式	主要防控措施
2	作业	潜水作业时,未预先了解周边情况	Ⅱ	物体打击	被锚缆羁绊或工程船舶撞击,造成伤害	1.作业前,应了解工程船舶的锚缆布设及移动范围; 2.潜水作业船应按规定显示号灯、号型; 3.潜水员水下作业时,必须安排专人监护,严禁向作业区域抛掷物件
		通风式重装潜水作业下水时,未使用专用潜水爬梯或安排专人监护	Ⅱ	淹溺、窒息	爬梯发生断裂或无人监护,发生淹溺、窒息	1.应使用专用潜水爬梯,并检查挂设爬梯的悬臂杠强度和刚度,及其与爬梯和潜水船连接的牢固性; 2.应设专人负责信号绳、潜水电话、供气管线
		构件未就位就进行水下安装作业	Ⅱ	物体打击	待安装构件不稳定,砸伤人员	1.当构件基本就位并稳定后,方可进行水下安装作业; 2.安装时,严禁将供气管置于构件缝中

4.12 爆破作业

4.12.1 主要工序

爆破作业主要包括以下工序:施工准备、钻孔、清孔及装药、起爆、其他要求等。

4.12.2 风险辨控

爆破作业风险辨控,见表4.12.2。

表4.12.2 爆破作业风险辨控

序号	工序	风险因素	风险等级	可能造成的后果 事故类型	可能造成的后果 伤害形式	主要防控措施
1	施工准备	经审批的爆破作业项目,未在施工前发布公告	Ⅰ	放炮	不知情人员进入爆破作业现场,造成伤害	1.爆破作业单位应在施工前3天发布公告,并在作业地点张贴; 2.施工公告内容应包括:工程名称、建设单位、设计施工单位、安全评估单位、安全监理单位、工程负责人及联系方式、爆破作业时限等

续上表

序号	工序	风险因素	风险等级	可能造成的后果		主要防控措施
				事故类型	伤害形式	
1	施工准备	未对爆破器材现场临时保管、施工用药包现场制作,未对临时存放场所进行安排	Ⅰ	放炮	现场制作及堆放杂乱,发生放炮	1.应对爆破器材现场临时保管、施工用药包现场制作及临时存放场所进行安排; 2.应采取安全保护措施
		作业人员穿化纤衣物	Ⅱ	火药爆炸	静电,引起火药爆炸	1.严禁穿化纤服作业; 2.应穿防静电服,可与防静电毛针织服、防静电鞋及防静电袜配套穿用
		未设置警戒区	Ⅰ	放炮	无关人员进入爆破作业现场,造成伤害	1.必须设置警戒区和警戒人员; 2.悬挂"禁止吸烟"等安全警示标志
		未对进场的爆破器材及所用的电源、仪表进行检测	Ⅰ	放炮	发生意外爆破,造成伤害	1.所用的爆破器材应进行外观检查:雷管管体不应变形、破损、锈蚀;导爆索表面应均匀且无折伤、压痕、变形、霉斑、油污;导爆管内无断药、无异物、无堵塞、无折伤、无油污和穿孔; 2.对使用的电源和仪表进行必要的性能检验
		爆破器材储存与运输风险辨控详见表4.15.2				
2	钻孔	钻孔前,未检查周边情况并进行清理	Ⅰ	坍塌、物体打击	周边石方等不稳定,发生坍塌	1.坡面上有浮岩或危石应清理,确保作业面安全; 2.炮眼口不得正对电线、路口或构造物
		在残眼、裂缝处打孔	Ⅰ	放炮	撞击炮眼内残留炸药或岩体坍塌,造成伤害	1.加强现场检查验收; 2.禁止在残孔、裂缝钻孔
		机械扩眼时,凿岩机架设不稳	Ⅱ	机械伤害	凿岩机振动失稳,发生倒塌,伤害人员	1.凿岩机应架设稳固; 2.严禁胸部或肩膀等顶紧凿岩机支架把手
		人工打眼时,使锤人正对掌钎人	Ⅲ	物体打击	锤子打击掌钎人员	1.锤击前应观察周边环境; 2.严禁使锤人正对掌钎人
3	清孔及装药	空压机运转中,操作人员擅离岗位	Ⅱ	机械伤害	空压机发生故障,造成伤害	1.操作人员不得擅离岗位; 2.空压机输气管道出气口前方不得有人工作或站立
		在爆破器材存放间、宿舍和爆破作业地点加工、制作起爆药包	Ⅰ	放炮	起爆药包发生爆炸,导致炸药爆炸,造成伤害	1.严禁在爆破器材的存放间、宿舍和爆破作业地点进行加工; 2.应在专用房间或指定的安全地点进行加工,加工数量不应超过当班爆破作业用量

续上表

序号	工序	风险因素	风险等级	可能造成的后果		主要防控措施
				事故类型	伤害形式	
3	清孔及装药	装药与钻孔平行作业,刚打好的炮孔立即装药	I	火药爆炸	交叉作业、炮孔热量引起爆炸,造成伤害	1. 严格落实作业工序,加强现场管理; 2. 钻孔完成后,待炮孔冷却方可进行装药
		人工装药时,未采取安全措施	I	火药爆炸	装药不当,发生火药爆炸	1. 应拉稳药包提绳,配合送药杆进行装药; 2. 在雷管和起爆药包放入之前发生卡塞时,应用长送药杆处理; 3. 装入起爆药包后,不得使用任何工具进行冲击或挤压
		人工装药时,投掷起爆药包	I	放炮	撞击起爆药包,发生爆炸	1. 严禁投掷起爆药包; 2. 应用木质或竹质炮棍将药包轻轻推入炮眼,不得冲撞或捣实
4	起爆	未严格按照设计要求进行起爆网络的连接	I	放炮	连接错误,造成伤害	1. 起爆网络的连接应严格按照设计要求进行,连接工作应由工作面向起爆站依次进行; 2. 应由持爆破证书的爆破员或爆破技术人员实施,并实施双人作业制
		起爆前,未按规定发出警示信号	I	放炮	人员发生伤亡	1. 应按规定发出声、光等警示信号; 2. 所有人员必须撤出
		爆破时,未点清爆炸数和装炮数量是否相符	I	放炮	不明爆破情况,发生放炮事故	1. 应派专人点清爆炸数和装炮数量; 2. 数量不相符时,应及时上报
		电力起爆前,未检查现场杂散电流	I	放炮	现场杂散电流使电雷管早爆,造成伤害	1. 应用仪器检查现场是否存在杂散电流; 2. 强电场区域不得使用电雷管
		电力起爆时,同一爆破网格上电雷管的电阻值差超过规定值	I	放炮	发生拒爆,埋下安全隐患	1. 电雷管的电阻值差不得大于产品说明书的规定; 2. 应使用同厂、同批、同型号的电雷管
		爆破作业后,未排除险情即解除安全警戒	I	火药爆炸	发生爆炸	1. 应在爆破15min后检查是否存在盲炮; 2. 发现盲炮后,应立即设置安全警戒,及时报告并由原爆破人员处理;电力起爆发生盲炮时,应立即切断电源,爆破网络置于短路状态; 3. 由原爆破员检查确认或处理完残留炸药,确定安全后,方可解除安全警戒

续上表

序号	工序	风险因素	风险等级	可能造成的后果		主要防控措施
				事故类型	伤害形式	
4	起爆	在雷电、暴雨或雪天天气实施爆破作业	I	火药爆炸	发生爆炸	1. 在雷电、暴雨或雪天等天气不得实施爆破作业; 2. 在能见度不超过100m的雾天等恶劣天气,不得进行露天爆破作业
5	其他要求	装药后剩余炸药和雷管未及时退库,违规存放	I	火药爆炸	未经允许使用爆破器材,发生爆炸	严禁私自收藏炸药和雷管,剩余炸药和雷管应当日退库
		爆破器材发生丢失、被盗、被抢时,未向有关部门报告	I	火药爆炸	未经允许使用爆破器材,发生爆炸	1. 应立即向当地公安机关报告; 2. 应认真追查
		失效的爆破器材未按要求进行销毁	I	火药爆炸	爆破器材不合格,意外发生爆炸	1. 应及时清理出库,并予以销毁; 2. 销毁前,应登记造册,提出销毁实施方案,报省、自治区、直辖市人民政府民用爆炸物品行业主管部门及所在地县级人民政府公安机关,组织监督销毁

4.12.3 典型示范

爆破作业风险防控典型示范,见表4.12.3。

表4.12.3 爆破作业风险防控典型示范

典型示范	风险防控要点
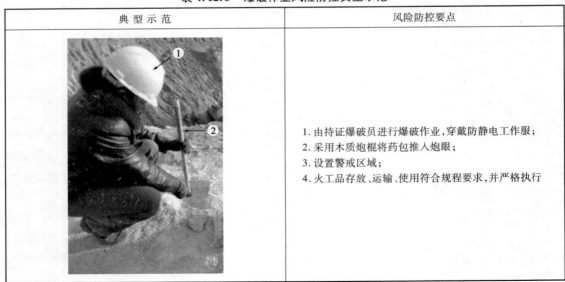	1. 由持证爆破员进行爆破作业,穿戴防静电工作服; 2. 采用木质炮棍将药包推入炮眼; 3. 设置警戒区域; 4. 火工品存放、运输、使用符合规程要求,并严格执行

4.12.4 警示案例

4.12.4.1 事故基本情况

2015年5月25日18:20时许,青岛某爆破公司进行山体爆破,此次爆破警戒范围为200m。青岛某建材公司安排两名员工负责外来过往人员、车辆警戒工作,其中,文某负责现场北侧的警戒,郑某负责现场南侧大门处的警戒。爆破结束后,文某发现郑某倒在警卫室前的空旷地上(距爆破点约180m),左头部被一块长约6cm的飞石击中,郑某经抢救无效死亡。此次事故造成1人死亡,直接经济损失70余万元。

4.12.4.2 事故原因

(1)直接原因

郑某安全意识淡薄,指挥无关人员撤离到南门警卫室内后,未及时隐蔽到安全场所;爆破时未按规定戴安全帽,飞石直接击中头部,导致死亡。

(2)间接原因

青岛某建材公司现场管理不到位,对职工的违章行为没有及时制止;安全教育培训不到位,职工的安全意识淡薄。

4.12.4.3 对事故有关责任人员的处置

青岛某市安全生产监督管理局依据《生产安全事故报告和调查处理条例》对青岛某建材公司及其法定代表人给予罚款的行政处罚。

4.12.4.4 事故防范措施

(1)青岛某建材公司要认真吸取事故教训,高度重视安全生产,加强对从业人员的安全培训,全面提高从业人员的安全素质和安全意识。

(2)青岛某建材公司要认真落实安全生产责任制,增强对突发事故的评估和应对能力,加大隐患排查治理力度,落实整改措施,加强现场管理,杜绝违章作业,全面提高防范事故的能力。

4.13 小型机具作业

4.13.1 主要工序

公路工程施工常见的小型机具主要有:木工机械(圆盘锯、平刨机及压刨机等)、钢筋加工机械(切断机、弯曲机、冷拉设备等)、小型混凝土搅拌机、混凝土振捣器、砂浆搅拌机、电焊机、手持式电动工具、千斤顶、电动葫芦及卷扬机等。

木工机械(圆盘锯、平刨机及压刨机等)已在模板作业4.3节中介绍,钢筋加工机械(切断机、弯曲机、冷拉设备等)已在钢筋作业4.4节中介绍,混凝土振捣器已在混凝土作业4.5节中介绍,小型混凝土搅拌机、砂浆搅拌机已在砂浆作业4.6节中介绍,电焊机已在电焊与气割作业4.7节中介绍,所以本节风险辨控适用于手持式电动工具、千斤顶、电动葫芦及卷扬机作业。

4.13.2 风险辨控

小型机具作业风险辨控,见表4.13.2。

表 4.13.2 小型机具作业风险辨控

序号	工序	风险因素	风险等级	可能造成的后果		主要防控措施
				事故类型	伤害形式	
1	小型机具作业	机具带病运转	I	机械伤害、物体打击	机具故障,作业过程中伤害人员	1. 按规定检查机具,不得带病作业; 2. 运转中发现异常时,应先停机检查,排除故障后,方可使用
		作业人员站在不稳定的地点,使用电动或气动机具	II	机械伤害	无法均匀用力,造成伤害	1. 不得站在不稳定的地点,使用电动或气动机具; 2. 必须使用时,应安排专人监护
		手持电动机具未配备漏电保护器等,发现手柄破裂时继续使用	II	触电	漏电,造成人员触电	1. 应配备漏电保护器、安全隔离变压器、控制箱和电源连接器; 2. 发现手柄断裂,应立即停止使用
		千斤顶未垂直安装在可靠的基础上	I	物体打击	千斤顶安放倾斜,机械设备倾覆,造成人员伤害	1. 应垂直安装在可靠的基础上; 2. 底部宜用枕木等垫平
		电动葫芦超载起吊	I	起重伤害	电动葫芦的钢丝绳断裂,砸伤人员	1. 电动葫芦不得超载起吊; 2. 起吊过程中,手不得握在绳索与吊物之间; 3. 严禁2台及以上手拉葫芦同时起吊重物
		电动葫芦未设置安全防护设施	II	物体打击	限位器及制动装置失效后,电动葫芦从轨道滑脱,伤害下方人员	1. 电动葫芦应设置缓冲器; 2. 电动葫芦轨道两端应设置挡板
		卷扬机转动过程中,用手拉或脚踩卷筒上的钢丝绳	I	机械伤害、高处坠落	人员被快速上升的钢丝绳伤手,甚至被带起,发生坠落	1. 不得用手拉或脚踩卷筒上的钢丝绳,钢丝绳应排列整齐; 2. 作业中,不得跨越卷扬机丝绳,卷筒剩余钢丝绳不得少于3圈

4.13.3 典型示范

小型机具作业风险防控典型示范,见表4.13.3。

表 4.13.3 小型机具作业风险防控典型示范

典 型 示 范	风险防控要点
	1. 采用小推车放置电焊机； 2. 设置接地保护及防雨措施； 3. 随车放置灭火器

4.13.4 警示案例

4.13.4.1 事故基本情况

1995 年 8 月 29 日，某工地采用电动葫芦运送物料，田某在安装滑轮时被电动葫芦挡住，于是决定操作电动葫芦控制按钮来移动电动葫芦，以便安装滑轮。当田某按动电动葫芦控制按钮后，电动葫芦左侧的减速器落下砸中包某，包某当场死亡。

4.13.4.2 事故原因

（1）直接原因

包某严重违反安全规定，擅自到起吊设备下，是造成这次事故的直接原因。

（2）间接原因

①电动葫芦存在严重的质量缺陷，紧固螺栓不足，且有松动，未吊重物即落下。

②施工现场混乱，作业人员安全意识淡薄，所使用的工、器具用前未进行详细检查。

4.13.4.3 事故防范措施

严格执行安全管理规定，加大安全教育与培训力度，提高自我保护意识；对使用的工器具作定期检查和维护，起吊设备下不得站人。

4.14 涂装作业

4.14.1 主要工序

涂装作业主要包括以下工序：施工准备、涂装、清理场地等。

4.14.2 风险辨控

涂装作业风险辨控，见表 4.14.2。

表 4.14.2 涂装作业风险辨控

序号	工序	风险因素	风险等级	可能造成的后果		主要防控措施
				事故类型	伤害形式	
1	施工准备	储存、作业场所未采取安全措施	I	火灾	未能及时灭火,造成火灾事态扩大,造成人员伤害	1.应配备消防设备,悬挂"严禁烟火"等警示标志,并派专人进行管理; 2.应设置安全警戒区
		积聚有机溶剂的低凹死角区域,未配备通风设备	II	火灾、爆炸	易挥发,造成火灾、爆炸事故	1.应设置局部排风装置; 2.定期进行检测
		在有限空间进行热加工作业时,未设置安全防护设施	II	火灾、爆炸	在有限空间内,涂料释放易燃气体,其浓度容易达到极限值,发生火灾、爆炸事故	1.应配备检测设备,定时检查、氧气及可燃气体浓度; 2.必须配备通风设备,作业条件必须符合安全要求
2	涂装	进行涂抹时,眼睛、口腔或身体其他部位裸露	I	中毒	有害涂料中的苯会刺激眼睛、呼吸道,造成伤害	1.必须佩戴好防护用品; 2.勿使其接触眼镜、口腔或身体其他裸露部位
		烘烤涂层时,未采取安全防护措施	I	火灾、爆炸	涂层挥发可燃气体,其浓度达到极限时,遇静电火花等着火	1.设置可燃气体报警装置; 2.必须使用防爆灯具
		涂装作业后,未采取通风等安全措施就进行下一道作业工序	I	火灾、爆炸	涂层挥发可燃气体,其浓度达到极限时,遇静电火花等着火	1.涂装作业结束后,应继续进行通风,直到有害物质的浓度满足安全要求后,方可进行下一道作业工序; 2.对有毒有害物质浓度不满足安全要求的场所,严禁人员进入涂装区域
3	清理场地	作业结束后,未清除沾污涂料、有机溶剂、废弃物等	III	火灾	撤场后,涂装场所无人看管,未清理的材料遇明火后,发生火灾或造成环境污染	1.应及时清理现场,清除沾污涂料、有机溶剂、废弃物; 2.应撤出涂装作业设备和原料

4.15 危险品储存运输作业

4.15.1 主要工序

公路工程所用的危险品主要含有民用爆炸物品、柴油及沥青等。危险品储存运输作业主要包括以下工序:储存、运输等。

4.15.2 风险辨控

危险品储存运输作业风险辨控,见表4.15.2。

4 通用作业

表 4.15.2 危险品储存运输作业风险辨控

序号	工序	风险因素	风险等级	可能造成的后果		主要防控措施
				事故类型	伤害形式	
1	储存	通用：危险品的储存场所未设置明显的安全警示标志	II	火灾、其他伤害	作业人员在储存场所附近吸烟，导致易燃物燃烧或炸药爆炸，造成人员伤害	1. 应设置"严禁烟火"等警示标志； 2. 应配备足够、有效的灭火器等消防器材及报警装置； 3. 应配备具有专业知识的管理人员
		未储存在专用场所内	I	火灾、其他伤害	安全性能不符合有关要求，发生事故	1. 应当储存在专用仓库、专用场地或者专用储存室（统称专用仓库），专用仓库应当符合国家标准、行业标准的要求； 2. 应派专人负责管理； 3. 应当对危险化学品专用仓库的安全设施、设备定期进行检测、检验
	柴油、沥青	夏季高温未采取安全防护措施	I	火灾、爆炸	储油罐受到阳光暴晒，罐体升温，一旦遇火星易发生火灾、爆炸事故	1. 顶部应设置遮阳棚； 2. 应悬挂醒目的"禁止烟火"等警示标识
		管理人员穿化纤服或携带引火、发火危险品进入罐区	II	火灾	油品燃烧，发生火灾	1. 严禁管理人员穿化纤服，应穿防静电服等安全防护用品； 2. 严禁管理人员携带引火、发火危险品进入罐区； 3. 管理人员应制止无关人员进入罐区
		未定期进行巡回检查	II	火灾	油品燃烧，发生火灾	1. 应定期进行巡回检查，确保管道密闭性能良好、阻火器无破损和变形等； 2. 发现异常情况，应立即向上报告，并及时采取有效措施
		危险化学品未分类存放	I	火灾、其他伤害	易挥发、易燃的危险化学品和易爆炸物体存放在一起，容易发生爆炸、火灾	1. 危险化学品分类存放； 2. 化学品堆垛储存量和安全距离必须符合《常用化学危险品贮存通则》(GB 15603)的规定
	民用爆炸物品	未在专用仓库内储存	I	火药爆炸	仓库不满足要求，一旦发生火灾，火势迅速蔓延，造成人员伤害	1. 必须储存在专用仓库内，按照国家规定设置技术防范措施，耐火等级、消防、防雷、电气等满足有关规定； 2. 仓库应经有民用爆破器材、火药等相关专业设计资质的单位进行设计，投入使用前由当地公安部门组织验收

81

续上表

序号	工序	风险因素	风险等级	可能造成的后果		主要防控措施
				事故类型	伤害形式	
1	储存	储存库与外部各类目标之间、储存库之间距离不满足安全要求	I	火药爆炸	安全距离不够,发生火药爆炸时,造成更多伤害	1. 应根据储存库的危险等级及计算药量分别计算外部距离,取最大值为储存库的外部距离; 2. 工业炸药及制品、工业导爆索、黑火药地面储存库之间最小允许距离不应小于20m,其与雷管储存库之间最小允许距离不应小于12m;洞库、覆土库内部最小允许距离满足有关规定
	民用爆炸物品	未按规定进行堆放	I	火药爆炸	发生火药爆炸,造成伤害	1. 民用爆炸物品应堆放稳固整齐,库存量不得超过公安机关批准的容量; 2. 同库储存多种民用爆炸物品时,应分别堆放; 3. 堆垛之间应留有检查、清点民用爆炸物品的通道,通道宽度不应小于0.6m,堆垛边缘与墙的距离不应小于0.2m,宜在地面划定置线; 4. 工业雷管、黑火药堆放高度不应超过1.6m,炸药、索类堆放高度不应超过1.8m,宜在墙面划定高线
		雷管及黑火药同库存放	I	火药爆炸	发生火药爆炸,造成伤害	1. 雷管及黑火药应单独设置库房进行存放; 2. 雷管及黑火药储存库的地面和台面,应铺设导静电橡胶板,且应接地
		发放间超量储存雷管、炸药等	I	火药爆炸	不利于安全管理,发生爆炸	1. 工业雷管发放间最多允许暂存1000发雷管,严禁将零散雷管放在地面上,宜挂在架子上或存在防爆箱内; 2. 工业炸药及制品、工业导爆索的发放间最多允许暂存计算药量50kg的产品
2	运输	不同的危险品混装或载客	I	火灾、其他伤害	发生火灾等,造成伤害	1. 严禁不同的危险品在运输过程中混装; 2. 严禁运输危险化学品的车辆载客
	柴油、沥青	运输车辆时,未采取防护措施	II	火灾、其他伤害	发生火灾等,造成伤害	1. 根据危险化学品的危险特性,采取相应的防护措施,配备必要的防护用品; 2. 应配备消防器材等

续上表

序号	工序		风险因素	风险等级	可能造成的后果		主要防控措施
					事故类型	伤害形式	
2	运输	柴油、沥青	运输车辆不符合安全要求	Ⅱ	火灾、其他伤害	发生火灾等,造成伤害	1.应符合国家标准要求的安全技术条件,并按照国家有关规定定期进行安全技术检验; 2.应当悬挂或者喷涂符合国家标准要求的警示标志
			运输车辆超载	Ⅱ	车辆伤害	车辆倾覆,发生伤害	1.不得超载; 2.应根据核定载质量装载危险化学品
			运输车辆未经批准进入危险化学品运输车辆限制通行的区域	Ⅱ	车辆伤害、火灾等	车辆伤害人员或发生火灾	1.应经公安机关批准,方可进入危险化学品运输车辆限制通行的区域; 2.危险化学品运输车辆限制通行的区域由县级人民政府公安机关划定,并设置明显的标志
		民用爆炸物品	未按有关规定进行运送爆破器材	Ⅰ	火药爆炸、火灾	运输过程发生爆炸或火灾,造成伤害	1.应委托有资质的运输企业,驾驶人员和押运人员应取得从业资格证书; 2.运输车辆应按指定的路线进行行驶,悬挂或安装符合国家标准的易燃易爆危险物品警示标志,并配备消防器材等; 3.采用专用车辆运送爆破器材,车辆行驶速度不宜过快,遇到不平路面时应绕行; 4.雷管和炸药不宜同车运输;当同车运输时,应采用符合有关规定的专用车辆运输
			爆破器材运送时,未避开人员密集地段,随地存放或带入宿舍	Ⅰ	火灾、火药爆炸、其他伤害	场地存在烟火等,发生爆炸	1.应避开人员密集地段,不得中途停留; 2.严禁随地存放或带入宿舍,应对爆破器材临时存放点进行规划、清理
			采用载货汽车运输时,驾驶人员和押运人员未携带相关证件	Ⅱ	火灾、火药爆炸、其他伤害	发生火灾等,造成伤害	1.驾驶人员和押运人员上岗时应随身携带从业资格证,驾驶人员应随车携带《道路运输证》; 2.驾驶人员或押运人员应按照《汽车运输危险货物规则》的要求,随车携带《道路运输危险货物安全卡》

续上表

序号	工序	风险因素	风险等级	可能造成的后果		主要防控措施
				事故类型	伤害形式	
2	民用爆炸物品运输	采用载货汽车运输时，超载、超限运输	Ⅱ	车辆伤害	车辆倾覆，发生伤害	1. 严禁载货汽车违法国家有关规定超载、超限运输； 2. 使用牵引车运输货物时，挂车载货后的总质量应当与牵引车的准牵引总质量相匹配
		采用载货汽车运输时，驾驶人员随意停车	Ⅱ	车辆伤害	车辆伤害人员	1. 驾驶人员不得在许可以外的地点停车； 2. 因住宿或发生影响正常运输的情况需要较长时间停车的，驾驶人员、押运人员应当设置警戒带，并采取相应的安全防范措施

4.16 特殊季节与特殊环境施工

4.16.1 主要类型

特殊季节施工主要有:冬季施工、雨季施工;特殊环境施工主要有:能见度不良施工、高温施工。

冬季施工主要包括以下方面的风险辨控:办公及生活区、施工现场和特殊地段作业。

雨季施工主要包括以下方面的风险辨控:雨季施工和特殊地段作业。

能见度不良施工主要包括以下方面的风险辨控:夜间施工和大雾施工。

高温施工主要包括以下方面的风险辨控:防护措施。

4.16.2 风险辨控

特殊季节与特殊环境施工风险辨控见表4.16.2。

表4.16.2 特殊季节与特殊环境施工风险辨控

序号	特殊季节与特殊环境		风险因素	风险等级	可能造成的后果		主要防控措施
					事故类型	伤害形式	
1	冬季施工	办公及生活区	办公、生活区取暖不满足安全要求	Ⅲ	触电、火灾、中毒	碘钨灯功率大，温度高，引燃其他物质，发生火灾；煤炭炉内明火引发火灾，释放的一氧化碳，造成人员中毒	1. 办公、生活区严禁使用电炉、碘钨灯等取暖； 2. 办公、生活区使用煤炭炉取暖，必须采取防火、防一氧化碳中毒措施

续上表

序号	特殊季节与特殊环境	风险因素	风险等级	可能造成的后果		主要防控措施
				事故类型	伤害形式	
1	冬季施工	施工现场	冬季来临前,未对施工现场使用的设备进行检修、保养,大雪、冰冻后,未安排专人检查供电线路	II	机械伤害、触电	设备等不经检修、保养就在雪天后进行施工,发生机械伤害等;未检查电路,发生触电事故	1.冬季来临前,应对施工现场使用的船机、设备、机具及防护、救生设施进行检修、保养; 2.大雪、冰冻后,应安排专人全面检查供电线路
			施工现场的道路、工作平台、斜坡道、脚手板、船舶甲板等,未采取防滑措施	II	高处坠落	作业人员滑倒,从高处坠落,发生伤害	1.应采取防滑措施; 2.应及时清除冰雪
			施工现场的外用电梯在雪天或滑道、电缆结冰时,未停止使用	II	高处坠落	电梯井积水,造成电梯坠落	1.应停止使用; 2.应将梯笼置于底层
			施工现场未配备消防设施	II	火灾	冬季施工常常需要用火预热材料,因此相对夏季更可能发生火灾,一旦发生火灾,不能及时灭火,造成更大伤害	1.施工现场应配备消防设施; 2.应派专人对消防器材进行管理,存放齐整,挂设醒目标志,并经常进行检查、维护、保养
			明火作业点未派专人监护	III	火灾	发生火灾	1.明火作业点应派专人看守; 2.严禁明火烘烤或开水加热冻结的储气罐、氧气瓶、乙炔瓶、阀门、胶管
			未在易滑区域采取安全措施	III	机械伤害、高处坠落	机械设备侧翻,砸伤作业人员,或人员坠落	1.应在易滑区域设置安全警示标志; 2.夜间应加设警示灯
			高处作业未采取可靠的防滑、防寒和防冻措施	III	高处坠落	作业人员从高处坠落,发生伤害	1.应采取可靠的防滑、防寒和防冻措施; 2.应及时清除水、冰、霜、雪
		特殊地段作业	封冻河流上施工,未制定专项施工方案或机械设备未经论证	I	淹溺	不安全施工,造成人员或设备坠入冰层下的河流中	1.封冻河流上施工应制定专项施工方案; 2.机械设备冰上作业应经论证
			内河凌汛期,水上在建的建(构)筑物和工程船舶未采取防撞措施	II	物体打击	冰凌碰撞建(构)筑物或工程船舶,造成物体坠落砸伤作业人员	1.应采取防撞措施; 2.现场上游应布设破冰防线

续上表

序号	特殊季节与特殊环境	风险因素	风险等级	可能造成的后果		主要防控措施
				事故类型	伤害形式	
2	雨季施工	雨季施工	雨季来临前,未检查现场避雷等装置,未对围堰、堤坝采取加固和防坍塌措施	Ⅱ	触电、坍塌、淹溺	避雷装置损坏或围堰、堤坝侧壁变形破损,造成伤害	1.应检查、修复或完善现场避雷装置、接地装置、排水设施; 2.围堰、堤坝应采取加固和防坍塌措施,易冲刷部位应采取防冲或导流措施
		雷雨时从事露天作业或大风、大雨后未检查支架、脚手架等设施的基础	Ⅱ	触电、坍塌	被雷击,地基受到浸泡而发生坍塌,造成伤害	1.雷雨时,不得进行露天作业; 2.大风、大雨后,应当检查支架、脚手架、起重设备、临时用电工程、临时房屋等设施的基础
		特殊地段作业	容易发生洪水、泥石流、滑坡等灾害的施工现场,未加强观测、预警	Ⅱ	淹溺、坍塌	洪水淹溺作业人员,泥石流、滑坡伤害作业人员	1.应加强观测、预警; 2.发现危险征兆,应及时撤离作业人员和施工机械设备
		库区及下游受排洪影响地区进行施工时,未及时掌握水位变化情况	Ⅱ	淹溺	水位上涨,从库区或河道溢流,造成作业人员溺水	1.应及时掌握水位变化情况; 2.派专人负责
3	能见度不良施工	夜间施工	作业场所或工程船舶未设置照明设备	Ⅲ	机械伤害、物体打击	作业人员因看不清而错误操作机械,或不小心将工具掉落,发生伤害	1.应设置照明设备; 2.照度满足施工要求,光束不得直接照射工程船舶、机械的操作和指挥人员
		作业现场预留孔洞、上下通道口及沟槽等危险部位,未采取安全措施	Ⅲ	高处坠落	作业人员因看不清,掉入孔洞、道口或沟槽内,发生伤害	1.应设置夜间警示标志; 2.应设置警示灯
		大雾施工	工程船舶雾航时,未按照有关规定执行	Ⅲ	物体打击	碰撞其他航行船舶,造成失稳,船舶上的工具掉落,发生物体打击	1.工程船舶雾航时,必须按照《国际海上避碰规则》和《中华人民共和国内河避碰规则》的有关规定执行; 2.停航通告发布后,必须停止航行; 3.工程船舶航行中,突遇浓雾时,应立即减速、测定船位

续上表

序号	特殊季节与特殊环境		风险因素	风险等级	可能造成的后果		主要防控措施
					事故类型	伤害形式	
3	能见度不良施工	大雾施工	能见度不良的水上作业场所,未按规定启用声响警示设备和红光信号灯	II	物体打击	碰撞其他航行船舶,造成失稳,船舶上的工具掉落,发生物体打击	1. 不宜进行施工; 2. 应按规定启用声响警示设备和红光信号灯,必要时应停止航行或作业
4	高温施工	防护措施	施工现场的易燃易爆物品及在容器内作业时,未采取安全措施	III	火灾、其他爆炸、窒息	易燃易爆品着火或容器内空气流通慢,造成伤害	1. 施工现场的易燃易爆物品应采取防晒措施; 2. 在容器内作业时,应采取通风和降温措施
			高温条件下作业未采取防暑降温措施	III	其他伤害	作业人员失水过多,发生中暑	1. 应采取防暑降温措施; 2. 作业时间应避开高温时段

4.16.3 警示案例

4.16.3.1 事故基本情况

2012年11月22日21:00左右,某集团分公司进行架梁施工,先将左线边梁落梁到位,并完成梁体加固。当左线中梁落梁后,进行梁体垂直度调整时,天忽下小雨,刮旋风,突发大雾。作业人员违反操作规程进行梁体垂直度调整时,左线中梁突然失稳并向右线方向倾斜,碰撞正悬在半空中准备就位的右线中梁,同时掀翻左线边梁并与左线边梁先后倾斜坠落,当场造成在左线中梁上3名施工人员坠落至地面。此次事故造成3人死亡、1人受伤,直接经济损失272万元。

4.16.3.2 事故原因

(1)直接原因

在架梁过程中忽然下雨,刮旋风,突发大雾,光线昏暗。操作人员对异常的气候条件认识不足,在恶劣天气时移梁、调整梁体垂直度是造成事故的直接原因。

(2)间接原因

①某集团分公司安全教育培训不到位,对当地的异常气候条件考虑不周全,应急预案培训不到位;落实安全生产规章制度和安全操作规程不力;安全检查、事故隐患排查不到位。

②湖北某监理咨询公司在实施监理过程中未按照法律、法规和工程建设强制性标准实施监理,现场监理人员旁站监理不力。

4.16.3.3 对事故有关责任人员的处置

(1)某集团分公司副总经理兼该项目部项目经理、湖北某监理咨询公司铁路铺架监理站总监,对安全生产工作督查、检查不力,未及时消除生产安全事故隐患,根据《安全生产法》对其处以撤职的行政处分。

(2)某集团分公司,安全教育培训不到位,督促从业人员严格执行本单位的安全生产规章制度和操作规程不力,安全检查和监督不到位,对事故隐患排查不力,根据《生产安全事故报告和调查处理条例》对其处以罚款的行政处罚。

(3)湖北某监理咨询公司,未严格执行监理程序,现场监理旁站监理不力,没有及时制止违规行为,发现存在安全事故隐患后,没有要求施工单位整改或暂时停止施工,并及时报告建设单位,根据《生产安全事故报告和调查处理条例》对其处以罚款的行政处罚。

4.16.3.4　事故防范措施

(1)施工单位和监理单位应当对本单位的工作人员按照相关规定,进行安全生产教育和培训,特种作业人员要持证上岗,督促本单位的工作人员遵守安全生产法律、法规,督促安全管理人员认真履行职责。

(2)施工单位和监理单位的安全生产管理人员应当根据本单位的生产经营特点,对安全生产状况进行经常性检查;对检查中发现的安全问题,应当立即处理;不能处理的,应当及时报告本单位有关负责人,检查及处理情况应当记录在案。

(3)施工单位和监理单位应当建立健全安全生产责任制度和安全生产教育培训制度,制定安全生产规章制度和操作规程,保证本单位安全生产条件所需资金的投入;对所承担的建设工程进行定期和专项安全检查,并做好安全检查记录;项目负责人应当根据工程的特点组织制定安全施工措施,消除安全事故隐患。

(4)监理单位要严格按照安全技术措施和工程建设强制性标准进行监理,发现存在安全事故隐患的,应责令施工单位整改,情节严重要下达停工令,并报告相关部门。

5 路基工程

5.1 场地清理

5.1.1 主要工序

场地清理施工作业主要包括以下工序:施工准备、测量、清理等。

5.1.2 风险辨控

场地清理风险辨控见表5.1.2。

表5.1.2 场地清理风险辨控

序号	工序	风险因素	风险等级	可能造成的后果		主要防控措施
				事故类型	伤害形式	
1	施工准备	滑坡地段勘探时,未按照设计要求设置观测点	I	坍塌	不能及时发现坡体坍塌,造成伤害	1. 必须按照设计要求设置观测点; 2. 应实时监控量测滑坡稳定状况
		踏勘不利于人员、机械施工的沟、坑、隐井、空洞时,未采取安全防护措施	I	高处坠落	不慎掉入沟、坑、隐井、空洞内,造成伤害	1. 应采取保证人员和机械安全的防护措施; 2. 应派专人监护
		未掌握场地清理影响范围内地下埋设的各种管线情况	I	触电、中毒等	挖断管道、线路,造成伤害	1. 应掌握地下埋设的各种管线情况; 2. 应制定安全措施
2	测量	测量作业风险辨控详见表4.1.2				
3	清理	机械在路基边坡、边沟、基坑边缘地段上作业时,未采取安全防护措施	II	机械伤害	机械倾覆,造成伤害	1. 应采取防止机械倾覆、基坑坍塌的安全措施; 2. 多台机械同时作业时,各机械之间应保持安全距离; 3. 机械作业范围内不得同时进行人工作业
		发现危险品及可疑物品时,仍然继续施工	I	触电、坍塌、爆炸	发生触电等其他伤害	1. 应立即停止施工; 2. 按照规定报请有关部门处理

续上表

序号	工序	风险因素	风险等级	可能造成的后果		主要防控措施
				事故类型	伤害形式	
3	清理	在陡坡悬岩处砍伐树木时,未采取安全防护措施	Ⅱ	物体打击、高处坠落	树木砍伐倒后顺坡溜滑和撞落石块,导致作业人员发生坠落或被砸伤	1.应设置防止树木伐倒后顺坡溜滑和撞落石块伤人的安全措施; 2.应设置安全警戒线
		砍伐树木时,未派专人监护并系必要的防倒绳	Ⅲ	物体打击	树木倾倒,砸伤作业人员	1.派专人负责; 2.应根据砍伐方案系防倒绳
		树木预定倒向范围内有人员站立或存在架空电缆、线路	Ⅱ	物体打击、触电	树木伐倒后刮蹭人员和电缆,造成伤害	1.应设置安全警戒线,严禁人员站立在树木预定倒向范围内; 2.禁止向架空电缆、线路方向砍伐树木,如果确实需要,应保持安全距离或采取安全措施
		清除杂草、树木时,放火焚烧	Ⅱ	火灾	发生火灾	1.严禁焚烧杂草、树木; 2.砍伐树木时,严禁山坡上同一地段上下同时进行作业
		未按规定拆除房屋	Ⅰ	坍塌	上部结构物坍塌,砸伤作业人员	1.应编制、制定拆除方案,在编制拆除方案时应根据建筑物竣工图纸和现况分析结构受力状态,编制拆除方法和程序; 2.拆除梁、柱前,必须先拆除其承托的全部结构物; 3.不得采用掏空、挖切和大面积推倒的方法进行拆除
		拆除结构物前,未将与拆除物有连通的电线、气管道切断,未根据结构物情况设置支撑	Ⅰ	触电、中毒	刮蹭电线,造成触电;拉断气管道,造成气体泄露,发生中毒	1.应将与拆除物有连通的电线、水、气管道切断; 2.拆除有倒塌危险的结构物前,应设置可靠的临时支撑; 3.应在危险区域四周设置安全护栏、警告标志
		拆除石棉瓦及其他轻型结构屋顶时,施工人员直接踩在屋顶上作业	Ⅲ	高处坠落	屋顶刚度不够,造成作业人员坠落	1.应使用移动板梯等,严禁直接踩在屋顶上作业; 2.系好安全带、穿好防滑鞋等,做好个人安全防护
		高处进行拆除工程时,废料随意向下抛掷	Ⅲ	物体打击	抛弃的废料砸伤下方作业人员	1.应设置溜放槽,严禁废料随意向下抛掷; 2.应搭设脚手架等作业平台

高处作业风险辨控详见表4.9.2、爆破作业风险辨控详见表4.12.2

5.1.3 警示案例

5.1.3.1 事故基本情况

2014年10月27日左右,唐某找到青岛某工程公司业务经理王某,借用其单位资质报名参加某拆除工程的竞标。中标后开始实施拆除施工,委托段某进行现场管理。11月13日上午8:40左右,部分工人拣拾钢筋等材料,李某驾驶挖掘机拆除6层楼高的楼体,楼体突然整体坍塌,砸在挖掘机驾驶室上,导致李某死亡。此次事故造成1人死亡,直接经济损失100万元。

5.1.3.2 事故原因

(1)直接原因

李某未按照规定从上至下逐层分段进行,而是直接拆除底部支撑柱子,导致坍塌的楼体砸中挖掘机驾驶室,造成死亡。

(2)间接原因

①非法组织拆除施工。签订拆除施工合同前,甲方未与具备施工资质的青岛某工程公司有效对接,未核对签订合同所用公章的真实性,将该拆除工程发包给了不具备相应资质的个人(唐某);拆除作业前,甲方未按照规定把施工单位资质等级证明、拆除施工组织方案等相关资料报建设行政主管部门或者其他有关部门备案。

②隐患排查治理不到位。甲方、唐某、段某均未安排专人负责监测被拆除建筑的结构状态,导致被拆除建筑出现不稳定状态的趋势时,没有停止作业并采取有效措施、消除隐患;未采取有效管理措施及时发现李某违规作业行为。

③安全培训、交底不到位:甲方、唐某、段某均未对李某等从业人员进行安全培训,未对拆除施工这一危险作业进行书面安全技术交底。

5.1.3.3 对事故有关责任人员的处置

依据《中华人民共和国安全生产法》、《生产安全事故报告和调查处理条例》等相关法律法规的规定,对事故发生负有责任的甲方、唐某进行依法处罚。

5.1.3.4 事故防范措施

(1)严格拆除施工的审批、备案程序,依照国家、省、市法律法规规定进一步完善拆除施工监督管理的各项制度,加大对非法施工、非法发包的查处力度。

(2)深入查找在作业现场管理上存在的监管不到位问题,特别对现场人员的不安全行为不能被及时发现和制止的问题,应查找在现场安全监管上存在的管理不到位的环节。

(3)加强作业人员的安全生产教育与培训工作,反违章、反违纪,杜绝作业中的陋习,真正体现、落实好人在安全生产中的主导作用、主导地位、主导责任。

5.2 土方工程

5.2.1 主要工序

挖方工程施工作业主要包括以下工序:施工准备、开挖、运输、弃土等。

填方工程施工作业主要包括以下工序:施工准备、取土、运输、填筑、碾压等。

5.2.2 风险辨控

挖方工程风险辨控见表5.2.2-1和表5.2.2-2。

表5.2.2-1 挖方工程风险辨控

序号	工序	风险因素	风险等级	可能造成的后果		主要防控措施
				事故类型	伤害形式	
1	施工准备	未对影响范围内的地下管线进行勘探,未对地下水位浅的路基进行降水处理	I	触电、火灾、中毒、坍塌	挖断线路管道等或基底鼓包变形,造成伤害	1. 开挖前应进行地下管线调查勘探,掌握影响范围内的管线情况,并制定安全措施; 2. 对基底标高低于地下水位的路基,应将地下水位降低至低于基底50cm
2	开挖	在落石、岩堆地段或滑坡地段施工,未采取安全措施	I	物体打击	石块掉落或山体滑坡,砸伤附近人员	1. 在落石、岩堆地段施工时,应清理危石后,设置拦截措施; 2. 滑坡地段施工,应设置位移观测桩
		高陡边坡施工时,未采取安全防护措施	II	高处坠落、物体打击	作业人员从高处坠落或上方物体掉落,造成伤害	1. 作业人员应系安全带、穿防滑鞋等,严禁上下同时作业; 2. 应设置位移观测桩
		靠近建筑物、设备基础、脚手架附近挖土时,未采取安全防护措施	II	物体打击、坍塌	建筑物、设备基础、脚手架倾斜失稳,打击作业人员	1. 应制定施工方案; 2. 应采取安全防护措施
		架空线路附近开挖时,未采取安全措施	II	物体打击、触电	电杆发生倾倒,砸伤人员或发生触电	1. 电杆周围应设置拉线和地锚; 2. 距离电缆2m范围内采用人工开挖,严禁机械开挖
		发现危险品及可疑物品时,仍然继续施工	I	爆炸、其他伤害	危险品爆炸,造成伤害	1. 应立即停止施工; 2. 按照规定报请有关部门处理
		路堑开挖,未采取临时排水措施或未设置永久性排水设施	III	坍塌	边坡、基底渗水,土体坍塌,造成人员伤亡	1. 应采取临时排水措施; 2. 临时性排水设施的布设宜与永久性排水设施相结合
		分级开挖有防护要求的边坡,未按施工方案进行开挖及防护	I	物体打击、坍塌	边坡失稳,发生坍塌造成伤害	1. 应开挖一级、防护一级,按自上而下顺序进行开挖; 2. 不得掏底开挖,上下同时开挖、乱挖超挖; 3. 严格按设计坡度进行开挖,按规定监测土体稳定性

续上表

序号	工序	风险因素	风险等级	可能造成的后果		主要防控措施
				事故类型	伤害形式	
2	开挖	机械作业范围内同时进行人工作业	Ⅱ	机械伤害	机械伤人	1.不得同时进行人工等其他作业,人工作业应与机械作业交替进行; 2.待机械停止运转后,人员方可进入作业范围内作业; 3.人员不得站立在机械回转半径范围内; 4.同一作业平台多台机械作业时,间距应大于10m
3	运输	未及时将沟槽边的多余堆土运离	Ⅱ	坍塌	长时间使边坡负载,边坡失稳坍塌	1.及时将沟槽边的多余堆土运离; 2.派专人指挥
		开挖作业面未与装运作业面上下错开	Ⅰ	物体打击、其他伤害	重叠的作业面作业时相互打击	1.开挖作业面与装运作业面应上下错开; 2.严禁同一作业面上下同时作业
		车辆未按照规定行驶路线进出场	Ⅲ	车辆伤害	车辆伤害现场作业人员	1.应按照规定行驶路线进出场; 2.应在专人指挥下进出场
4	弃土	弃方选址设在桥墩台、涵洞口等影响建筑物结构的地方,弃方设在易滑坡的地方	Ⅰ	坍塌、其他伤害	桥墩、涵洞等失稳,造成伤害	1.桥墩台、涵洞口及易滑坡的地方不得弃方; 2.不得影响排洪、通航,不得加剧河岸冲刷; 3.水库、湖泊、岩溶漏斗及暗河口处不得弃方
		弃土场四周未设置警示标志	Ⅲ	其他伤害	人员靠近弃土场,发生伤害	1.现场核实弃土场的情况; 2.弃土场四周应设置警示标志
		弃土作业时,土坡下方道路有行人、车辆通行	Ⅱ	物体打击	土块滚落,砸伤道路上通行人员	1.弃土坡下方道路应设置警告标志; 2.弃土作业时,安排专人指挥,严禁土坡下方道路行人、车辆通行

表 5.2.2-2 填方工程风险辨控

序号	工序	风险因素	风险等级	可能造成的后果		主要防控措施
				事故类型	伤害形式	
1	施工准备	未掌握场地清理影响范围内地下埋设的各种管线情况	Ⅰ	触电、中毒	挖断管道、线路,造成伤害	1.应掌握地下埋设的各种管线情况; 2.应制定安全措施

续上表

序号	工序	风险因素	风险等级	可能造成的后果		主要防控措施
				事故类型	伤害形式	
2	取土	取土场（坑）周围未采取安全防护措施	Ⅲ	高处坠落	掉入取土坑内，发生伤害	1.应设置警示标志和安全防护设施； 2.夜间应设置反光标识
		取土坑与路基坡脚间的护坡道未平整密实	Ⅱ	机械伤害	机械倾覆，伤害人员	1.应平整密实； 2.表面应设1%~2%向外倾斜的横坡
		取土坑底部未设置排水设施	Ⅱ	坍塌	坑内积水，取土坑坍塌，伤害人员	1.应设置排水设施； 2.取土坑底部应平顺
		机械作业范围内同时进行人工作业	Ⅱ	机械伤害	机械伤人	1.不得同时进行人工等其他作业； 2.人员不得站立在机械回转半径范围内
		发现危险品及可疑物品时，仍然继续施工	Ⅰ	爆炸、其他伤害	危险品爆炸，造成伤害	1.应立即停止施工； 2.按照规定报请有关部门处理
		未按施工方案要求的深度、坡度取土	Ⅰ	坍塌	取土坑坍塌，伤害人员及车辆	1.取土坑边坡坡度、深度应满足设计要求，且不得危及周边既有设施的安全； 2.应严格按照施工方案取土
3	运输	运输风险辨控详见表5.2.2-1				
4	填筑	填方作业区未采取安全措施	Ⅱ	高处坠落、坍塌	发生高处坠落或坍塌	1.作业区边缘应设置明显的警示标志； 2.应及时做好边坡临时排水； 3.高填方路堤应监测位移
		机械在危险地段填筑作业时，未安排专人进行指挥	Ⅱ	机械伤害	机械撞伤人员	1.应安排专人进行指挥； 2.靠近边坡、边沟填筑作业时，与边缘应保持必要的安全距离
5	碾压	压路机启动前，未检查周边是否存在障碍物或人员	Ⅱ	机械伤害	压路机倾覆，砸伤驾驶员；压路机撞伤附近人员	1.驾驶员应检查前后、左右无障碍物和人员时，再启动压路机； 2.压路机不得在坚硬路面上行走时振动
		两台以上压路机同时碾压或在坡道上纵队行驶时，其间距不满足安全要求	Ⅲ	机械伤害	压路机转弯，撞伤邻近压路机上人员	1.两台以上压路机同时碾压，其前后间距不得小于3m； 2.坡道上纵队行驶时，其间距不得小于20m
		压路机下坡时，换挡或溜放	Ⅲ	机械伤害	压路机不能进行及时制动，撞伤人员	1.严禁换挡或溜放； 2.采用事先确定好的挡位

续上表

序号	工序	风险因素	风险等级	可能造成的后果		主要防控措施
				事故类型	伤害形式	
5	碾压	利用换向离合器进行制动	Ⅲ	机械伤害	制动不彻底而溜车,撞伤人员	1.禁止利用换向离合器进行制动; 2.应采用制动离合器进行制动
		压路机未熄火就进行机下检修	Ⅱ	车辆伤害	压路机碾压人员	1.压路机熄火、进行支垫后,方可进行机下检修; 2.派专人监护

5.2.3 典型示范

土方工程施工风险防控典型示范,见表5.2.3。

表5.2.3 土方工程施工风险防控典型示范

典型示范	风险防控要点
	1.现场由专人指挥; 2.临边设置警示彩旗; 3.施划网格线; 4.施工机械与边缘的安全距离大于50cm; 5.施工机械横向、纵向保持安全距离

5.2.4 警示案例

5.2.4.1 事故基本情况

2015年9月15日8:00左右,大同市某建筑工程公司马某安排挖掘机司机徐某、沟底平槽工人楚某和测平工人张某在庆新路三期项目K2+690处,由南向北进行开挖。在开挖的基础沟西侧有约3m高的土墙,未进行放坡或支护。10:00左右,3m高土墙突然坍塌,将正在沟底平槽的工人楚某掩埋。楚某经抢救无效死亡。

5.2.4.2 事故原因

(1)直接原因

挡墙基础沟西侧土墙未进行放坡或支护,工人冒险作业,土墙发生坍塌致人死亡,是造成这起事故的直接原因。

(2)间接原因

①大同市某建筑工程公司资质不全,安全生产规章制度不健全,安全生产责任制不落实,现场安全监管不到位。

②安全培训教育不到位,工作人员不具备必要的安全生产知识,对作业现场安全风险或隐患认识不到位,违规作业,盲目作业;无现场安全管理人员,安全管理责任落实不到位。

5.2.4.3 对事故有关责任人员的处置

依据《安全生产法》对项目部经理,给予罚款的行政罚款。

5.2.4.4 事故防范措施

(1)某集团分公司项目经理部在进行生产项目发包时,应加强对承包方安全生产条件及资质的审查,杜绝不具备安全生产条件和资质的承包方承揽工程。

(2)项目部应加强从业人员安全教育培训工作,强化从业人员安全意识,告知从业人员有关生产安全事项;对未经安全教育和培训合格的人员,不得上岗作业,督促从业人员严格遵守作业操作规程和规章制度。

(3)项目部应健全安全生产管理制度和操作规程,加强施工现场的安全管理,提高安全生产管理水平。

5.3 石方工程

5.3.1 主要工序

石方开挖施工作业主要包括以下工序:施工准备、爆破作业、运输、弃石等。
填石路堤施工作业主要包括以下工序:施工准备、取石、运输、填筑、压实等。

5.3.2 风险辨控

石方工程风险辨控见表5.3.2-1和表5.3.2-2。

表5.3.2-1 石方开挖风险辨控

序号	工序	风险因素	风险等级	可能造成的后果		主要防控措施
				事故类型	伤害形式	
1	施工准备	未检查石方开挖区域周边环境	I	触电、火灾、中毒、坍塌等	爆破作业导致外电架空线路和地下管线断裂、建筑物坍塌,造成伤害	1.检查爆破区域内有无外电架空线路、地下管线,明确平面位置、埋设深度; 2.检查开挖作业区域外建筑物与开挖边界距离,并采取相应的防护措施
2	爆破作业	未严格按方案进行开挖	I	坍塌	边坡失稳坍塌,造成伤害	1.应严格按设计坡度开挖,并监测边坡的稳定性; 2.严禁采用硐室爆破,近边坡部分按方案宜采用光面爆破或预裂爆破
		深挖路堑开挖,未采取临时排水措施	III	坍塌	边坡、基底渗水,土体坍塌,造成人员伤亡	1.应采取临时排水措施; 2.临时性排水设施的布设宜与永久性排水设施相结合
		爆破作业风险辨控详见表4.12.2				

续上表

序号	工序	风险因素	风险等级	可能造成的后果		主要防控措施
				事故类型	伤害形式	
3	运输	开挖作业面未与装运作业面上下错开	I	物体打击、其他伤害	在重叠的作业面作业发生相互撞击	1.开挖作业面与运输作业面应上下错开； 2.严禁上下同时施工
		未清理作业面上的悬崖危岩，出渣人员和机械就进入	II	物体打击	悬崖危石掉落，伤人损机	1.清理作业面上的悬崖危岩后，出渣人员和机械方可进入； 2.清理时，应采取安全措施
		车辆未按照规定行驶路线进出场	III	车辆伤害	车辆伤害现场作业人员	1.应按照规定行驶路线进出场； 2.应在专人指挥下进出场
4	弃石	弃方选址设在桥墩台、涵洞口等影响建筑物结构的地点，弃方设在易滑坡的地点	I	坍塌、其他伤害	桥墩、涵洞失稳，造成伤害	1.桥墩台、涵洞口及易滑坡的地方不得弃方； 2.不得影响排洪、通航，不得加剧河岸冲刷； 3.水库、湖泊、岩溶漏斗及暗河口处不得弃方

表 5.3.2-2　填石路堤风险辨控

序号	工序	风险因素	风险等级	可能造成的后果		主要防控措施
				事故类型	伤害形式	
1	施工准备	未掌握场地清理影响范围内地下埋设的各种管线情况	I	触电、中毒	挖断管道、线路，造成伤害	1.应掌握地下埋设的各种管线情况； 2.应制定安全措施
2	取石	取石场（坑）周围未采取安全防护措施	III	高处坠落	掉入取土坑内，发生伤害	1.应设置警示标志和安全防护设施； 2.夜间应设置反光标志
3	运输	运输风险辨控详见表 5.3.2-1				
4	填筑	填方作业区未采取安全措施	II	高处坠落、坍塌	发生高处坠落或坍塌	1.作业区边缘应设置明显的警示标志； 2.应及时做好边坡临时排水； 3.高填方路堤应进行位移监测
		中硬、硬质石料的石方路堤，未按要求进行边坡码砌	II	物体打击	充填的细集料漏出，伤害下方人员	1.应在路堤填筑时同时进行边坡码砌； 2.码砌应紧贴、密实，且无明显孔洞、松动，砌块间承接面应向内倾斜，坡面应平顺
		机械在危险地段填筑作业时，未安排专人进行指挥	II	机械伤害	机械撞伤人员	1.应安排专人进行指挥； 2.在靠近边坡、边沟填筑作业时，与其边缘应保持必要的安全距离

续上表

序号	工序	风险因素	风险等级	可能造成的后果		主要防控措施
				事故类型	伤害形式	
5	压实	压路机启动前,未观察周边	Ⅱ	机械伤害	压路机倾覆,砸伤驾驶员;压路机撞伤附近人员	1. 应进行观察; 2. 应检查确实前后、左右无障碍物和人员时,再启动压路机
		两台以上压路机同时碾压或在坡道上纵队行驶时,其间距不满足安全要求	Ⅲ	机械伤害	压路机转弯,撞伤邻近压路机上人员	1. 两台以上压路机同时碾压时,其前后间距不得小于3m; 2. 坡道上纵队行驶时,其间距不得小于20m
		压路机下坡时,换挡或溜放	Ⅲ	机械伤害	压路机不能进行及时制动,撞伤人员	1. 严禁换挡或溜放; 2. 采用事先确定好的挡位
		利用换向离合器进行制动	Ⅲ	机械伤害	制动不彻底而溜车,撞伤人员	1. 禁止利用换向离合器进行制动; 2. 应采用制动离合器进行制动
		压路机未熄火就进行机下检修	Ⅰ	机械伤害	压路机碾压人员	1. 压路机熄火、进行支垫后,方可进行机下检修; 2. 派专人监护
		路堤表面有明显孔洞	Ⅱ	物体打击	石料松散,砸伤人员	1. 石料缝隙应用小粒径石料、土或石渣充填,大粒径石料不应松动; 2. 应用重型压实机或振动型压路机进行分层碾压

5.3.3 警示案例

5.3.3.1 事故基本情况

2012年7月25日15:00左右,福建某建设工程公司技术员邹某、安全员刘某、爆破员王某、仓管员王某及福建省某爆破监理公司监理员吴某等人在石方爆破工地上进行爆破作业。16:30完成装药、连网及覆盖,18:55爆破飞石击中爆点东南侧141.5m处正在吃晚饭的工人赵某,经抢救无效死亡。

5.3.3.2 事故原因

(1)直接原因

安全警戒出现疏漏,警戒区200m内出现闲散人员,未按照爆破技术设计要求对爆破区域进行严密覆盖,浅孔爆破法爆破产生飞石是造成事故的直接原因。

(2)间接原因

福建某建设工程公司爆破现场安全防护措施不到位,对爆破作业人员安全教育不到位;福建省某爆破监理公司履行监理职责不到位;厦门某建设工程监理公司履行监理职责不到位。

5.3.3.3 对事故有关责任人员的处置

相关部门对事故发生负有责任的4家企业单位及相关人员给予行政处罚等相应处理;司法机关对事故发生负有主要责任的2名相关人员依法追究刑事责任;建议给予有关职能部门

2名相关人员党纪、政纪处分。

5.3.3.4 事故防范措施

福建某建设工程公司应加强爆破作业现场的安全防护,派专人进行警戒,加强对作业人员的安全教育,保证其具备必要的安全生产知识,熟悉作业场所的危险因素。监理单位应严格履行监理职责,发现存在安全事故隐患的,责令施工单位整改。

5.4 浆砌防护

5.4.1 主要工序

浆砌防护施工作业主要包括以下工序:施工准备、基坑开挖、砂浆拌和、砌筑、养护、其他要求等。

5.4.2 风险辨控

浆砌防护风险辨控见表5.4.2。

表5.4.2 浆砌防护风险辨控

序号	工序	风险因素	风险等级	可能造成的后果		主要防控措施
				事故类型	伤害形式	
1	施工准备	未设置安全警戒区	Ⅲ	物体打击	边坡上土石块等掉落,砸伤下方人员	1.应设置安全警戒区; 2.应设置明显的警示标志
		未采取安全防护措施	Ⅱ	高处坠落	作业人员发生坠落,造成伤害	1.应搭设作业平台,确保作业平台稳定牢固; 2.在平台上进行作业时,作业人员应配备符合规定的安全帽、安全带及防滑鞋等
		修整边坡时,未采取安全措施	Ⅰ	物体打击、车辆伤害	浮土及松动的土块掉落或运输车辆伤害人员	1.应及时清除浮土及松动的土块,并按指定路线进出施工现场; 2.应设置"当心落物"等安全警示标志
2	基坑开挖	机械作业范围内同时进行人工作业	Ⅱ	机械伤害	机械伤人	1.不得同时进行人工等其他作业,人工作业应与机械作业交替进行; 2.待机械停止运转后,人员方可进入作业范围内作业; 3.人员不得站立在机械回转半径范围内
		发现危险品及可疑物品时,仍然继续施工	Ⅰ	触电	触碰电缆,发生触电	1.应立即停止施工; 2.按照规定报有关部门
3	砂浆拌和	砂浆拌和风险辨控详见表4.6.2				

续上表

序号	工序	风险因素	风险等级	可能造成的后果		主要防控措施
				事故类型	伤害形式	
4	砌筑	高度超过2m的作业未设置作业平台	Ⅱ	高处坠落	砌筑人员坠落,造成伤害	1.应设置脚手架等工作平台; 2.工作平台下不得有人员操作或停留
		砌筑时,顺坡卸落、抛掷砌筑材料或工具	Ⅲ	物体打击	抛掷的砌筑材料打击下方作业人员	1.不得自上而下顺坡卸落、抛掷砌筑材料或工具; 2.高处运送材料,宜采用专用的运送设备
		其他风险辨控详见表4.6.2				
5	养护	碰撞或振动砌体	Ⅱ	物体打击	砌体松动而发生坠落,砸伤人员	1.严禁碰撞或振动砌体; 2.应按规定条件进行养护
6	其他要求	高处作业风险辨控详见表4.9.2				

5.4.3 典型示范

浆砌防护工程施工风险防控典型示范见表5.4.3。

表5.4.3 浆砌防护工程施工风险防控典型示范

典型示范	风险防控要点
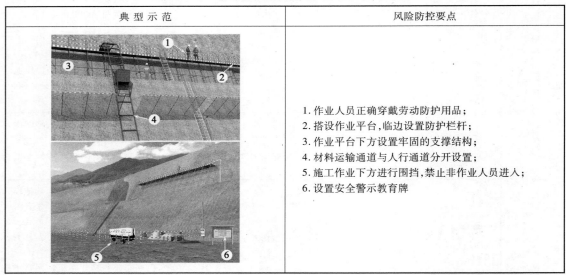	1.作业人员正确穿戴劳动防护用品; 2.搭设作业平台,临边设置防护栏杆; 3.作业平台下方设置牢固的支撑结构; 4.材料运输通道与人行通道分开设置; 5.施工作业下方进行围挡,禁止非作业人员进入; 6.设置安全警示教育牌

5.4.4 警示案例

5.4.4.1 事故基本情况

2007年4月27日,青海省A市某保安护卫公司的边坡防护工程施工现场发生一起坍塌事故,此次事故造成3人死亡、1人轻伤,直接经济损失60万元。

5.4.4.2 事故原因

（1）直接原因

①施工地段地质条件复杂。事故发生地点北侧为黄土覆盖的丘陵区，南侧为河谷地2级及3级基座阶地，上部土层为黄土层及红色泥岩夹变质砂砾，下部为黄土层黏土，局部有地下水渗透，导致地基不稳。

②施工单位在没有进行地质灾害危险性评估的情况下，盲目施工，也没有根据现场的地质情况采取有针对性的防护措施，违反了自上而下分层修坡、分层施工工艺流程，从而导致了事故的发生。

（2）间接原因

①建设单位在工程建设过程中，未作地质灾害危险性评估，且在未办理工程招投标、工程质量监督、工程安全监督、施工许可证的情况下组织开工建设。

②施工单位委派不具备项目经理执业资格的人员负责该工程的现场管理，未编制安全专项施工方案或安全技术措施，没有对劳务人员进行安全生产教育和安全技术交底，在山体地质情况不明、没有采取安全防护措施的情况下冒险作业。

③监理单位在监理过程中，对施工单位资料审查不严，对施工现场落实安全防护措施的监督不到位。

5.4.4.3 事故防范措施

施工、监理和设计等单位在施工过程中应落实安全生产责任，参建各方应认真履行法律法规明确规定的责任；施工单位应任命具备相应执业资格的人担任项目经理，应编制安全专项施工方案或安全技术措施；监理单位应审查施工组织设计中的安全专项施工方案或者安全技术措施是否符合工程建设强制性标准，对于施工过程中存在的安全隐患，应要求施工单位予以整改。

5.5 挂网锚喷防护

5.5.1 主要工序

挂网锚喷防护施工作业主要包括以下工序：施工准备、钻孔及注浆、挂网、喷射混凝土、养护、其他要求等。

5.5.2 风险辨控

挂网锚喷防护风险辨控见表5.5.2。

表5.5.2 挂网锚喷防护风险辨控

序号	工序	风险因素	风险等级	可能造成的后果		主要防控措施
				事故类型	伤害形式	
1	施工准备	未设置安全警戒区	Ⅲ	物体打击	边坡上土石块等掉落，砸伤下方人员	1.应设置安全警戒区；2.应设置明显的安全警示标志

续上表

序号	工序	风险因素	风险等级	可能造成的后果		主要防控措施
				事故类型	伤害形式	
1	施工准备	未采取安全防护措施	II	高处坠落	作业人员发生坠落,造成伤害	1. 应搭设作业平台,确保作业平台稳定牢固; 2. 在平台上进行作业时,作业人员应配备符合规定的安全帽、安全带及防滑鞋等
		修整边坡时,未采取安全措施	I	物体打击、车辆伤害	浮土及松动的土块掉落或运输车辆伤害人员	1. 应及时清除浮土及松动的土块,并按指定路线进出施工现场; 2. 应设置"当心落物"等安全警示标志
2	钻孔及注浆	锚杆钻机钻进时,用手触摸钻杆或气腿	I	机械伤害	旋转的钻杆伤手,气腿伸缩时挤伤手	1. 严禁用手触摸旋转的钻杆; 2. 严禁将手扶在气腿上; 3. 钻杆与钻机应成一条直线,不得存在相对倾斜
		发现危险品及可疑物品时,仍然继续钻孔	I	触电等	触碰电缆,发生触电	1. 应立即停止施工; 2. 按照规定报请有关部门处理
		未通知注浆操作人员,就开启高压球阀	II	物体打击	高压浆液喷出伤人	1. 开启高压球阀人员应与注浆操作人员紧密配合; 2. 应通知注浆操作人员,再开启高压球阀
3	挂网	挂网钢筋未进行固定	I	物体打击	挂网钢筋掉落,砸伤作业人员	1. 挂网钢筋之间应连接; 2. 挂网钢筋与锚杆应连接在一起
4	喷射混凝土	喷嘴前方站人	II	物体打击	喷出的高压混凝土伤人	1. 严禁喷嘴前方站人; 2. 喷射时应经常检查喷层表面是否有松动、下坠滑移现象
		处理喷射机故障时,未采取安全措施	I	机械伤害	喷射机意外运转,造成伤害	1. 必须断电、断风,并派专人监护; 2. 必须将喷射机和输料管内的集料清除干净; 3. 处理堵管时,确保管道中无压力后,再拆卸管接头
5	养护	养护期间,喷射的混凝土受到水流直接冲刷	II	物体打击	混凝土受到扰动掉落,甚至导致挂网钢筋掉落,砸伤作业人员	1. 应覆盖养护,避免水流直接冲刷; 2. 按规定条件进行养护
6	其他要求	高处作业风险辨控详见表4.9.2				

5.5.3 警示案例

5.5.3.1 事故基本情况

2015年7月27日,重庆某建筑工程公司喻某站在临时搭设的支撑架上进行挂钢丝网作业,因支撑架垮落,喻某从3m高的支撑架上坠落至地面,因伤势过重,抢救无效死亡。此次事故造成1人死亡,直接经济损失约为125万元。

5.5.3.2 事故原因

(1)直接原因

喻某安全意识淡薄,在未系安全带的情况下,使用不牢固的木方、竹跳板搭设支撑架代替钢管架或移动式脚手架进行高处作业,是事故发生的直接原因。

(2)间接原因

①安全操作规程不健全,劳动防护用品不符合安全要求,安全技术交底缺失。施工单位未向作业人员配发符合国家标准或者行业标准的劳动防护用品,未对从事挂钢丝网作业的施工人员进行安全技术交底,未告知作业场所和工作岗位存在的危险因素、防范措施以及事故应急措施。

②劳动组织不合理,现场安全管理不力。施工单位安排一人在一区域挂钢丝网,且未及时发现并制止喻某违章作业,导致喻某高处坠落受伤。

5.5.3.3 对事故有关责任人员的处置

(1)重庆某建筑工程公司任命的该工程项目的项目经理,对本单位的安全生产工作督促、检查不力,未组织制定砖砌体表面挂钢丝网作业的安全操作规程;未向从业人员统一配发符合国家标准或者行业标准的劳动防护用品;未及时消除工人违章冒险作业等生产安全事故隐患。依据《安全生产法》对其处以罚款的行政处罚。

(2)重庆某建筑工程公司,未对挂钢丝网作业的从业人员进行安全技术交底,未告知作业场所和工作岗位存在的危险因素、防范措施以及事故应急措施;未向从业人员统一配发符合国家标准或者行业标准的劳动防护用品。依据《安全生产法》对其处以罚款的行政处罚。

5.5.3.4 事故防范措施

(1)施工单位应建立健全本单位的安全生产规章制度和各类安全操作规程,并督促作业人员严格执行;为从业人员提供符合国家标准或者行业标准的劳动防护用品,并监督、教育从业人员按照使用规则佩戴、使用;补充完善从业人员安全技术交底,如实告知从业人员作业场所和工作岗位存在的危险因素、防范措施和事故应急措施。

(2)作业班组必须安排两人及两人以上作业,相互监督,防止失管、失控。

5.6 排水工程

5.6.1 主要工序

排水工程施工作业主要包括以下工序:施工准备、沟槽开挖、砂浆拌和、砌筑、养护、勾缝及其他。

5.6.2 风险辨控

排水工程风险辨控见表5.6.2。

表5.6.2 排水工程风险辨控

序号	工序	风险因素	风险等级	可能造成的后果		主要防控措施
				事故类型	伤害形式	
1	施工准备	高边坡截水沟施工时未采取安全防护措施	Ⅱ	高处坠落	作业人员发生坠落,造成伤害	1. 应搭设作业平台,确保作业平台稳定牢固; 2. 在平台上进行作业时,作业人员应配备符合规定的安全帽、安全带及防滑鞋等
2	沟槽开挖	人工开挖时,沟槽上边缘堆放的土方过高	Ⅱ	坍塌	松散的土方失稳,发生坍塌,伤害挖方人员	1. 高度应小于1.5m; 2. 土方距边缘不得小于1m
		渗井未边开挖边支护	Ⅰ	坍塌	井壁不稳定,发生坍塌,造成伤害	1. 应随挖随支; 2. 停止施工或完成后,应加盖进行封闭
		发现危险品及可疑物品时,仍然继续施工	Ⅰ	触电、坍塌、爆炸	触碰电缆,发生触电	1. 应立即停止施工; 2. 按规定报请有关部门处理
3	砂浆拌和	砂浆拌和风险辨控详见表4.6.2				
4	砌筑	未按要求进行砌筑	Ⅰ	物体打击	上方落物,砸伤下方人员	1. 不得垂直交叉作业; 2. 不得自上而下进行砌筑作业
		砌筑时,顺坡卸落、抛掷砌筑材料或工具	Ⅲ	物体打击	砌筑材料砸伤下方人员	1. 不得自上而下顺坡卸落及抛掷砌筑材料或工具; 2. 高处运送材料宜采用专用的运送设备
		雨后边坡土质较软,未采取措施就直接在边坡上砌筑排水沟	Ⅰ	坍塌	土质强度降低,稳定性差,发生坍塌,造成伤害	1. 应采取措施保证边坡稳定后,再砌筑排水沟; 2. 严格按照施工方案砌筑
		其他风险辨控详见表4.6.2				
5	养护	碰撞或振动砌体	Ⅱ	物体打击	砌体松动而发生坠落,砸伤人员	1. 严禁碰撞或振动砌体; 2. 应按规定条件进行养护
6	勾缝	高处进行勾缝时,未采取安全防护措施	Ⅲ	高处坠落	发生高处坠落	1. 应搭设作业平台; 2. 作业人员应穿防滑鞋、系好安全带等
7	其他	高处作业风险辨控详见表4.9.2				

5.6.3 警示案例

5.6.3.1 事故基本情况

2014年12月7日下午,青岛某建筑公司施工技术员薛某带领4名工人在施工现场进行管沟开挖施工,薛某先让挖掘机司机杨某挖出一段深3.2m、宽1.2m上下垂直的管沟,然后由崔某下到沟底进行找平和打水泥垫层。14:00左右,崔某在沟底进行找平工作时,其北侧沟壁发生塌方,滑下的土层砸中崔某头部并将其掩埋,崔某因头部严重受伤而当场死亡。此次事故造成1人死亡,直接经济损失约80万元。

5.6.3.2 事故原因

(1)直接原因

青岛某建筑公司在管沟开挖过程中,未采取放坡、支护或其他防坍塌措施,导致沟壁塌方,造成事故发生。

(2)间接原因

青岛某建筑公司对安全生产工作不重视,没有对现场作业人员进行安全教育培训,无法保证从业人员具备必要的安全知识和掌握本岗位的安全操作技能;没有为从业人员提供符合国家标准或行业标准的劳动防护用品,未监督和教育从业人员正确佩戴、使用劳动防护用品;生产安全事故隐患排查治理不力,对存在的沟壁易坍塌等安全隐患没有及时整改。

5.6.3.3 对事故有关责任人员的处置

(1)青岛某建筑公司施工现场负责人和项目负责人,对事故的发生负有直接责任和管理责任,司法机关依法追究其刑事责任。

(2)青岛某建筑公司,对事故的发生负有主要责任,依据《安全生产法》处以20万元的行政处罚。

5.6.3.4 事故防范措施

(1)严格落实企业安全生产主体责任。青岛某建筑公司应严格执行安全生产法律法规规章和国家、行业标准,施工作业严格按照国家和行业标准制定具体工作方案并落实防护措施;应按照相关规定对从业人员进行安全教育培训,确保从业人员具备必要的安全知识和掌握本岗位的安全操作技能;认真组织生产安全事故隐患排查、治理,确保安全,方可施工。

青岛某工程管理公司应严格执行相关法律法规和国家、行业标准,认真落实监理职责,及时督促施工单位对发现生产安全事故隐患进行整改,杜绝事故的再次发生。

(2)进一步落实"属地"监管责任。青岛市某镇人民政府要强化红线意识,加强安全生产管理,对发包的工程进行严格监督,确保生产安全事故隐患整改措施到位,防止类似事故再次发生。

5.7 软基处理

5.7.1 主要工序

软基处理工序主要有:强夯、振沉砂(碎石)桩、CFG(水泥粉煤灰碎石)桩、旋喷桩、粉喷桩、真空预压等。

强夯主要包括以下工序:施工准备、作业等。

振沉砂(碎石)桩主要包括以下工序:施工准备、造孔、制桩等。

CFG(水泥粉煤灰碎石)桩主要包括以下工序:施工准备、钻孔、泵送混合料及提钻杆等。

旋喷桩主要包括以下工序:施工准备、钻孔、插管、注浆等。

粉喷桩主要包括以下工序:施工准备、钻孔、喷粉成桩等。

真空预压主要包括以下工序:施工准备、打设塑料排水板、铺设滤管、预压等。

5.7.2 风险辨控

软基处理风险辨控见表5.7.2-1至表5.7.2-6。

表5.7.2-1 强夯风险辨控

序号	工序	风险因素	风险等级	可能造成的后果		主要防控措施
				事故类型	伤害形式	
1	施工准备	作业区未封闭管理	III	机械伤害	无关人员进入作业区域,被落下的重锤砸伤	1. 应封闭管理; 2. 设置安全警示标志; 3. 派专人监护
		施工场地未进行必要的处理	I	机械伤害	强夯机发生倾覆,伤害人员	1. 应采取必要的排水措施; 2. 应进行整平,地基承载力应满足要求
		未对机械设备行走区域进行必要的场地处理	I	机械伤害	机械发生倾覆,伤害人员	1. 应采取必要的场地处理措施; 2. 应采取措施,防止机械设备发生倾覆
2	作业	未采取安全防护措施	II	高处坠落、其他伤害	造成飞石伤人,粉尘迷眼	1. 吊锤机械驾驶室前应设置防护网; 2. 驾驶员应佩戴防护眼镜等
		未按方案进行试夯	II	起重伤害	夯锤在提升过程中掉落,砸伤作业人员	1. 应施工方案试夯,试夯后方可进行强夯作业; 2. 各方应就绪后,方可进行夯打
		强夯机未设置必要的避雷设施,变换夯位时,未检查门架支腿(如果有)是否牢固	I	触电、机械伤害	被雷击或机架在起锤及落锤时,发生倾覆,伤害人员	1. 夯机顶部应设置避雷设施; 2. 变换夯位时,应检查门架支腿是否牢固; 3. 行走时,应采取安全措施以防止强夯机倾覆
		干燥天气进行强夯,未采取安全措施	III	其他伤害	尘土进入作业人员呼吸道,危害健康	1. 应洒水降尘土; 2. 作业人员应佩戴好安全防护用品
		6级(含6级)以上大风、雷电、大雾、大雨或大雪等恶劣天气,进行强夯作业	I	机械伤害	机械倾倒,作业人员受到伤害	1. 严禁强夯作业; 2. 应采取安全防护措施

表 5.7.2-2 振沉砂(碎石)桩风险辨控

序号	工序	风险因素	风险等级	可能造成的后果		主要防控措施
				事故类型	伤害形式	
1	施工准备	作业区域未设置安全警戒线	Ⅲ	机械伤害	无关人员进入作业区域,翻动现场的电源线、送水管道,造成施工出现故障,发生伤害	1.应设置安全警戒线; 2.设置安全警示标志; 3.派专人监护
		施工场地未进行必要的处理	Ⅰ	机械伤害	强夯机发生倾覆,伤害人员	1.应采取必要的排水措施; 2.应进行整平,地基承载力应满足要求
		未对机械设备行走区域进行必要的场地处理	Ⅰ	机械伤害	机械发生倾覆,伤害人员	1.应采取必要的场地处理措施; 2.应采取措施防止机械设备倾覆
2	造孔	射水管插入胶管的接头长度不够	Ⅱ	触电	漏水,引起振冲器电机短路,发生伤害	1.射水管插入胶管的接头长度应满足有关要求; 2.确保射水管和胶管连接牢固
		造孔过程中突然停电,强行提拔振冲器	Ⅱ	物体打击	绳索断裂,伤害作业人员	1.严禁强行提拔振冲器; 2.应尽快恢复或使用备用电源
3	制桩	灌料斗下方站人	Ⅱ	物体打击	被填料砸伤	1.严禁灌料斗下方站人; 2.灌料斗插入套管后,应待其稳定后再灌料
		拔管高度、速度及振动频率不满足设计要求	Ⅰ	机械伤害	桩孔发生坍塌,振冲器发生倾斜失稳,造成伤害	1.应满足设计要求; 2.拔管过程中发现软弱地段或下料不足时,应及时进行反插

表 5.7.2-3 CFG(水泥粉煤灰碎石)桩风险辨控

序号	工序	风险因素	风险等级	可能造成的后果		主要防控措施
				事故类型	伤害形式	
1	施工准备	施工场地未进行必要的处理	Ⅰ	机械伤害	强夯机发生倾覆,伤害人员	1.应采取必要的排水措施; 2.应进行整平,地基承载力应满足要求
		未对机械设备行走区域进行必要的场地处理	Ⅰ	机械伤害	机械发生倾覆,伤害人员	1.应采取必要的场地处理措施; 2.应采取措施防止机械设备倾覆
		长螺旋钻机就位地段不平整、不坚实	Ⅰ	机械伤害	钻机倾斜、抖动,伤害作业人员	1.应对就位地段进行垫层处理; 2.确保地段平整、坚实
		长螺旋钻机未设置缆风绳	Ⅰ	机械伤害	钻机倾覆,压伤作业人员	1.应设置缆风绳; 2.应定期进行检查

续上表

序号	工序	风险因素	风险等级	可能造成的后果		主要防控措施
				事故类型	伤害形式	
2	钻孔	钻孔时,有人员在孔口和钻机附近停留	Ⅱ	坍塌	孔壁坍塌,发生伤害	1.孔口附近不得站人; 2.非作业人员不得在钻机附近停留
		在软硬地层交界处钻进时,速度太快	Ⅱ	机械伤害	钻机倾覆,伤害作业人员	1.缓慢钻进,保证钻杆垂直; 2.发现钻杆摇晃时,应放慢进尺
		因故停钻时,未对孔口进行保护	Ⅲ	高处坠落	作业人员掉入孔内	1.应加盖保护; 2.严禁孔口堆积重物
		移动钻机、钻杆时,与高低压架空线路距离不满足安全要求	Ⅰ	触电	触碰架空线路,甚至刮断,发生触电	1.与高低压架空线路距离应满足安全要求; 2.不满足要求时,应采取安全措施
3	泵送混合料及提钻杆	未按要求安装及固定输送泵	Ⅱ	物体打击	管道在受压时摆动或喷出物料,伤害人员	1.输送泵应安装稳固,松软地面泵车支腿应加垫木; 2.管道布设应平顺,安装应固定牢靠; 3.接头和卡箍应密封、紧固

表 5.7.2-4 旋喷桩风险辨控

序号	工序	风险因素	风险等级	可能造成的后果		主要防控措施
				事故类型	伤害形式	
1	施工准备	施工场地未进行必要的处理	Ⅰ	机械伤害	强夯机发生倾覆,伤害人员	1.应采取必要的排水措施; 2.应进行整平,地基承载力应满足要求
		未对机械设备行走区域进行必要的场地处理	Ⅰ	机械伤害	机械发生倾覆,伤害人员	1.应采取必要的场地处理措施; 2.应采取措施防止机械设备倾覆
		钻机就位地段不平整、不坚实	Ⅰ	机械伤害	钻机倾斜、抖动,伤害作业人员	1.应对就位地段进行垫层处理; 2.确保地段平整、坚实
2	钻孔	钻孔风险辨控详见表 5.7.2-3				
3	插管	高压胶管超压使用	Ⅰ	物体打击	胶管崩裂,高压浆液打伤人员	1.不得超压使用; 2.使用时,弯曲半径不应小于规定弯曲半径

续上表

序号	工序	风险因素	风险等级	可能造成的后果		主要防控措施
				事故类型	伤害形式	
4	注浆	注浆前,未对高压设备和管路系统进行调试	II	机械伤害	高压浆液喷溅,伤害作业人员	1.应对高压设备和管路系统进行调试; 2.应确保高压设备和管路系统的密封圈完好; 3.各管道和喷嘴内不得有杂物
		注浆过程中,需要拆卸注浆管时,直接停机进行拆卸	I	机械伤害	空压机、高压泵、注浆泵等未完全停止工作,就进行拆卸,发生伤害	1.先停止提升、回转和送浆; 2.然后逐渐减少风量和水量; 3.最后停机,停机后再进行拆卸

表 5.7.2-5 粉喷桩风险辨控

序号	工序	风险因素	风险等级	可能造成的后果		主要防控措施
				事故类型	伤害形式	
1	施工准备	施工场地未进行必要的处理	I	机械伤害	强夯机发生倾覆,伤害人员	1.应采取必要的排水措施; 2.应进行整平,地基承载力应满足要求
		未对机械设备行走区域进行必要的场地处理	I	机械伤害	机械发生倾覆,伤害人员	1.应采取必要的场地处理措施; 2.应采取措施,防止机械设备倾覆
		钻机就位地段不平整、不坚实	I	机械伤害	钻机倾斜、振动,伤害作业人员	1.应对就位地段进行垫层处理; 2.确保地段平整、坚实
2	钻孔	钻孔详见表 5.7.2-3				
3	喷粉成桩	作业人员未采取安全防护措施	III	机械伤害、其他伤害	粉末溅入眼睛,伤害眼睛,或错误操作喷粉桩机,发生伤害	1.必须佩戴符合规定的防尘眼镜、防尘口罩等安全防护用品; 2.防护用品应定期进行更换

表 5.7.2-6 真空预压风险辨控

序号	工序	风险因素	风险等级	可能造成的后果		主要防控措施
				事故类型	伤害形式	
1	施工准备	施工场地未进行必要的处理	I	机械伤害	强夯机发生倾覆,伤害人员	1.应采取必要的排水措施; 2.应进行整平,地基承载力应满足要求
		未对机械设备行走区域进行必要的场地处理	I	机械伤害	机械发生倾覆,伤害人员	1.应采取必要的场地处理措施; 2.应采取措施防止机械设备倾覆

续上表

序号	工序	风险因素	风险等级	可能造成的后果		主要防控措施
				事故类型	伤害形式	
2	打设塑料排水板	插板机作业场地未进行地基处理	I	机械伤害	土体承载力差,作业中不均匀下沉,造成插板机倾覆,发生伤害	1.应进行地基处理; 2.确保地段平整、坚实
3	铺设滤管	未将滤管的铁丝接头埋入砂层中	III	其他伤害	刺破密封膜,扎伤作业人员	1.应将滤管的铁丝接头埋入砂层中; 2.作业人员应穿好防护鞋等
4	预压	未观察负压对邻近建筑物的影响	II	坍塌	造成邻近建筑不均匀沉降,危及生命	1.埋设传感器监测邻近建筑物的沉降; 2.派专人分析负压对邻近建筑物的影响
		未设置排水通道	III	机械伤害	危及四周道路,发生伤害;机械行走打滑	1.应设置排水通道; 2.不得危及四周道路

5.7.3 典型示范

强夯作业施工风险辨控典型示范,见表5.7.3。

表5.7.3 强夯作业施工风险辨控典型示范

典型示范	风险防控要点
	1.布设彩旗进行围挡,禁止非作业人员进入施工区; 2.设置安全警示牌; 3.远离高压线

5.7.4 警示案例

5.7.4.1 事故基本情况

2013年12月30日凌晨2:20左右,廊坊市某工地打桩机在移动过程中,遇偏软地面导致内陷,打桩机向右侧发生一定角度的倾斜。为加强支撑以保证打桩机平衡,赵某、付某和苏某驾驶挖掘机将两块钢板托运至打桩机南侧,将第一块钢板垫至桩机右后液压支腿。3:30左右,挖掘机向东移动计划将第二块钢板垫至右前液压支腿过程中,由于打桩机重心偏高,内陷后倾倒,砸中正在作业的挖掘机驾驶室,导致挖掘机司机苏某死亡。此次事故造成1人死亡,直接经济损失110万元。

5.7.4.2 事故原因

(1) 直接原因

打桩机在移动过程中,遇偏软地面导致内陷,由于打桩机重心偏高,内陷后倾倒,砸中正在作业的挖掘机驾驶室,导致挖掘机司机死亡。

(2) 间接原因

①建设单位未办理招投标手续和施工许可证,现场无监理单位进行监督管理。

②施工单位安全管理意识淡薄,安全管理制度不健全,未对作业人员进行安全教育培训,未对作业人员进行安全技术交底,未对作业现场认真进行安全检查,日常检查无记录,未及时发现事故现场安全隐患和作业人员违章作业,未采取有效防范措施。

5.7.4.3 对事故有关责任人员的处置

打桩机晚班带班负责人、事故打桩机司机、事故打桩机机主、施工单位桩基工程项目专职安全员、施工单位桩基工程项目生产经理、施工单位桩基工程项目经理等责任人处以不同额度罚款的行政处罚。

5.7.4.4 事故防范措施

(1) 建设单位应办理该工程项目建设施工手续,完善相关手续后派驻监理公司进行施工现场监督,切实依法认真履行监理职责,落实监理责任制度,突出安全监理作用。

(2) 施工单位应高度重视施工现场安全管理工作,严格执行安全生产检查制度,严格落实专职安全管理人员和项目负责人的安全管理职责,彻底消除各类安全隐患;进一步加强全员安全教育培训,落实工人进场"三级教育",大力加强日常安全生产教育培训,认真开展施工安全技术交底工作,使每名施工人员真正了解岗位安全操作规程、相关安全规章制度和工程施工中的各类危险源,全面提升全员安全素质,坚决杜绝各类"三违"现象的发生。

5.8 特殊路基

5.8.1 主要类型

特殊路基施工主要有:滑坡地段路基施工、崩塌与岩堆地段施工、岩溶地区施工、泥石流地区施工、采空区施工、雪崩区与沿江河及水库地区施工。

滑坡地段路基施工主要包括以下方面的风险辨控:滑坡地段附近施工、滑坡治理。

崩塌与岩堆地段施工主要包括以下方面的风险辨控:崩塌与岩堆地段附近施工。

岩溶地区施工主要包括以下方面的风险辨控:岩溶地区附近施工、岩溶处理。

泥石流地区施工主要包括以下方面的风险辨控:泥石流地区附近施工。

采空区施工主要包括以下方面的风险辨控:采空区附近施工、采空区处理。

雪崩区、沿江河及水库地区施工主要包括以下方面的风险辨控:雪崩区、沿江河及水库区。

5.8.2 风险辨控

特殊路基风险辨控见表5.8.2。

表 5.8.2 特殊路基风险辨控

序号	工序	风险因素	风险等级	可能造成的后果 事故类型	可能造成的后果 伤害形式	主要防控措施
1	滑坡地段路基	未在滑坡范围内设置安全警示标志	Ⅱ	坍塌	人员进入滑坡影响范围内,发生滑坡时,受到伤害	1.应在滑坡范围内设置安全警示标志; 2.根据现场情况,设置围挡等防护措施
	滑坡地段附近施工	滑坡影响范围内设置临时生产、生活设施或停放机械、堆放机具等	Ⅰ	坍塌	伤害作业人员、损坏机械机具	1.不得设置临时生产、生活设施; 2.不得停放机械、堆放机具等
		施工用水浸入滑坡地段	Ⅰ	坍塌	滑坡体浸水,抗滑强度降低,发生滑坡,造成伤害	1.施工前应做好截、排水设施,并随开挖随铺砌; 2.严禁施工用水浸入滑坡地段
		未派专人周期性监测滑坡体位移	Ⅰ	坍塌	未及时发现滑坡体失稳,造成伤害	1.应派专人周期性监测滑坡体位移; 2.发现异常情况时,及时上报处理
	滑坡治理	滑坡体上开挖路堑和修筑抗滑支挡构筑物时,大段拉槽开挖	Ⅰ	坍塌	滑坡体失稳,发生滑坡,伤害坡体上的作业人员	1.不得大段拉槽开挖; 2.应分段跳槽开挖,并随挖、随砌、随填、随夯; 3.开挖和砌筑时应加强支撑和临时锚固,并监测其受力状态
		抗滑桩施工时,未清理桩孔上方散落的石块	Ⅱ	物体打击	石块掉落,砸伤作业人员	1.应将桩孔上方一定范围内的散落石块清理干净; 2.停止施工时,应对孔口进行防护
		挡土墙施工时,基坑周围未设置护栏或上下基坑无安全通道	Ⅲ	高处坠落、物体打击	人员不慎掉入基坑内,造成伤害;土石块落入基坑内,伤害人员	1.应设置钢管护栏,并应设挂密目式安全网; 2.上下基坑应设置安全通道
		冰雪融化期开挖滑坡体,雨后立即施工,夜间施工	Ⅰ	坍塌	冰雪融化期,滑坡地段岩土体抗滑强度低,易发生滑坡;夜间施工时,不能及时观测到滑坡体的异常状况,造成伤害	1.冰雪融化期不得开挖滑坡体; 2.雨后不得立即施工; 3.夜间不得施工

续上表

序号	工序		风险因素	风险等级	可能造成的后果		主要防控措施
					事故类型	伤害形式	
2	崩塌与岩堆地段附近施工	崩塌与岩堆地段附近施工	施工前,未对崩塌和岩堆影响范围进行评估	I	坍塌	在崩塌和岩堆影响范围内施工,发生伤害	1.应对崩塌和岩堆影响范围进行评估; 2.应设置安全警示标志
			在崩塌和岩堆影响范围内施工时,未先清理危岩	I	坍塌	危岩掉落,砸伤作业人员	1.应先清理危岩; 2.应根据现场情况,及时配套修建拦截建(构)筑物等防护措施
			未明确刷坡范围就刷坡	I	坍塌	扰动不稳定岩体,石块掉落,砸伤人员	1.应明确刷坡范围后再刷坡; 2.应设置围挡和警示标志
			爆破开挖时,未采取控制爆破技术	I	坍塌	爆破能量过大,导致多处石块掉落,砸伤作业人员	1.应采取控制爆破技术; 2.应加强现场防护及爆破后检查
3	岩溶地区	岩溶地区附近施工	施工前,未采取安全措施	I	高处坠落、坍塌	人员或设备掉入洞穴,路基受水浸泡而失稳,造成伤害	1.应根据洞穴的位置和分布情况,设置明显的警示标志和防护设施; 2.机械设备不得在岩溶洞穴边缘工作; 3.对路基稳定有影响的岩溶水,应进行疏导、引排
		岩溶处理	不稳定洞穴作业或洞内存在的有害气体和物质时,未采取安全措施	I	坍塌、中毒、窒息	洞穴坍塌或作业人员吸入有害气体和物质,造成伤害	1.对不稳定洞穴采取临时支撑设施; 2.应排除洞内存在的有害气体和物质,经检测满足安全要求后,作业人员方可进入
			进行注浆处理时,未监测观察注浆压力和观察周边情况	II	坍塌	注浆压力太大,致使溶洞塌陷,发生伤害	1.应监测注浆压力和观察周边情况; 2.发现异常情况,应及时采取相应措施
4	泥石流地区	泥石流地区附近施工	取土、弃土未避开泥石流的影响	I	坍塌	发生泥石流,造成伤害	1.取土场、弃土场设计时,应避开泥石流的影响; 2.施工过程中应加强观测

续上表

序号	工序		风险因素	风险等级	可能造成的后果		主要防控措施
					事故类型	伤害形式	
5	采空区	采空区附近施工	施工前,未对采空塌陷影响范围进行标识,作业人员和施工机械在影响范围内施工	I	高处坠落、机械伤害	作业人员进入采空塌陷区,发生坠落;机械设备自重荷载以及振动荷载可使采空区塌陷,发生伤害	1. 应对采空塌陷影响范围进行标识,并设置安全警示标志; 2. 应规定作业人员和施工机械作业范围
			在路基边沟及排水沟底部未采取防止地表水渗漏到采空区的措施	I	坍塌	地表水渗漏进入采空区,造成采空区积水,失稳,发生坍塌	1. 结合采空区类型、水文地质条件,编制处治措施; 2. 应采取防止地表水渗漏到采空区的措施
		采空区处理	采空区处理时,未进行地压监测,对稳定性较差的地段未进行支护	I	坍塌	采空区顶板坠落,发生坍塌,造成伤害	1. 应加强作业地点的地压监测工作; 2. 对稳定性较差的地段应进行支护
			天井施工时,作业人员未戴防毒面具	II	中毒	天井内存在有毒气体,发生中毒	1. 应正确佩戴防毒面具等; 2. 应定期进行更换
6	雪崩区与沿江河及水库区	雪崩区	未按规定顺序进行施工	I	坍塌、物体打击	雪崩源头发生崩塌或交叉作业,造成伤害	1. 同一个雪崩区,防雪工程应自雪崩源头开始施工; 2. 雪崩区施工时,上一个单项工程完成后,方可进行相邻的下一个单项工程
		沿江河及水库区	沿河、沿溪地区的高填方、半挖半填、拓宽路段的新老交界面施工时,未按设计要求采取保证路基稳定的措施	I	坍塌	这些路段的新老交界面本身是一个天然的不稳定面,一旦受水流等外力作用,极可能发生坍塌,伤害作业人员	1. 应按设计要求采取保证路基稳定的措施; 2. 汛期时,应编制防汛应急预案、施工方案等

5.8.3 警示案例

5.8.3.1 事故基本情况

2004年4月13日,王某、李某从非法劳务市场私自招募民工进行清槽作业。2004年4月15日分配其中8人在基槽南侧修整边坡,并准备砌筑挡土墙。9:50左右,基槽南侧边坡突然发生坍塌,将在此作业的7人埋在土下。此次事故造成5人死亡,2人受伤。

5.8.3.2 事故原因

(1)直接原因

基槽施工前未编制基槽支护方案,施工过程中既未按照规定比例进行放坡,也未采取有效的支护措施,是此次事故的直接原因。在修理边坡过程中未按照自上而下的顺序施工,而是在基础下部挖掏,是此次事故的技术原因之一,也是导致事故的直接原因。

(2)间接原因

①施工中未对土方边坡进行观测,因此当土方发生位移时,不能及时掌握边坡变化,从而导致事故发生。

②工程现场负责人王某、李某和技术负责人刘某未取得相应执业资格证书,不具备建筑施工专业技术资格,违法组织施工生产活动,违章指挥。

③建设单位违反监理工作程序,未经过监理工程师审查,直接回复同意施工方案,监理工程师现场未检查、未及时发现安全隐患。

5.8.3.3 对事故有关责任人员的处置

(1)工程现场负责人,在施工技术管理方面有明显漏洞。对事故发生负有直接责任,应当依法追究其刑事责任。

(2)该土建工程施工公司经营管理存在严重缺陷,允许非本单位职工王某等人以单位名义承揽工程,对事故发生应负行政管理责任。

(3)该建设单位未进行有效的监督,在王某组织施工生产过程中,无论是对土方施工工艺,还是对劳动力安排,未能按照有关规范对其进行有效监督,对事故发生应负行政管理责任。

5.8.3.4 事故防范措施

(1)依法建立健全企业生产经营管理制度,加强企业生产经营管理。通过完善建筑施工企业资质管理等手段,强化企业自我保护意识,维护企业利益,充分保护作业人员的身体健康和生命安全。

(2)加强土方施工的技术管理。土方工程应该根据工程特点,依照相关地质资料,经勘察和计算编制施工方案,制定土方边坡的支护措施,并确定土方边坡的观测点,定期进行边坡稳定性的观测记录和对监测结果进行分析,及时预报,提出建议和措施。

6 路面工程

6.1 基层与底基层

6.1.1 主要工序

本节风险辨控适用于厂拌或路拌基层与底基层作业。

厂拌基层与底基层施工作业主要包括以下工序：施工准备、稳定土拌和、运输、摊铺、碾压、养护等。

路拌基层与底基层施工作业主要包括以下工序：施工准备、运输、摊铺、稳定土拌和、碾压、养护等。

6.1.2 风险辨控

基层与底基层风险辨控（厂拌、路拌）见表6.1.2-1和表6.1.2-2。

表6.1.2-1 基层与底基层风险辨控（厂拌）

序号	工序	风险因素	风险等级	可能造成的后果		主要防控措施
				事故类型	伤害形式	
1	施工准备	原材料进场时，未设置车辆专用通道	Ⅱ	车辆伤害	车辆倾倒砂石料时发生侧翻，掩埋人员；车辆造成人员伤亡	1. 应设置车辆专用通道；2. 应派专人指挥，指挥人员必须注意观察周边环境
		水泥、砂石料未按要求堆放	Ⅱ	坍塌	袋装水泥、砂石料坍塌，压伤人员	1. 袋装水泥应交错整齐码放，高度不超过10袋，且不得靠墙；2. 砂石料堆放不得超过规定高度
2	稳定土拌和	拌和站未设置安全防护设施	Ⅲ	高处坠落	爬梯脚蹬松动、防护装置失效，造成伤害	1. 爬梯应设置安全网；2. 传料带应设置安全网
		检修电路和搅拌机时，未切断电源	Ⅰ	触电、机械伤害	触碰电路，造成伤害；误操作搅拌机，造成人员伤亡	1. 检修时应切断电源，锁定安全保护装置；2. 应悬挂"严禁合闸"等安全警示标志；3. 应安排专人监护
		高处进行拌和机检修时的风险辨控，详见表4.9.2				

6 路面工程

续上表

序号	工序	风险因素	风险等级	可能造成的后果		主要防控措施
				事故类型	伤害形式	
3	运输	运输车辆未在专人指挥下进出拌和站	II	车辆伤害	运输车辆撞伤人员	1. 应在专人指挥下进出拌和站; 2. 应按规定路线行驶,不得超速
		装料车超载或载人	II	车辆伤害	车辆重心不稳,翻车	1. 应根据车辆的吨位进行装料,严禁超载、超高; 2. 严禁运输车辆运送人员
		自卸车装、卸料时,未检查周边环境	III	触电、车辆伤害、其他伤害	车斗刮到电线、人员等,造成伤害	1. 装、卸料时,料斗下方禁止人员通过; 2. 应检查上空有无架空电线电缆
		自卸车卸料后,车厢未复位就上车清理残料或起步行驶	III	车辆伤害	车厢在行驶中掉落,碰伤人员	1. 车斗应复位后,再上车清理残料或起步行驶; 2. 应在专人指挥下进行卸料
4	摊铺	施工区未采取防护设施	II	车辆伤害	行车道车辆撞伤施工区内作业人员	1. 半幅施工区与行车道之间应设置隔离设置; 2. 半幅通车路段应设置行车安全警示标志; 3. 摊铺现场应设置交通管制,严禁非施工车辆随意进出
		摊铺作业前,未观察周边环境	II	机械伤害	摊铺机撞伤人员	1. 应观察周边环境,确保前方无人; 2. 发现前方工作区域存在障碍时,应及时清除
		摊铺作业时,驾驶员擅离岗位	II	机械伤害	无关人员错误驾驶,撞伤人员;作业人员擅离岗位,不能及时挪动车辆,发生碰撞	1. 驾驶员不得擅离岗位; 2. 无关人员不得进入驾驶室; 3. 驾驶员应遵守安全操作规程,严禁强行挂挡、坡道上换挡、空挡滑行、急剧转向等
		摊铺机临时停放时,未在机旁设置安全警示标志	III	机械伤害	作业人员碰到摊铺机上,发生伤害	1. 应在摊铺机旁设置安全警示标志; 2. 夜间应设置反光装置或爆闪装置
5	碾压	压路机启动前,未检查周边环境	II	机械伤害	压路机倾覆,砸伤驾驶员;压路机撞伤人员	1. 驾驶员应确认压路机检查前后、左右无障碍物和人员时,再启动压路机; 2. 压路机不得在坚硬路面振动行走

续上表

序号	工序	风险因素	风险等级	可能造成的后果		主要防控措施
				事故类型	伤害形式	
5	碾压	两台以上压路机同时碾压或在坡道上纵队行驶时,其间距不满足安全要求	Ⅲ	机械伤害	压路机碰撞,造成伤害	1.两台以上压路机同时碾压时,其前后间距不得小于3m; 2.坡道上纵队行驶时,其间距不得小于20m
		压路机下坡时,换挡或溜放	Ⅲ	机械伤害	压路机不能及时制动,撞伤人员	1.严禁换挡或溜放; 2.应采用事先确定好的挡位
		利用换向离合器进行制动	Ⅲ	机械伤害	制动不彻底而溜车,撞伤人员	1.禁止利用换向离合器进行制动; 2.应采用制动离合器进行制动
		压路机未熄火就进行机下检修	Ⅱ	机械伤害	压路机碾压人员	1.压路机熄火、进行支垫后,方可进行机下检修; 2.应安排专人监护
6	养护	养护期内,未实行交通管制	Ⅲ	车辆伤害	车辆之间或车辆与人员之间发生碰撞,造成伤害	1.应实行交通管制; 2.采用水车洒水进行洒水养护时,除洒水车外,其他车辆不得通行
7	夜间施工	设施不全或照明不足	Ⅱ	触电、机械伤害、车辆伤害	施工人员触电造成伤害;施工车辆或设备碰撞人员伤害;车辆或设备与人员碰撞,导致人员伤害	1.现场作业人员应身穿反光服; 2.路口、危险路段及桥引道应设置警示灯或发光标志; 3.施工设备均应有照明设备和明显的警示标志; 4.照明应满足夜间施工要求

表6.1.2-2 基层与底基层风险辨控(路拌)

序号	工序	风险因素	风险等级	可能造成的后果		主要防控措施
				事故类型	伤害形式	
1	施工准备	石灰池周边未采取防护设施	Ⅲ	灼烫、其他伤害	石灰溅落,灼伤作业人员;石灰迷眼,伤害眼睛	1.应设置安全通道及"注意安全"警示标志; 2.人员应远避
		石灰消解时,作业人员操作不当	Ⅲ	灼烫、其他伤害	石灰溅落,灼伤作业人员;石灰伤害眼睛	1.操作人员应站在上风处操作,大风天气不得翻动粉状材料; 2.浸水过程中不得边投料边翻拌; 3.应佩戴防护眼罩和口罩等防护用品
		袋装水泥、砂石料未按要求堆放	Ⅱ	坍塌	材料坍塌,压伤人员	1.袋装水泥应交错整齐码放,高度不超过10袋,且不得靠墙; 2.砂石料堆放不得超过规定高度

续上表

序号	工序	风险因素	风险等级	可能造成的后果		主要防控措施
				事故类型	伤害形式	
2	运输	水泥运输过程中,未采取安全防护措施	III	物体打击、其他伤害	粉尘飞溅或水泥袋掉落,造成伤害	1. 散装水泥应采用篷布等进行覆盖; 2. 袋装水泥应堆放牢固,并采取防潮措施
		运输过程中的其他风险辨控,详见表6.1.2-1				
3	摊铺	摊铺风险辨控详见表6.1.2-1				
4	稳定土拌和	拌和机未采取安全防护设施	III	机械伤害、触电	机械被雷击或发生其他故障等,造成伤害	1. 应设置避雷设施; 2. 料斗应设置保险钩
		拌和机拌和时,未注意到障碍物或高压线	III	机械伤害、触电	机械发生倾覆;雷击造成触电事故	1. 应清除障碍物,避让高压线; 2. 应安排专人监护
		检修电路和拌和机时,未切断电源	III	触电、机械伤害	触碰带电线路,发生伤害;误操作拌和机,造成人员伤亡	1. 检修时应切断电源,锁定安全保护装置; 2. 悬挂"严禁合闸"等安全警示标志; 3. 应安排专人监护
		高处进行拌和机检修风险辨控,详见表4.9.2				
5	碾压	碾压风险辨控详见表6.1.2-1				
6	养护	养护风险辨控详见表6.1.2-1				

6.1.3 警示案例

6.1.3.1 事故基本情况

2014年1月18日,青岛市某工地自卸车司机杨某发现自卸车液压系统失灵,无法将车斗升起。9:40左右,何某躺到车下面修车,杨某将自卸车发动试车并踩油门,车斗升起1/3行程,大约有1m的高度,车斗突然落下把何某的头部和上半身夹住。何某经抢救无效死亡。此次事故造成1人死亡,直接经济损失约65万元。

6.1.3.2 事故原因

(1)直接原因

何某在对自卸车进行维修的过程中,在未将升起的满载车斗支撑牢固的情况下,将头及上胸探入不能保证安全的满载车斗下方,导致车斗下落后压伤头、胸部,是导致事故发生的直接原因。

(2)间接原因

①某隧道集团分公司对项目部安全监管不到位,未能严格教育、督促从业人员严格执行本单位的安全生产规章制度和安全操作规程。

②四川某建设监理公司未依法履行安全监理职责,未及时发现违章作业。

6.1.3.3 对事故有关责任人员的处置

依据《生产安全事故报告和调查处理条例》,对某隧道集团分公司及王某等责任人给予罚款的行政处罚;由市政工程建设行政主管部门对四川某建设监理公司依法给予行政处罚。

6.1.3.4 事故防范措施

(1)建设部门应认真履行安全生产管理职责,在紧抓施工质量、进度的同时,加强安全监督管理,切实督促企业落实安全生产主体责任,督促企业加强对从业人员的安全教育力度,防止此类违法行为的发生。

(2)施工单位应认真吸取本次事故的教训,全面排查工程施工安全管理情况,加强安全巡检力度,规范安全文明施工,加强对从业人员的安全教育培训,落实各级安全生产责任制,对违章作业、冒险作业等行为要坚决予以制止,切实强化现场的安全管理,坚决杜绝类似事故和违法行为的再次发生。

(3)监理单位应认真履行安全管理职责,举一反三,加强现场安全监理,及时发现并消除安全隐患。

6.2 沥青面层

6.2.1 主要工序

沥青面层施工作业主要包括以下工序:施工准备、(乳化)沥青洒布、拌和、运输、摊铺、碾压等。

6.2.2 风险辨控

沥青面层风险辨控见表6.2.2。

表6.2.2 沥青面层风险辨控

序号	工序	风险因素	风险等级	可能造成的后果		主要防控措施
				事故类型	伤害形式	
1	施工准备	消防器材配备数量不足或失效	Ⅱ	火灾	无法快速、有效地灭火,造成人员伤亡和财产损失	1. 消防器材存放整齐,挂设醒目安全标志,并进行经常性检查与维护; 2. 动火作业区域灭火器数量,应每50m²不少于3具; 3. 易燃易爆危险品使用场所灭火器数量,应每50m²不少于3具
		作业人员未佩戴安全防护用品	Ⅲ	中毒和窒息	呼入有毒气体,造成伤害	应配备防尘口罩、防护药膏等劳动卫生用品

续上表

序号	工序	风险因素	风险等级	可能造成的后果		主要防控措施
				事故类型	伤害形式	
2	(乳化)沥青洒布	洒布车行驶中使用加热系统	Ⅲ	火灾	沥青着火,烧伤人员	1. 不得使用加热系统; 2. 洒布地段不得使用明火
		喷射沥青时,逆风操作	Ⅲ	灼烫	沥青飞溅,烫伤人员	1. 应注意风向,不得逆风操作; 2. 大风天气,不得喷洒沥青
		喷射沥青时,未采取安全防护措施	Ⅲ	灼烫	高温喷油管或沥青烫伤人员	1. 手握的喷油管部分应缠麻袋或石棉绳等隔热材料; 2. 喷头不得向上,喷头10m范围内不得站人
3	拌和	用液态沥青车运送时,遇有弯道、下坡未提前减速	Ⅲ	车辆伤害	车辆发生事故,造成伤害	1. 遇弯道、下坡等应提前减速,尽量避免紧急制动; 2. 应始终保持中速行驶; 3. 不得将车停放在坡度较大的路段
		吊起的沥青桶从运输车驾驶室或人员上方越过	Ⅱ	物体打击	吊桶掉下砸伤人员	1. 禁止吊起的沥青桶从运输车的驾驶室上空越过; 2. 严禁吊臂旋转半径范围内站人; 3. 沥青桶未平稳落地前,严禁卸、取吊绳; 4. 应安排人指挥
		人工运送液态沥青时,装油量过多	Ⅲ	灼烫、物体打击	沥青晃动掉落,伤害人员	1. 人工运送液态沥青时,装油量不得超过容器的2/3; 2. 应采取防爆、防火等措施
		沥青脱桶、导热油加热沥青作业时,未采取防护措施	Ⅲ	灼烫	导热油烫伤人员	1. 应采取防火、防烫伤措施; 2. 作业人员应佩戴好安全防护用品
		运输车辆卸料时,无专人指挥	Ⅲ	车辆伤害	车辆碰伤人员	1. 应派专人指挥; 2. 应按规定路线进出场
		加热炉等使用前未进行检查	Ⅲ	容器爆炸	加热炉等发生爆炸,伤害人员	1. 加热炉使用前,应进行耐压试验,且水压力不得低于额定工作压力2倍; 2. 应检查加热炉、超压超温报警系统,并确认仪表读数正常
		拌和站未设置安全防护设施	Ⅲ	高处坠落	人员从高处坠落,造成伤亡	1. 需要经常检查的立置应设置爬梯、安全网等防护装置; 2. 当采用皮带输送机上料时,储料仓应设置防护装置
		检查储油罐沥青储存量时,使用明火照明	Ⅲ	火灾	沥青着火,烧伤作业人员	1. 严禁使用明火照明; 2. 罐体上一般不设照明,必要时应选用防爆型灯具

续上表

序号	工序	风险因素	风险等级	可能造成的后果		主要防控措施
				事故类型	伤害形式	
3	拌和	清理或检修搅拌鼓时,未切断电源	I	触电、机械伤害	人员触电或被卷绞伤	1.应切断电源、锁定安全保护装置; 2.应悬挂"严禁合闸"等安全警示标志; 3.应派专人监护
4	运输	运输车辆未在专人指挥下进出拌和站	II	车辆伤害	运输车辆撞伤人员	1.应在专人指挥下进出拌和站; 2.应按规定路线行驶,不得超速
		装料车超载或载人	II	车辆伤害	车辆重心不稳,翻车	1.应根据车辆的吨位进行装料,严禁超载、超高; 2.严禁运输车辆运送人员
		自卸车装、卸料时,未检查周边环境	III	触电、车辆伤害、其他伤害	车斗刮到电线、人员等,造成伤害	1.装、卸料时,料斗下方禁止人员通过; 2.应检查上空有无架空电线电缆
		自卸车卸料后,车厢未复位就上车清理残料或起步行驶	III	车辆伤害	车厢在行驶中掉落,碰伤人员	1.车斗复位后,再上车清理残料或起步行驶; 2.应在专人指挥下进行卸料
		向摊铺机卸料时,未和摊铺机协同工作	II	机械伤害	运料车与摊铺机发生碰撞,造成人员伤害	1.应和摊铺机协同工作,同步行进; 2.应安排专人指挥
5	摊铺	沥青混合料进行高温摊铺时,作业人员未采取安全防护措施	III	灼烫、中毒	烫伤作业人员	1.应佩戴口罩等安全防护用品,防止烫伤或中毒; 2.应配备急救箱
		施工区未采取防护设施	II	车辆伤害	行车道车辆撞伤施工区内作业人员	1.半幅施工区与行车道之间应设置隔离设置; 2.半幅通车路段应设置行车安全警示标志; 3.摊铺现场应设置交通管制,严禁非施工车辆随意进出
		摊铺作业前,未观察周边环境	II	机械伤害	摊铺机撞伤人员	1.应观察周边环境,确保前方无人; 2.发现前方工作区域存在障碍时,应及时清除
		摊铺作业时,驾驶员擅离岗位	II	机械伤害	无关人员错误驾驶,撞伤人员;作业人员擅离岗位,不能及时挪动车辆,发生碰撞	1.驾驶员不得擅离岗位; 2.无关人员不得进入驾驶室; 3.驾驶员应遵守安全操作规程,严禁强行挂挡、坡道上换挡、空挡滑行、急剧转向等

续上表

序号	工序	风险因素	风险等级	可能造成的后果		主要防控措施
				事故类型	伤害形式	
5	摊铺	摊铺机临时停放时,未在机旁设置安全警示标志	Ⅲ	机械伤害	作业人员碰到摊铺机上,发生伤害	1.应在摊铺机旁设置安全警示标志; 2.夜间应设置反光装置或爆闪装置
6	碾压	压路机启动前,未检查周边环境	Ⅱ	机械伤害	压路机倾覆,砸伤驾驶员;压路机撞伤人员	1.驾驶员应确认压路机检查前后、左右无障碍物和人员时,再启动压路机; 2.压路机不得在坚硬路面振动行走
		两台以上压路机同时碾压或在坡道上纵队行驶时,其间距不满足安全要求	Ⅲ	机械伤害	压路机碰撞,造成伤害	1.两台以上压路机同时碾压时,其前后间距不得小于3m; 2.坡道上纵队行驶时,其间距不得小于20m
		压路机下坡时,换挡或溜放	Ⅲ	机械伤害	压路机不能及时制动,撞伤人员	1.严禁换挡或溜放; 2.应采用合适的挡位
		利用换向离合器进行制动	Ⅲ	机械伤害	制动不彻底而溜车,撞伤人员	1.禁止利用换向离合器进行制动; 2.应采用制动离合器进行制动
		压路机未熄火就进行机下检修	Ⅱ	机械伤害	压路机碾压人员	1.压路机熄火、进行支垫后,方可进行机下检修; 2.应安排专人监护
		摊铺机停止作业后,未将熨平板放到地面	Ⅲ	机械伤害	碰伤人员或损坏设备	1.应将熨平板放到地面; 2.应用挂钩挂牢

6.3 水泥混凝土面层

6.3.1 主要工序

水泥混凝土面层施工作业主要包括以下工序:施工准备、拌和、运输、摊铺及振捣、养护、刻槽、切缝等。

6.3.2 风险辨控

水泥混凝土面层风险辨控,见表6.3.2。

表 6.3.2　水泥混凝土面层风险辨控

序号	工序	风险因素	风险等级	可能造成的后果		主要防控措施
				事故类型	伤害形式	
1	施工准备	施工准备风险辨控详见表4.5.2				
2	拌和	拌和风险辨控详见表4.5.2				
3	运输	运输车辆驾驶员未在专人指挥下进出施工现场	Ⅱ	车辆伤害	运输车辆撞伤路人	1.应在专人指挥下进出施工现场； 2.应按规定路线行驶，不得超速
		搅拌车运输过程中有混凝土遗洒	Ⅱ	车辆伤害	遗洒的混凝土飞溅，遮挡后方驾驶员视线，发生车辆伤害	1.应经常观察反光镜，查看是否有混凝土遗洒； 2.根据混凝土遗洒情况及时调整车速
		维修或清理混凝土搅拌车时，未采取安全措施	Ⅰ	车辆伤害	搅拌车伤害维修人员	1.确保发动机和液压泵无压力后，再进行维修； 2.清理搅拌筒内的结块时，应熄灭车辆、关掉电门、派专人监护
4	摊铺及振捣	随意抛掷钢模	Ⅲ	物体打击	砸伤人员	1.严禁随意抛掷； 2.应将钢模放在规定区域内
		施工区未采取防护设施	Ⅱ	车辆伤害	行车道车辆撞伤施工区内作业人员	1.半幅施工区与行车道之间，应设置隔离设置； 2.半幅通车路段，应设置行车安全警示标志； 3.摊铺现场应设置交通管制，严禁非施工车辆随意进出
		布料机与摊铺机的间距不满足安全要求	Ⅱ	机械伤害	发生碰撞，造成伤害	1.布料机与滑模摊铺机之间的施工距离宜为5~10m； 2.布料速度与摊铺速度应协调一致
		摊铺作业前，未观察周边环境	Ⅱ	机械伤害	摊铺机撞伤人员	1.应观察周边环境，确保前方无人； 2.发现前方工作区域存在障碍时，应及时清除
		摊铺作业时，驾驶员擅离岗位	Ⅱ	机械伤害	无关人员错误驾驶，撞伤人员；作业人员擅离岗位，不能及时挪动车辆，发生碰撞	1.驾驶员不得擅离岗位； 2.无关人员不得进入驾驶室； 3.驾驶员应遵守安全操作规程，严禁强行挂挡，严禁坡道上换挡、空挡滑行、急剧转向等
		摊铺机临时停放时，未在机旁设置安全警示标志	Ⅲ	机械伤害	作业人员碰到摊铺机上，发生伤害	1.应在摊铺机旁设置安全警示标志； 2.夜间应设置反光装置或爆闪装置
		振捣风险辨控，详见表4.5.2				

续上表

序号	工序	风险因素	风险等级	可能造成的后果		主要防控措施
				事故类型	伤害形式	
5	养护	养护风险辨控,详见表4.5.2				
6	刻槽	刻槽时,未采取安全措施	Ⅲ	机械伤害	机械伤害人员	1.应设置警戒区,并派专人监护; 2.应选择适当的刻槽速度
7	切缝	切缝时,未设置警戒区	Ⅲ	机械伤害	机械伤害人员	1.应设置安全警戒区; 2.应安排专人监护
		切缝机作业时,刀片正面站人	Ⅲ	机械伤害	刀片飞出,伤害作业人员	1.禁止刀片正面站人; 2.切缝时,刀片应缓缓切入
		切缝遇较大阻力时,未停止作业	Ⅲ	机械伤害	磨损机械,伤害人员	1.应立即停止作业; 2.应进行检查

7 桥涵工程

7.1 人工挖孔桩

7.1.1 主要工序

人工挖孔桩施工作业主要包括以下工序：施工准备、开挖、护壁、取渣土、浇筑混凝土。

7.1.2 风险辨控

人工挖孔桩风险辨控，见表7.1.2。

表7.1.2 人工挖孔桩风险辨控

序号	工序	风险因素	风险等级	可能造成的后果		主要防控措施
				事故类型	伤害形式	
1	施工准备	准备工作不完善	I	坍塌、高处坠落、物体打击	土块、石块掉入孔下，砸伤孔下人员；孔口作业人员坠落，发生伤害	1. 必须编制专项施工方案，并通过审批； 2. 施工前必须对机械设备、护壁、周围作业环境等进行检查； 3. 作业人员必须佩戴安全帽、防滑鞋及安全带等个人防护用品
		电梯用电未接地或接地不良	II	触电、高处坠落	雷击或漏电伤害人员；电梯使用中坠落，造成人员伤亡	1. 由专业机构安装电梯； 2. 定期检修与维护保养
		未及时掌握汛情	II	坍塌、淹溺	地表水或地下水位上升造成孔壁坍塌，人员伤亡	1. 施工期每天关注天气预报，以及上游降雨情况； 2. 恶劣天气禁止施工
2	开挖	孔口未设置安全防护设施或安全警示标志	II	高处坠落	作业人员掉入孔内，造成伤害	1. 孔口应设置安全防护围栏进行封闭； 2. 应设置警告标志、警示灯； 3. 无人施工时锁闭孔口，安设井筛子
		桩孔内设置的攀爬设施不符合要求	II	高处坠落	作业人员上下桩孔时坠落，造成伤害	1. 挖孔过程中，桩孔内必须设置带护笼的施工直梯（或软爬梯），且梯间距宜不大于300mm，梯内侧净宽不小于300mm； 2. 随挖孔深度增加，直梯（或软爬梯）应加长至工作面

续上表

序号	工序	风险因素	风险等级	可能造成的后果		主要防控措施
				事故类型	伤害形式	
2	开挖	未结合孔内环境采用安全照明,未进行安全用电	Ⅱ	触电	孔内作业空间狭小且潮湿,造成作业人员触电	1.孔内照明应采用36V以下的安全电压; 2.应采用防爆灯泡和防水电缆
		孔下作业人员未按要求检测孔内空气成分及浓度,或未按方案进行孔内通风换气	Ⅰ	中毒和窒息	孔下存在有毒气体,发生中毒;孔下氧气不足,发生窒息事故	1.应配备气体检测仪器; 2.班前及作业过程中每两小时应检测一次孔内有毒、有害气体浓度; 3.应按方案对孔内进行通风换气
		同时开挖相邻桩孔	Ⅱ	坍塌	土体失稳坍塌,掩埋孔内作业人员	1.应严格按施工方案进行施工; 2.严禁相邻桩孔同时开挖
		未结合地质情况及时调整开挖的深度	Ⅰ	坍塌	孔壁不稳定,发生坍塌事故	应按施工方案规定的分层深度进行开挖,严禁超挖
		作业人员未定期检查孔壁稳定性	Ⅰ	坍塌	桩孔坍塌,砸伤孔内人员	1.作业前必须检查孔壁稳定性; 2.作业过程中应定期检查孔壁稳定性
		孔内作业人员连续作业	Ⅲ	窒息	缺氧造成伤害	1.作业人员应结合工作强度与自身身体状态及时返回地面休息; 2.孔内连续作业时间不超2h
		孔口作业人员未系安全绳	Ⅱ	高处坠落	作业人员坠入孔内	1.按要求系挂安全绳; 2.禁止单人作业,安排专人监护
		地面作业人员与孔内作业人员协调通信不到位	Ⅲ	中毒和窒息、物体打击、其他伤害	孔上作业人员掉落器具,砸伤孔下人员;孔下人员呼吸不适未被及时发现,造成伤害	1.地面人员应提高安全意识,密切关注孔内人员状况; 2.应佩戴对讲机等通信急救设备
		爆破前孔内作业人员未撤离	Ⅰ	物体打击、放炮	相邻桩孔护壁坍塌,炸伤孔下作业人员	1.爆破前设置安全警戒区; 2.孔内及相邻孔内作业人员及时撤离至安全区域
		爆破后作业人员立即进入孔内作业	Ⅰ	中毒和窒息	孔内存在一氧化碳等有毒有害气体,造成中毒和窒息	1.爆破后应用鼓风机等通风设备将孔内有毒、有害气体排出; 2.应检测孔内气体成分及浓度,合格后,方可下孔作业
		土层中有水或流沙时,未采取措施仍继续施工	Ⅱ	透水、坍塌	孔内透水淹溺作业人员;孔内流沙造成孔壁坍塌,掩埋作业人员	1.施工过程中发现土层中有水时,待疏干后,方可继续施工; 2.施工过程中发现土层中有流沙,必须采取一定的处理措施后,方可继续施工

续上表

序号	工序	风险因素	风险等级	可能造成的后果 事故类型	伤害形式	主要防控措施
3	护壁	护壁顶未超出地面或超出地面高度不足	Ⅲ	物体打击	孔口上方杂物掉入孔下,砸伤孔下人员	护壁顶距地面高度应大于30cm
		混凝土护壁厚度、强度等不符合设计要求或养护时间不够	Ⅰ	坍塌	护壁强度承受不了孔壁的侧压力,孔壁坍塌	1. 应严格按照设计方案进行施工; 2. 浇筑完24h后,拆模
4	取渣土	卷扬机制动失效	Ⅱ	起重伤害	起吊物坠落,砸伤孔下人员	1. 保持润滑良好; 2. 配备停电自动制动装置
		出渣土未检查工具的安全性或吊斗未系安全绳	Ⅱ	起重伤害	钢丝绳断裂或吊斗坠落,砸伤孔下人员	1. 采用卷扬机出土,应定期检查钢丝绳,确保无缺口、裂纹,且强度达到提升要求; 2. 应检查吊斗及安全绳的完好性
		孔口未设置安全防护设施	Ⅱ	物体打击	物体掉落砸伤孔内作业人员	孔口应设置安全防护棚等防护设置
5	浇筑混凝土	桩基成孔后孔口未进行覆盖或防护不符合要求	Ⅱ	高处坠落	人员不慎坠落孔内,造成伤亡	1. 孔口设置安全防护围栏进行封闭; 2. 应设置警告标志、警示灯
		浇筑桩芯混凝土时,邻孔作业人员未撤至孔外	Ⅱ	坍塌	邻孔受侧压力作用失稳,砸伤孔内人员	1. 加强施工安全技术交底; 2. 浇筑混凝土时,邻孔禁止作业

7.1.3 典型示范

人工挖孔桩施工风险防控典型示范,见表7.1.3。

表7.1.3 人工挖孔桩施工风险防控典型示范

典型示范	风险防控要点
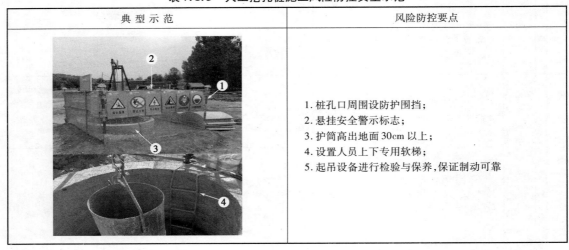	1. 桩孔口周围设防护围挡; 2. 悬挂安全警示标志; 3. 护筒高出地面30cm以上; 4. 设置人员上下专用软梯; 5. 起吊设备进行检验与保养,保证制动可靠

7.1.4 警示案例

7.1.4.1 事故基本情况
某行政学院工程正在进行人工挖孔桩作业。2005年6月27日22:30左右，钢筋混凝土组组长梁某在未采取通风措施、未进行气体测试的情况下，即下已经成孔的2号井拆除爬梯，梁某下至离井面约5~6m时感到呼吸困难，呼救井上人员，井上人员准备下井救援时，梁某已支持不住掉落井底水中，经抢救无效死亡。

7.1.4.2 事故原因
（1）直接原因
桩孔内空气中氧气含量少，造成人员缺氧窒息。
（2）间接原因
施工单位安全管理不到位，现场安全管理混乱，对工人夜间擅自进场施工未能发现制止；工人安全意识淡薄，违章作业，下井作业前未采取气体测试、通风等安全措施。

7.1.4.3 事故防范措施
（1）人工挖孔桩作业下井前一定要进行气体测试，确认在没有毒气、氧气含量符合要求方可下井，并采取通风措施。
（2）加强施工现场组织管理，严禁未经批准擅自进场作业；加强作业人员的安全教育，提高安全意识，杜绝违章作业。

7.2 钻孔灌注桩

7.2.1 主要工序
钻孔灌注桩施工作业主要包括以下工序：施工准备、钻机就位调试与钻进、清孔检查、下放钢筋笼、灌注水下混凝土、成孔临边防护。

7.2.2 风险辨控
钻孔灌注桩风险辨控，见表7.2.2。

表7.2.2 钻孔灌注桩风险辨控

序号	工序	风险因素	风险等级	可能造成的后果		主要防控措施
				事故类型	伤害形式	
1	施工准备	施工场地无人监管	Ⅱ	车辆伤害	车辆撞伤人员	1.施工作业区域设置警戒区； 2.施工现场设专人指挥车辆； 3.汽车吊、履带吊等设备回转半径之内，严禁人员站立或作业； 4.夜间作业设置足够的照明装置

续上表

序号	工序	风险因素	风险等级	可能造成的后果		主要防控措施
				事故类型	伤害形式	
1	施工准备	泥浆池未设置防护和警示标志	Ⅱ	淹溺	作业人员或周边村民、小孩掉入泥浆池，导致摔伤或淹溺	1.泥浆池周围设置防护栏； 2.设置"当心坠落"等安全警示标志
		水上作业平台周围安全防护措施不完善	Ⅱ	淹溺	作业人员踩空坠下平台，导致淹溺死亡	1.水上作业平台周围应设置防护围栏进行封闭，围栏高度1.2m，设置两道横杆，下部设置挡脚板，挡脚板高度不低于18cm； 2.悬挂"当心坠落""小心淹溺"等明显的安全警示标志
		运输护筒的车辆速度过快，或未设置紧固措施	Ⅱ	车辆伤害	运输过程中护筒坠落造成人员伤亡	1.运输护筒过程中必须采用三角楔等装置进行固定； 2.车辆行驶按规定的路线和速度行驶，不得超速
2	钻机就位调试与钻进	地面不平、塌陷	Ⅰ	车辆伤害	在钻进或行走过程中钻机倒塌、侧翻，造成人员伤亡	1.提前平整、压实作业场地； 2.钻机安设平稳、牢固
		钻机钻进前未检查设备性能的完好性	Ⅲ	机械伤害	钻进过程中钻杆松脱，飞出伤人	1.检查各节钻杆以及钻杆与钻头的接头连接丝扣，确保完好； 2.定期检查起吊设备钢丝绳磨损情况，及时更换破损钢丝绳； 3.设置防止反转松脱的固锁装置； 4.设置避雷装置
		钻进时，作业人员未考虑工程施工情况蛮干	Ⅱ	机械伤害	高速旋转的钻杆将人员绞伤或钻机倾倒，导致人员伤亡	1.根据地质情况及钻机性能合理选择钻进速度； 2.卡钻时，应及时停止作业并查明原因； 3.钻孔有坍塌危险时，人员和钻机应及时撤离到安全位置，当钻机无法撤离时，人员必须迅速撤离到安全位置
		人员靠近钻具或触摸钻杆	Ⅱ	机械伤害、物体打击	高速旋转的钻杆将人绞伤；钻具掉落砸伤下方人员	1.钻作业时人员不得靠近和触摸钻杆及旋转部件； 2.停钻时，钻杆置于孔外安全位置； 3.严禁钻具下方站人
3	清孔检查	清孔时未设置安全防护设施	Ⅱ	高处坠落、淹溺	人员掉入孔内，导致淹溺死亡	1.清孔检孔时，设置可靠的操作平台； 2.孔口设置防护栏杆

续上表

序号	工序	风险因素	风险等级	可能造成的后果		主要防控措施
				事故类型	伤害形式	
4	下放钢筋笼	下放钢筋笼时,安全措施不到位	Ⅱ	起重伤害	钢筋笼摇晃碰撞到周围的设备或人员,造成设备损坏或人员伤亡	1.钢筋笼吊装下放时要设置溜绳牵引; 2.临时承重支撑搭设牢固; 3.吊车启动与制动要慢,避免吊物摆动、旋转
		起重吊装作业风险辨控,详见表4.8.2				
5	灌注水下混凝土	导管安设不规范	Ⅲ	起重伤害	导管碰撞作业人员或设备设施	1.按照规范安设导管; 2.进行闭水试验,输入的水压不小于孔内水深1.3倍的压力
		混凝土浇筑完成后的空钻部分未及时回填	Ⅱ	高处坠落	作业人员跌落,造成人员伤亡	及时回填空钻部分
		混凝土作业风险辨控,详见表4.5.2				
6	成孔临边防护	桩基成孔后,孔口未覆盖防护或防护不符合要求	Ⅱ	高处坠落	作业人员掉入孔内,造成伤亡	1.桩基成孔后,应立即进行覆盖防护; 2.设置"小心坠落"等安全警示标志; 3.夜间悬挂示警红灯
		泥浆池未及时有效回填	Ⅲ	其他伤害	周边村民、小孩掉入泥浆池而发生意外事故	施工完毕后,及时清除泥浆池内泥浆及沉渣,用附近基坑开挖的土方回填、压实、整平

7.2.3 典型示范

钻孔灌注桩施工风险防控典型示范,见表7.2.3。

表7.2.3 钻孔灌注桩施工风险防控典型示范

典型示范	风险防控要点
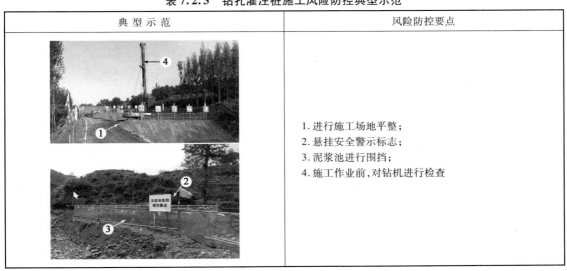	1.进行施工场地平整; 2.悬挂安全警示标志; 3.泥浆池进行围挡; 4.施工作业前,对钻机进行检查

7.2.4 警示案例

7.2.4.1 事故基本情况

2007年年末,某施工现场钢护筒埋设、泥浆的制备、钻机就位等准备工作完成后,经监理工程师对钻机位置、水平度、垂直度及钢筋笼等检验合格后,对某桩进行开钻。该桩长21.8m,桩径1.2m,当钻进10.3m时,突然发现孔内水位突然下降好多,孔口水面冒出细密的水泡,出土量显著增加,进尺量很小,钻机负荷显著增加。现场旋挖钻机立刻停止钻进。经现场监理员、施工单位相关技术人员检查确认,该孔发生了孔壁坍塌现象。该事故未造成人员伤亡事故。

7.2.4.2 事故原因

(1)直接原因

①使用的泥浆不符合要求。在使用反循环旋挖钻工艺时,泥浆由黏土和水拌和而成,制备的泥浆必须满足下列指标:相对密度1.2~1.05,黏度16~22s,含砂率4%~8%。可对该孔泥浆的检测发现,该泥浆相对密度为0.8~0.9,没有起到泥浆护壁的作用。而且孔内的水位高度不够,低于地下水水位,致使孔内水位压强降低。

②通过对钻机带出的该标高处的土质分析,发现该处土质多为黏性土的地质层。由于旋挖钻冲击速度快,再加上制备的泥浆相对密度不足,忽视泥浆的密度,孔壁护壁不好,导致坍孔发生。

(2)间接原因

技术人员未及时进行检测,以致无法及时根据检测结果调整施工参数。

7.2.4.3 事故防范措施

(1)监理人员对现场监管不力,责任心不强,疏于对泥浆各项指标的检测,没有根据现场实际情况进行分析并提出相应的施工措施。

(2)应进一步细化施工质量、安全监控工作,对于施工单位相关人员的资质、机械运转、施工准备、施工内容均严格按程序进行报检和检测,加强对施工作业的巡视力度。

(3)加强对施工单位的检查和督促工作,发现存在质量或安全隐患时,要立刻通知施工单位,在隐患消除后,方可以进行正常施工。

7.3 沉入桩

7.3.1 主要工序

沉入桩施工作业主要包括以下工序:桩的制作,桩的存放与运输,试桩,沉桩(吊装、锤击沉桩、振动沉桩、水上沉桩、射水沉桩),拔桩。

7.3.2 风险辨控

沉入桩风险辨控,见表7.3.2。

表7.3.2 沉入桩风险辨控

序号	工序	风险因素	风险等级	可能造成的后果 事故类型	可能造成的后果 伤害形式	主要防控措施
1	桩的制作	钢筋混凝土桩和预应力混凝土桩的制作风险辨控参照混凝土作业、钢筋作业及高处作业等相关内容					
		钢管桩的连接未设专人指挥	Ⅰ	物体打击	钢管桩连接不稳,砸伤人员	在专人指挥下连接钢管桩
2	桩的存放与运输	桩的存放场地无排水设施;桩的堆放不符合要求	Ⅱ	坍塌、物体打击	基础失稳,发生坍塌;桩体不稳,砸伤作业人员	1. 存放桩的场地设置完善的防排水设施; 2. 在平整的场地存放桩,垫木设置在同一水平线上; 3. 预制桩的堆放不得超过四层
		桩体运输时未进行稳固	Ⅱ	物体打击	桩体不稳固,坠落砸伤人员	1. 采取加撑和系绑措施; 2. 设专人看管与指挥
		桩的起吊作业风险辨控,详见表4.8.2					
3	试桩	施工区域未进行安全管制	Ⅱ	起重伤害	非作业人员误入施工现场,造成意外伤害	1. 设置施工警戒区; 2. 清除空中和地面障碍物; 3. 设置明显、齐全的安全警示标志
		试桩前未探明周边及地下情况	Ⅱ	坍塌	振动影响周边稳定性,损坏地下管线及周边构筑物,造成伤害	1. 采取隔振措施后再试桩; 2. 试桩前,应探明地下管线及周边构筑物情况
		桩身碰撞桩锤或打桩机	Ⅱ	起重伤害	桩锤或打桩机被撞坏,起吊物坠落砸伤作业人员	1. 设专人监护; 2. 禁止作业人员在桩、桩锤下方或桩架龙门口停留或作业
4	沉桩 吊装	桩的吊装作业配合不力	Ⅱ	起重伤害	桩坠落砸伤作业人员或损坏设备设施	1. 桩的下部拴防溜绳; 2. 设专人指挥吊装作业; 3. 两台卷扬机或千斤顶施压时同步作业
	锤击沉桩	打桩机与附近设施未保持足够的安全距离	Ⅱ	起重伤害、触电	打桩架刮碰其他构筑物、线路等	1. 设置警戒区域; 2. 打桩机顶部上方2m内不得有架空物; 3. 打桩机与高压线保持足够的安全距离
		桩架的移动过程无人监管或违章作业	Ⅱ	物体打击、触电	桩架倾翻,桩锤坠落伤人;线路被扯坏、漏电,造成作业人员触电	1. 设专人指挥移动打桩架; 2. 平稳移动桩架,桩锤放到最低位置; 3. 拆除管路与电线后,再远距离移位; 4. 禁止边移位、边起锤
		维修或停止作业时,未采取安全措施	Ⅱ	物体打击、触电	桩锤意外启动或坠落,砸伤作业人员	1. 桩击停止作业时,应立即切断电源; 2. 桩锤放下后再维修桩锤; 3. 拆装打桩机时,机架下方严禁人员通过或停留; 4. 雷雨时,禁止人员在桩架附近停留

续上表

序号	工序	风险因素	风险等级	可能造成的后果		主要防控措施
				事故类型	伤害形式	
4	沉桩	振动沉桩：电振动锤带病作业或违规操作	Ⅲ	其他伤害	振动异常时伤害作业人员	1. 振打中发现桩回跳、打桩机有异声及其他不正常情况时，立即停振； 2. 电振动锤的电流不得超过规定值
		水上沉桩：浮式沉桩设备沉桩时，桩架不稳固或浮船晃动	Ⅱ	物体打击	桩架不稳定，造成伤害	1. 桩架与船体紧固连接； 2. 船体定位后，以锚缆封固； 3. 水上沉桩作业平台搭设牢固
		射水沉桩：射水沉桩时，未按施工要求进行操作	Ⅱ	坍塌	桩基失去稳定性，造成伤害	1. 根据不同的地质情况采用相应压力； 2. 桩身入土稳定后，再进行射水沉桩
5	拔桩	起重设备强制拔桩	Ⅱ	起重伤害	施力过大，起重设备超限，起吊物砸伤人员	起重设备配置超载限制器后，再进行拔桩作业

7.4 沉井

7.4.1 主要工序

沉井施工作业主要包括以下工序：施工准备、制作、浮运与就位、下沉与着床、基底检验与沉井封底、井孔填充与顶板浇筑。

7.4.2 风险辨控

沉井风险辨控，见表7.4.2。

表7.4.2 沉井风险辨控

序号	工序	风险因素	风险等级	可能造成的后果		主要防控措施
				事故类型	伤害形式	
1	施工准备	与相关单位的协调配合不到位	Ⅰ	物体打击、高处坠落	交叉作业造成人员伤亡	获得相关单位行政许可
2	制作	筑岛施工未充分调查水流情况；未按施工方案进行作业	Ⅱ	坍塌	筑岛因水流冲刷失稳；混凝土结构强度不足，导致坍塌，砸伤作业人员	1. 筑岛施工采取防冲刷措施； 2. 刃脚模板在混凝土强度达到75%后，方可拆模； 3. 沉井侧模在混凝土强度达到设计允许拆模强度后，方可拆模

续上表

序号	工序	风险因素	风险等级	可能造成的后果		主要防控措施
				事故类型	伤害形式	
2	制作	抽取垫木前后安全措施不到位	II	物体打击	上部构造物倾倒,砸伤作业人员、损坏设备设施	1．在专人指挥下抽取垫木； 2．抽出垫木后,采用沙性土回填,并捣实
		接高沉井时,未采取有针对性的处置措施	II	坍塌	沉井倾翻,造成周边建筑物损坏、作业人员伤亡	1．下部不得进行取土作业； 2．沉井偏斜时,必须立即停止接高沉井
		井壁等受力不平衡	II	坍塌	井壁、栏杆与操作平台受力不平衡而坍塌,砸伤作业人员	1．严格控制各井室之间取土面高差； 2．在进行水枪冲土操作时,不得用水枪冲击井壁、栏杆或操作平台等
		未搭设专用安全通道或安全通道不满足要求	II	高处坠落	作业人员坠落造成伤亡	1．按要求安设直爬梯或梯道预埋件,井室内悬挂钢梯或安全绳； 2．高处临边防护栏加挂安全网,或采取全封闭措施
3	浮运与就位	浮运前对施工现场的调查与管制不到位	II	其他伤害	浮运过程中碰撞礁石或与通行船只碰撞,发生水上事故,造成人员伤亡	1．充分探明所经水域和就位河床的情况后,方可进行浮运作业； 2．与海事或航道管理部门密切联系,并在一定范围内进行通航管制与警戒
		沉井过程不平衡,未撤离作业人员	II	其他伤害	沉井受力不均匀,发生倾斜伤害作业人员	1．均匀地灌水、排气、排水； 2．各灌水舱的水头差不得超过设计规定值； 3．采用井内抽水强制下沉时,井上人员及时撤离沉井； 4．由不排水转换为排水下沉时,井上人员及时撤离沉井
4	下沉与着床	沉井下沉时,对周边建筑物及人员的监管不到位	II	坍塌、物体打击	周围或施工建筑物失稳砸伤作业人员	1．沉井下沉时,对周围建筑物采取安全防护措施,并进行监控量测； 2．加强管理,禁止人员在沉井刃脚和井内横隔墙附近停留、休息
		沉井顶面及相关机具未设置安全防护措施,或安全防护措施不完善	II	高处坠落、机械伤害	作业人员从顶面坠落；机具伤害作业人员	1．沉井顶面设置安全防护围栏； 2．沉井顶面上的机具设置防护挡板

续上表

序号	工序	风险因素	风险等级	可能造成的后果		主要防控措施
				事故类型	伤害形式	
4	下沉与着床	抽水机无漏电保护装置或保护装置不合格	Ⅱ	触电	作业人员触电,被灼烫或电击身亡	抽水机安装合格的漏电保护、接地、接零装置
		沉井下沉时,对开挖人员的管理措施不到位	Ⅰ	坍塌、透水	开挖人员被涌出的水和砂淹溺	1. 采用人工挖掘时,按照专项施工方案安排人员进入,方案应对人员数量作出规定; 2. 涌水、涌砂量大的地点不得采用人工开挖的方式,应对施工方案进行优化
		采用抓斗、吊斗作业时,未检查装置的安全性或协调配合不力	Ⅱ	高处坠落、物体打击	作业空间有限,人员从操作平台坠落;掉落的机具或物料砸伤(亡)作业人员	1. 采用抓斗进行不排水下沉时,钢丝绳缠绕在一起而需要转动抓斗进行排除时,作业人员应站在有护栏的地点排除缠绕的钢丝绳; 2. 采用吊斗出土时,斗梁和吊钩绑封牢固; 3. 加强上下联络,禁止吊斗下方站立作业人员
		下沉过程中,沉井上下受力不平衡	Ⅰ	其他伤害	沉井下沉或倾斜,造成人员伤亡	1. 不排水下沉中,不得超挖、超吸; 2. 沉井下沉需要配重时,配重物件应码放整齐、捆绑牢固
		下沉过程中的气压超出控制范围	Ⅱ	容器爆炸、坍塌	空压机、储气罐爆炸,造成沉井倾翻,损坏周边建筑物,压死(伤)作业人员	1. 下沉沉井必须采取爆破时,药量应控制到位; 2. 采用空气幕下沉沉井时,应采用合格的空压机、储气罐等; 3. 下沉过程中全面监控下沉,出现倾斜立即停止作业
5	基底检验与沉井封底	基底封底时未严格落实专项施工方案	Ⅲ	淹溺、高处坠落	水进入沉井,导致沉井失稳;作业人员坠入水中	1. 沉井基底检查验收合格后,及时封底; 2. 普通混凝土封底时,设置引流排水设施; 3. 搭设沉井封底作业平台
		潜水检查作业风险辨控,详见表4.11.2				

续上表

序号	工序	风险因素	风险等级	可能造成的后果		主要防控措施
				事故类型	伤害形式	
6	井孔填充与顶板浇筑	未按规定进行填充或浇筑	Ⅱ	其他伤害	沉井受力不平衡,失稳	1.按施工方案规定顺序进行填充; 2.按设计要求浇筑混凝土顶板

7.4.3 警示案例

7.4.3.1 事故基本情况

浙江省宁波某道路排污管沉井作业。2002年11月9日18:00,施工单位指派5名工人到32号工作井进行沉井挖土作业,1人在井口开卷扬机,1人在井外侧负责倒土,3人下井挖土。20:30左右,井底突然发生涌土,井下3人来不及逃生,被淤泥掩埋。

7.4.3.2 事故原因

(1)直接原因

32号工作井所处的位置地质情况比较复杂,存在可塑状黏土层及流塑状的淤泥层。随沉井下降,井内外压力差不断增大,在刃脚下挖土时,由于工作井及周边堆土重力作用,特别是含水率高达60%以上淤泥土层,在此附加应力作用下,产生侧向挤压力,在上软下硬的地层交接面处形成了一个潜在的滑移面。当工人在刃脚下挖土时,形成该滑移面的应力释放点,在掏空的刃脚下形成了通道,致使水夹泥突涌至井内,导致3名工人被埋。

(2)间接原因

①施工单位项目部安全管理混乱,未编制沉井施工的专项施工组织设计,也未编制沉井施工的安全操作规程,施工组织管理存在严重问题。作业前未进行技术交底,作业过程中,地面弃土处理、井内排水、施工工艺及排水都存在问题,没有做好相应的施工观测记录。现场安全管理不到位,32号工作井夜间施工,管理人员和技术人员均未到场,致使突发事件无法及时处理。

②监理单位对施工组织设计审计不严,在无沉井专项施工组织设计的情况下,同意沉井作业;监理规划和监理细则中缺少详细的沉井作业监控点;现场监理不到位,未及时发现事故隐患,对施工中出现的问题情况不明、措施不力。

7.4.3.3 对事故有关责任人员的处理

主要责任人为沉井施工现场负责人、项目经理,按照《安全生产法》追究其责任。

7.4.3.4 事故防范措施

(1)施工单位须建立健全安全与质量保证体系,配备合格的安全与技术管理人员。应建立健全安全监督机制,层层抓落实,安全责任落实到人,保障施工安全。

(2)工程施工前一定要编制针对性的施工组织设计。其中包括针对可能发生涌泥、涌砂、涌水等险情的专项应对措施,并有应急措施。在未对地质情况探明的情况下不得进行施工,且沉井作业不得夜里施工。配备管理监护人员,施工组织管理和监理必须到位,在地质情况未能充分掌握的情况下不得进行施工。

7.5 地下连续墙

7.5.1 主要工序

地下连续墙施工作业主要包括以下工序：施工准备、导墙施工、浇筑混凝土。

7.5.2 风险辨控

地下连续墙风险辨控，见表7.5.2。

表7.5.2 地下连续墙风险辨控

序号	工序	风险因素	风险等级	可能造成的后果		主要防控措施
				事故类型	伤害形式	
1	施工准备	对施工区域及周边情况调查不全面，安全监管与警示措施不到位	Ⅱ	其他伤害	盲目施工，造成人员伤亡	1. 充分调查施工区域，在堤防等水利、防洪设施及既有构筑物周边施工之前，应进行安全风险评估； 2. 清除地表和地下一切障碍物； 3. 应设置安全警戒区； 4. 悬挂明显的安全标志
2	导墙施工	导墙施工不符合要求	Ⅱ	坍塌	导墙坍塌，机械设备损坏，砸伤作业人员	1. 停止挖槽时，机械设备要提升到导端位置； 2. 导墙模板拆除后设置支撑横木
		钢筋笼制作与吊放风险辨控，详见表4.4.2；起重吊装作业风险辨控，详见表4.8.2；临时用电作业风险辨控，详见表3.7.2				
3	浇筑混凝土	浇筑混凝土风险辨控，详见表4.5.2				

7.6 围堰

7.6.1 主要工序

围堰常用结构形式为单壁钢围堰、双壁钢围堰、钢套箱围堰、拉森钢板桩围堰、组合板桩围堰、钢管桩围堰等。

本节以拉森钢板桩围堰为例，围堰施工作业主要包括以下工序：施工准备，平台拆除，钢板桩施打、围檩施工、吸泥、封底、堵漏、抽水与内支撑施工。

7.6.2 风险辨控

围堰风险辨控,见表7.6.2。

表7.6.2 围堰风险辨控

序号	工序	风险因素	风险等级	可能造成的后果		主要防控措施
				事故类型	伤害形式	
1	施工准备	方案编制计算有误,或方案未经专家审核论证	I	坍塌	钢板桩围堰垮塌	1.编制专项施工方案,并经专家审核论证; 2.对围堰材料进行检测; 3.方案实施必须实行三级交底制度; 4.作业人员必须正确佩戴救生衣、安全帽、安全带、防滑鞋等安全防护用品
2	平台拆除	起重吊装作业的安全措施不到位	II	起重伤害	起重设备倾覆、吊物坠落,造成设备损坏、人员伤亡	1.选用合理的起重设备,架设位置满足起重量需求; 2.起重吊装司索人员捆扎吊物时必须捆扎牢实; 3.加强对现场作业人员安全教育,严禁起重吊装旋转范围内停留或通过
		焊接切割作业时,违规操作	III	容器爆炸	周围作业人员被炸伤	1.按规范存放及使用氧气、乙炔,安全距离应大于5m; 2.在乙炔瓶上安装回火阀
		平台拆除后未设置防护栏杆	II	高处坠落	作业人员坠落,造成伤亡	平台拆除完成后,必须及时设置防护栏杆
3	钢板桩施打	钢板桩的运输与起吊安全措施不完善	II	车辆伤害、起重伤害	运输车辆撞伤作业人员;钢板桩脱落伤人	1.钢板桩运输及接长,必须采取有效保护措施; 2.起重设备,必须安排专人指挥; 3.吊装钢板桩要扣好溜绳; 4.吊运过程中,吊物下方严禁人员停留或通行
4	围檩施工	无人员上下专用通道	II	高处坠落	作业人员沿围堰攀爬,发生高处坠落	人员上下必须设置安全爬梯
		吊物捆扎不牢固;起重吊装作业无人监管	I	物体打击	吊物散落砸伤、砸死周围作业人员	1.吊物必须捆扎牢实; 2.加强对现场作业人员安全教育,杜绝在起重吊装旋转臂下站立或行走
		电焊机接电不规范	I	触电	电弧造成作业人员伤亡	满足"一机一闸,一箱一漏"及焊机接地要求,并设置二次侧漏电保护器

续上表

序号	工序	风险因素	风险等级	可能造成的后果		主要防控措施
				事故类型	伤害形式	
5	吸泥、封底、堵漏、抽水与内支撑	封底平台及人行通道搭设不合理	Ⅱ	淹溺	作业人员坠落	封底平台及人行通道应按规范搭设,并设置临边防护
		起重设备选型或吊装物选择不满足工作要求	Ⅱ	起重伤害	吊物坠落,造成作业人员伤亡	1.选用合理的起重设备,并选择合理的位置吊装物件; 2.起重前检查钢丝绳
		未对围堰进行应力监控,未检查验收支护结构	Ⅰ	坍塌	内支撑强度不够,导致周围土体垮塌	1.应安排专人对围堰应力进行监控,出现异常及时撤离; 2.支护结构完成后应安排专人进行验收,确保安全方可使用

7.6.3 典型示范

表7.6.3 钢板桩围堰施工风险防控典型示范

典型示范	风险防控要点
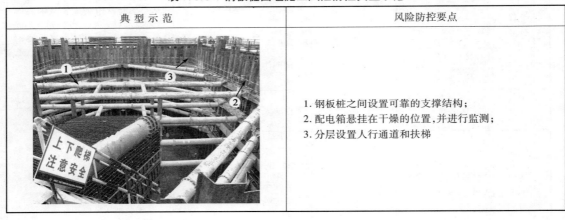	1.钢板桩之间设置可靠的支撑结构; 2.配电箱悬挂在干燥的位置,并进行监测; 3.分层设置人行通道和扶梯

7.7 明挖地基

7.7.1 主要工序

明挖地基施工作业主要包括以下工序:施工准备、开挖与排水、地基处理。

7.7.2 风险辨控

明挖地基风险辨控,见表7.7.2。

表7.7.2 明挖地基风险辨控

序号	工序	风险因素	风险等级	可能造成的后果		主要防控措施
				事故类型	伤害形式	
1	施工准备	作业未进行准备工作或准备工作不充分	II	坍塌、机械伤害、物体打击	挖掘机等机械设备故障,造成伤害;地基坍塌,砸伤人员	1.施工前必须对周边情况及地下埋设物进行调查; 2.安排专人指挥,设置警戒线,禁止无关人员进入作业区
2	开挖与排水	开挖作业遇到洪水等意外情况时,未采取措施或采取措施不及时	I	淹溺、坍塌	作业人员被洪水或流冰淹溺,造成伤亡;基坑边坡失稳而坍塌	1.采用筑岛、围堰明挖基础时,遇洪水或流冰立即停止作业; 2.基坑深度超过5m或发现地下水、土质发生特殊变化时,应立即进行支护或变缓边坡处理
		未按施工方案的要求进行开挖作业	II	坍塌	基坑边坡不稳定而坍塌	1.按照施工方案进行开挖,坡度不得陡于设计要求; 2.爆破开挖要严格按照爆破设计,进行钻孔、装药
		基坑的安全防护措施不完善	II	高处坠落	人员或车辆从基坑上方坠落,造成伤亡	1.深基坑设置安全通道,设置安全围挡; 2.基坑开挖后周边设置醒目的安全警示标志; 3.深基坑四周的钢管护栏、挂密式安全网距基坑边缘大于1m; 4.靠近道路侧的基坑设置夜间警示灯
		基坑无防排水措施或措施不完善	III	坍塌	地表水流入基坑,冲刷边坡,造成基坑边坡失稳	1.设置防排水设施,防止影响基坑稳定性; 2.基坑顶部设置排水沟
		基坑上方的作业或物料堆放距离基坑太近;或与周围建筑物的安全距离不够	II	坍塌、物体打击	堆积物太高而坍塌,坠入基坑,砸伤基坑内作业人员或损坏设备设施;堆放的材料及机具破坏边坡顶部稳定性	1.机械作业时坑边大于1m; 2.材料及机具堆放距坑边大于0.8m; 3.基坑周围2m范围内禁止堆放杂物、开挖物,堆积高度不得大于1.5m; 4.基坑边沿与临近动载之间护道的宽度大于1m; 5.与附近建(构)筑物保持一定的安全距离,并设置安全防护措施
		作业人员安全意识不强,处于不安全位置	II	物体打击	被上方物体或材料砸伤	1.基坑开挖机械作业半径范围内禁止有人; 2.禁止作业人员在坑壁下休息; 3.禁止两人或多人同时上下同一架爬梯
		上一作业工序未完成,即开始下一作业工序	II	物体打击	黏结面不稳定,混凝土掉落,砸伤作业人员	1.土层中有水时,在开挖前进行排降水,疏干积水后,再进行开挖作业; 2.清除坑壁上的松软层及岩渣后,方可喷射混凝土

续上表

序号	工序	风险因素	风险等级	可能造成的后果		主要防控措施
				事故类型	伤害形式	
3	地基处理	作业人员未根据作业的特殊性采取相应的措施,或违章作业	II	高处坠落	架上人员坠落,造成伤亡	1. 处理软土地基时,施工人员穿救生衣; 2. 插板机行走禁止架上有人
		泥浆池设置的防护设施不符合要求	III	淹溺	施工人员或附近人员坠入泥浆池,造成伤害	1. 泥浆池设置1.2m高的防护栏杆; 2. 设置"小心坠落"等安全警示标志
		桩机停放位置不当	II	触电	桩机陷入地基,电路短路,操作人员触电	1. 桩机停放至平坦的场地上; 2. 不得停在积水处
		夜间施工时,照明亮度不足	III	物体打击、高处坠落	亮度不够,因不明施工环境情况而摔落,或被施工材料砸伤	夜间施工配置移动照明,确保作业区域照明亮度足够

7.8 承台

7.8.1 主要工序

承台施工作业主要包括以下工序:施工准备、桩头破除、钢筋绑扎、模板施工、混凝土浇筑、承台凿毛。

7.8.2 风险辨控

承台风险辨控,见表7.8.2。

表7.8.2 承台风险辨控

序号	工序	风险因素	风险等级	可能造成的后果		主要防控措施
				事故类型	伤害形式	
1	施工准备	作业未进行准备工作或准备工作不充分	II	高处坠落、物体打击	人行通道搭设不牢,造成人员高处坠落;上方坠落杂物,砸伤人员	1. 施工前必须对围护结构及边坡情况进行检查; 2. 加强监督基坑内作业人员的个人防护情况; 3. 检查临时防护设施及人行通道
2	桩头破除	起重吊装设备的安全性不高;安全监管不到位	I	起重伤害	起重设备起重量不能满足现场需求,造成伤害	1. 设置警戒区域; 2. 起重设备选型必须满足现场起重量的要求; 3. 吊车支腿支垫必须稳固; 4. 严禁吊物下站人

续上表

序号	工序	风险因素	风险等级	可能造成的后果		主要防控措施
				事故类型	伤害形式	
2	桩头破除	桩头破除作业未与吊装设备的吊装能力相对应	I	起重伤害	吊车因起重量不够，发生倾覆	1.桩头必须分段破除； 2.一次吊装桩头不能超出起重设备的最大起重量
3	钢筋绑扎	跳板搭设有翘头板	III	高处坠落	作业人员易踩翻，发生高处坠落	搭设跳板必须满铺，不得有翘头板
4	模板施工	施工现场的安全监管及安全防护措施不完善	II	物体打击	人员进入施工区域，造成伤亡	1.模板安装必须拉设警戒线，设置围栏； 2.模板临时支撑要牢固； 3.加强对现场作业人员监督，起重吊装旋转臂下严禁人员通过或停留
		其他模板作业风险辨控，详见表4.3.2				
5	混凝土浇筑	混凝土浇筑风险辨控，详见表4.5.2				
6	承台凿毛	凿毛作业的安全防护措施不到位	III	物体打击、触电	石子飞溅至作业人员眼睛内；作业人员触电	1.作业人员佩戴护目镜； 2.凿毛设备接电满足"一机一闸、一箱一漏"及电柜接地要求

7.9 墩台

7.9.1 主要工序

桥梁墩台常见形式有实心墩、空心薄壁墩等，主要施工方法包括液压爬模施工法、翻模施工法、挂架施工法等。

本节以空心薄壁墩挂架施工法为例，墩台施工作业主要包括以下工序：施工准备，脚手架搭设，钢筋绑扎，预埋件，模板安装，混凝土浇筑，挂架安装、使用及拆除，内操作平台作业，挂架爬升。

7.9.2 风险辨控

墩台风险辨控，见表7.9.2。

表7.9.2 墩台风险辨控

序号	工序	风险因素	风险等级	可能造成的后果		主要防控措施
				事故类型	伤害形式	
1	施工准备	作业未进行准备工作或准备工作不充分	I	坍塌	墩身支架或挂架垮塌	1.方案编制必须经过专家论证及审核； 2.方案实施必须实行三级交底制度； 3.作业人员必须正确佩戴个人劳动防护用品

续上表

序号	工序	风险因素	风险等级	可能造成的后果 事故类型	可能造成的后果 伤害形式	主要防控措施
2	脚手架搭设	违规搭设脚手架,未检查验收,相关安全措施不完善	I	坍塌	脚手架失稳坍塌,造成人员伤亡	1. 必须严格检查脚手架的强度、刚度和稳定性,达不到要求坚决不得使用; 2. 脚手架安装完成后必须进行严格的检查验收,确保安全使用; 3. 操作平台上机具设备应分开摆放
2	脚手架搭设	搭设脚手架的场地无排水措施	I	坍塌	基础失稳而坍塌	搭设脚手架的场地应设防排水措施
		其他脚手架搭设作业风险辨控,详见表4.2.2				
3	钢筋绑扎	作业平台不安全	II	起重伤害、高处坠落	吊物散落砸伤周围作业人员;作业人员高处坠落	作业平台必须满铺跳板,并进行紧固,减少探头杆件数量
		钢筋绑扎的其他作业风险辨控,详见表4.8.2、表4.9.2				
4	预埋件	预埋件未按要求埋设	I	坍塌	预埋件埋设不符合要求,易引起挂架、爬梯、泵管等垮塌	依据专项施工方案埋设预埋件,并对预埋件进行质量检查
5	模板安装	现场安全监管不到位	II	起重伤害、高处坠落	攀爬模板发生高处坠落事故;被起吊物砸伤	1. 模板安装必须设置围栏,并拉设警戒区; 2. 现场安全管理人员加强监督,发现工人攀爬模板立即制止
		模板安装风险辨控,详见表4.3.2				
6	混凝土浇筑	混凝土浇筑风险辨控,详见表4.5.2				
7	挂架安装、使用及拆除	安装拆除过程中,作业人员违规作业	I	起重伤害、高处坠落	作业人员未佩戴防护用品,导致坠落;作业过程中杆件碰撞作业人员	1. 安装拆除过程中,作业人员必须按照规程作业,佩戴个人防护用品; 2. 挂架必须设置临边防护
8	内操作平台作业	操作平台不牢固;钢筋、机具堆放杂乱	I	坍塌	操作平台垮塌	1. 内操作平台应搭设牢固; 2. 操作平台上钢筋、机具应均匀、分散堆放
		起重吊装作业风险辨控,详见表4.8.2				
9	挂架爬升	挂架作业安全措施不完善	II	坍塌、物体打击	挂架因不规范操作而坠落,砸伤人员	1. 挂架、模板的提升操作必须由专人统一指挥; 2. 吊装前检查钢丝绳、吊具及安全装置; 3. 爬升过程中应架设缆风绳

7.9.3 典型示范

墩柱施工风险辨控典型示范,见表7.9.3。

表7.9.3 墩柱施工风险辨控典型示范

典型示范	风险防控要点
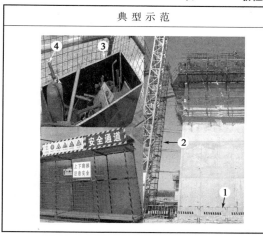	1. 桥墩作业区域下方设置防护栏杆,设置安全通道,并悬挂醒目的安全警示标志; 2. 依据安全技术规范,根据墩高设置人行梯、"之"字形爬梯等,爬梯设置在坚实的基础上,并设密目式安全护网; 3. 高处作业设置工具箱; 4. 配备灭火器等消防设施

7.9.4 警示案例

7.9.4.1 事故基本情况

5月19日,柏某等3人在工地2号墩台处清理钢模板。由于模板和钢管妨碍爬升,木工王某擅自拆除钢模板,钢模板自行脱落,击中了正在该处下方清理钢模板的柏某头部,击破安全帽,造成柏某脑外伤。柏某经抢救无效死亡。

7.9.4.2 事故原因

(1)直接原因

木工王某未按高处拆模的安全操作规程拆除钢模板,且未采取安全防护措施,是造事故的直接原因。

(2)间接原因

现场管理协调不力,安全防护设施不到位是造成事故发生的间接原因。一是施工员未时安排有经验的工人清除障碍;二是在上部有人作业的情况下,下部却安排工人作业,未实行交叉作业安全防护;三是未及时设安全挑网;四是地面人员作业无安全防护棚。

7.9.4.3 事故防范措施

(1)加强安全生产教育,使得施工现场的每一位管理人员、每一个工人都能保持警觉,自觉遵章守纪,抵制和防止违章作业、违章指挥。

(2)强化安全生产检查,及时发现和消除事故隐患,确保安全施工。

7.10 盖梁

7.10.1 主要工序

盖梁分为有预应力盖梁和无预应力盖梁,主要施工方法有落地支架法、钢管少支架法、抱箍托架法、穿心钢棒托架法、预埋牛腿托架法等。

本节以穿心钢棒托架法为例,盖梁施工作业主要包括以下工序:施工准备、预埋穿心钢棒、放置承重梁与分配梁(含施工平台)、底模铺装、钢筋安设、侧模安装、混凝土浇筑、模板与支架拆除。

7.10.2 风险辨控

盖梁风险辨控,见表7.10.2。

表7.10.2 盖梁风险辨控

序号	工序	风险因素	风险等级	可能造成的后果		主要防控措施
				事故类型	伤害形式	
1	施工准备	作业未进行准备工作或准备工作不充分	Ⅰ	高处坠落、物体打击	施工作业人员坠落,发生伤害	1. 必须对作业人员进行安全教育及交底; 2. 作业人员必须正确佩戴个人防护用品
2	预埋穿心钢棒	吊笼未与墩身钢筋连接牢固	Ⅰ	高处坠落、物体打击	作业人员从墩顶坠落;吊笼脱落,造成伤害	1. 吊笼与墩身预埋钢筋连接牢固,作业前对紧固情况进行检查; 2. 作业人员在墩顶行走,必须设母索
		钢筋笼的起重作业风险辨控,详见表4.8.2				
3	放置承重梁与分配梁(含施工平台)	安全防护措施不完善	Ⅲ	物体打击	工具、材料滑落砸伤下方作业人员	1. 起重作业前必须对起重设备及钢丝绳进行检查,设置溜绳; 2. 材料必须放置稳当,工具应放到工具袋里
4	底模铺装	底模搬运方法不当;安全防护措施不到位	Ⅱ	物体打击、高处坠落	底模掉落,砸伤现场人员;作业人员跌落	1. 人工搬运须轻拿轻放; 2. 铺装底模时,必须设置临边防护
5	钢筋安设	恶劣天气下作业,人员或在钢筋骨架上行走	Ⅱ	高处坠落	高处坠落,造成伤亡	1. 恶劣天气下严禁作业; 2. 严禁在钢筋骨架上行走
6	侧模安装	模板未固定牢靠或模板支撑系统未经安全验算、未验收合格;模板不牢固	Ⅱ	坍塌	坍塌造成人员伤亡	1. 模板支撑系统必须进行安全验算,验收合格; 2. 模板必须固定牢靠,才能进行下道工序; 3. 必须设置溜绳,并有专人指挥
7	混凝土浇筑	混凝土浇筑风险辨控,详见表4.5.2				

续上表

序号	工序	风险因素	风险等级	可能造成的后果		主要防控措施
				事故类型	伤害形式	
8	模板与支架拆除	不安全环境或条件下进行拆除作业	Ⅱ	坍塌、物体打击	砸伤现场人员	1. 拆模前混凝土必须达到允许拆模强度; 2. 严禁在大风等恶劣天气下作业
		模板拆除作业现场混乱,无人监管	Ⅱ	起重伤害、触电、物体打击	堆放的材料坍塌,工具掉落造成施工人员伤亡;人员触电	1. 模板拆除应设专人监护,作业人员必须配备安全防护用具; 2. 严格按照施工方案的顺序,进行模板拆除作业; 3. 拆模时,应拆除安装在模板上的临时用电线; 4. 拆除的材料堆放整齐; 5. 交叉作业时要有隔离措施

7.10.3 警示案例

7.10.3.1 事故基本情况

2011年12月19日18:48,重庆某工地土建工程NQO4D08号门型墩盖梁模板钢管支撑架发生坍塌,造成9人死亡,6人受伤的安全生产事故。

7.10.3.2 事故原因

(1)直接原因

工字钢和支撑体系承载能力和稳定性不满足要求,是造成本次坍塌事故的直接原因。跨越主干道门洞支架横梁跨度过大,支撑架高宽比过大,支撑架剪刀撑、扫地杆、顶托杆搭设不符合规范要求,施工单位在施工中将梁柱式钢支架的左端钢管立柱改为碗扣式钢管支撑组合柱,型钢中部出现失稳,整体垮塌。

(2)间接原因

①施工单位未对支架搭设工人进行安全生产教育培训和安全技术交底,未根据生产经营特点对安全生产状况进行经常性检查;未制定支架搭设安全操作规程,且安排未取得特种作业操作资格证的人员搭设支架;支架搭设后未按要求进行自检和预压试验;未按照专项方案组织施工,对事故隐患整改不力。

②监理单位未严格审查支架搭设工人是否持有特种作业操作资格证;施工单位未按专家论证修改完善专项施工方案,构件材料、施工方法、技术参数改变较大,同意下一道工序施工,出具虚假预压报告;主要负责人安全生产检查工作不到位,没有及时消除生产安全事故隐患。

7.10.3.3 对事故有关责任人员的处置

(1)施工单位项目经理、监理公司联合体分部总监监督、检查安全生产工作不到位,没有及时消除生产安全事故隐患,分别给予9万元罚款的行政处罚;施工单位、监理单位相关责任人员触犯刑法,由公安机关立案侦查。

(2)施工单位、监理单位对该事故负有责任,分别给予其49万元罚款的行政处罚。

7.10.3.4 事故防范措施

(1)施工单位严格按照审批的安全专项施工方案对施工人员和工人进行技术交底和安全技术交底。特种作业人员必须持证上岗,无证人员不得上岗;如安全专项施工方案需要变更,必须重新进行审批或者专家论证。

(2)加强对从业人员进行安全生产教育和培训,保证从业人员具备必要的安全生产知识,熟悉有关的安全生产规章制度和安全操作规程,掌握本岗位的安全操作技能。未经安全生产教育和培训合格的从业人员,不得上岗作业。

7.11 预制梁架设

7.11.1 主要工序

预制梁架设常规作业方法有:跨墩龙门吊安装法、架桥机架设法、吊车架设法。

本节以架桥机架设法为例,预制梁架设施工作业主要包括以下工序:施工准备、盖梁清理及支座安装、梁板运输、梁板起吊、梁板就位、过孔。

7.11.2 风险辨控

预制梁架风险辨控,见表7.11.2。

表7.11.2 预制梁架设风险辨控

序号	工序	风险因素	风险等级	可能造成的后果		主要防控措施
				事故类型	伤害形式	
1	施工准备	架桥机的安拆无施工方案或方案未经审批,即进行施工	I	坍塌	架桥机倾覆,造成伤害	1.必须编制专项施工方案并通过审批; 2.必须编制架桥机安拆方案并通过审批,架桥机必须取得合格证
		安全监控措施不完善	II	起重伤害、物体打击	人员靠近施工区,被砸伤	1.施工前必须安装视频监控系统; 2.吊装作业时,桥上桥下作业范围内必须设置警戒区域
2	盖梁清理及支座安装	安全监管防护措施不完善	II	高处坠落、起重伤害	作业人员高处坠落或被支座压伤或挤伤	1.提前清理盖梁顶面; 2.安装大型盆式橡胶支座,盖梁顶必须设母索; 3.支座稳定后,再进行就位

续上表

序号	工序	风险因素	风险等级	可能造成的后果		主要防控措施
				事故类型	伤害形式	
3	梁板运输	大型预制构件运输无专人指挥	Ⅱ	车辆伤害	预制构件坠落,车辆侧翻	按照专项施工方案,在专人的指挥下进行运输
		未按要求运输梁板	Ⅱ	车辆伤害	运输构件失稳、坠落	1.采用溜绳、止轮木块等多种方式控制下坡路段的速度; 2.纵坡坡度加大时,采取安全措施后,方可运输; 3.按规定的速度、路线,运输桥梁构件; 4.预制梁板必须捆绑牢固
		运输预制构件的平车到达安装位置后,未楔紧车轮	Ⅱ	车辆伤害	平板车与架桥机碰撞,损坏设备,造成人员伤亡	平车到达安装位置后,楔紧车轮
		拖轮牵引驳船行进中急转弯	Ⅲ	淹溺	驳船倾斜,发生倾翻,人员坠落入水	拖轮牵引驳船缓慢转弯
		运输预制构件时,运输车辆或预制构件上坐人	Ⅲ	其他伤害	人员从车上坠落或被预制构件压伤	严禁运输预制构件的车上或预制构件上坐人,禁止人货同车
4	梁板起吊	起吊前,未检查钢丝绳的安全性	Ⅰ	起重伤害	钢丝绳断裂,物体坠落,砸伤现场作业人员	1.每班作业前应检查钢丝绳、吊具,发现隐患及时更换; 2.起吊前,钢丝绳与吊物之间采取隔离缓冲措施; 3.吊钩要安装保险装置; 4.使用合格索具,钢丝绳安全倍数符合规范要求
		无临边防护,无专用爬梯	Ⅰ	高处坠落	未按规范要求做好安全防护,造成人员坠落	1.临边和孔洞必须进行安全防护; 2.临边防护要及时; 3.设置专用爬梯
		电缆线架设、走线不符合要求,电线漏电	Ⅲ	触电	设备漏电作业人员触电受伤;漏电引发火灾	1.应由专业电工架设电缆、布置走线; 2.应由专业电工定期检查、维修
		绑扎重心不平衡或绑扎不牢固	Ⅱ	起重伤害	构件倾斜、滑落,砸伤作业人员	1.结合构件重心分布情况选择着力点; 2.构件绑扎稳定后,方可吊装
		架设前,未检查架桥机及附属设施的安全性	Ⅱ	起重伤害	构件与架桥机碰撞,损坏设备	1.导梁上的轨道使用不同规格钢轨时,处理好接头,轨道不得有错台; 2.架桥机落位后系好缆风绳; 3.按规定的速度移动构件,与卷扬机操作人员配合协同操作; 4.吊运前清扫梁板上杂物

续上表

序号	工序	风险因素	风险等级	可能造成的后果 事故类型	可能造成的后果 伤害形式	主要防控措施
5	梁板就位	梁板就位前,未检查安全措施	II	起重伤害	架桥机移动脱轨,起重物坠落,砸伤作业人员,损坏临近构筑物	1. 梁板横移前,必须检查横移轨道的稳定性; 2. 架桥机顶横移轨道的两端必须设置制动枕木; 3. 边梁就位前,作业人员及时撤离墩顶
5	梁板就位	构件就位时,稳固措施不到位	III	起重伤害	损坏其他构件或碰撞人员	1. 构件起吊横移就位后,及时设置支撑、垫木; 2. 梁板安装就位后,采取可靠的临时固定措施; 3. 构件吊至盖梁顶时,缓慢、平稳落地
5	梁板就位	千斤顶使用前未做承载试验;千斤顶的升降距离不能满足安全需要	I	起重伤害	起重构件压坏千斤顶,损坏其他构件或挤伤作业人员	1. 千斤顶使用前进行承载试验,确保起重吨位大于顶升构件的1.3倍; 2. 千斤顶的升降应随时加设或抽出保险垫木,或确保构件底面与保险垫木间的距离小于6cm; 3. 顶升T形梁、箱梁等大吨位构件时,在梁两端架设支撑; 4. 顶升大吨位构件时,先进行试吊,吊起一端后,再缓慢吊起另一端
6	过孔	过孔后未及时检查与固定	I	坍塌	架桥机倾覆,造成伤害	1. 过孔后必须及时固定; 2. 必须检查前后支腿支点稳定性

7.11.3 警示案例

7.11.3.1 事故基本情况

2004年11月28日7:30,某机场高速公路施工现场吊装钢筋时导梁突然垮塌,砸死行人2名,砸伤4名,1名在导梁上作业的工人高空坠落。该事故造成3人死亡、2人重伤、2人轻伤,直接经济损失60万元。

7.11.3.2 事故原因

(1)直接原因

导梁强度不够,在重载时发生断裂是该事故的直接原因。

(2)间接原因

架梁设备是自制设备,不能保证安全、质量;未按有关规定将施工现场与人行通道有效封闭是事故扩大的重要原因。

7.11.3.3 事故防范措施

(1)特种设备使用单位必须严格执行法规要求,使用合法、安全的起重机械,认真落实安全管理制度,强化作业人员的安全教育和培训,提高作业人员的安全责任意识。

(2)严格执行有关国家法律法规和安全技术规范,依法进行现场安全监督;施工现场与人行通道必须采取有效措施,有效封闭、隔离。

7.12 支架现浇梁

7.12.1 主要工序

支架现浇梁主要有满堂支架现浇、少钢管支架现浇等施工方法。

本节以少钢管支架现浇为例,施工作业主要包括以下工序:施工准备、支架安装、模板安装、预压、钢筋绑扎、内模安装、混凝土浇筑、张拉、支架模板拆除。

7.12.2 风险辨控

支架现浇梁风险辨控,见表7.12.2。

表7.12.2 支架现浇梁风险辨控

序号	工序	风险因素	风险等级	可能造成的后果		主要防控措施
				事故类型	伤害形式	
1	施工准备	未编制专项施工方案或方案未经审批;未检测地基承载力即进行施工	I	坍塌	支架垮塌,造成伤害	1.必须编制专项施工方案并通过审批; 2.必须检测地基承载力,达到方案要求方可施工
		作业人员不清楚作业过程中的危险因素	I	物体打击、高处坠落	作业人员从支架上坠落或被吊装物砸伤	1.必须对作业人员进行安全教育及交底; 2.作业人员必须正确佩戴防护用品
		未按要求设置车行、人行安全防护通道	II	物体打击、车辆伤害	通道或交通控制区设置不合理,造成交通事故或对支架稳定造成影响	对于交叉通行道路,除按要求设置通道外,应按《公路养护作业安全规程》的规定设置交通控制区,同时设置提示、警示、限速等标志
2	支架安装	未对材料进行检查验收	I	坍塌	作业人员漏埋、错埋预埋件或预埋件达不到设计要求,造成支架垮塌	1.钢管壁厚及焊接质量,必须进行检查才能投入使用; 2.现场管理人员督促落实预埋件的埋设,验收合格,方可使用
		搭设过程中安全监管不到位,搭设后未进行检查验收	I	起重伤害、坍塌	支架垮塌,造成伤害	1.钢管、主梁、分配梁、底板吊装下放时,要设置溜绳牵引; 2.严格按照施工方案设置剪刀撑及平联,现场管理人员加强监控; 3.搭设完成后,必须进行检查验收
		钢管的起重吊装作业风险辨控,详见表4.8.2				

续上表

序号	工序	风险因素	风险等级	可能造成的后果		主要防控措施
				事故类型	伤害形式	
3	模板安装	起重设备或附属设施不能满足吊装需要	Ⅱ	起重伤害	吊装物件坠落砸伤作业人员	1. 起重设备选型合理,满足现场的要求,不超负荷使用; 2. 吊装前检查钢丝绳,确保无断丝或断股
		模板吊装过程中违章操作	Ⅱ	起重伤害	模板晃动过大,碰撞到周围的设备或人员,造成设备损坏或者人员伤死	1. 模板吊装下放时要设置溜绳牵引; 2. 吊车操作启动、制动要慢,避免吊物摆动、旋转
		模板安装完成后,未设置临边防护	Ⅱ	高处坠落	作业人员跌落	模板安装完成后,必须设置临边防护
4	预压	荷载分布不均;擅自改变预压方式	Ⅰ	坍塌	支架垮塌或倾覆,造成设备损坏、人员伤亡	1. 大雨大风天气必须停止作业; 2. 预压应严格按照方案要求实施,逐步均匀地增加配重,加强监测; 3. 砂袋应采取防雨措施,防止被雨淋湿
5	钢筋绑扎	安全防护措施不完善	Ⅱ	触电、高处坠落	配电柜、电焊机未接地,造成作业人员触电	1. 底板临边安全防护设施必须搭设到位; 2. 用电设备及配电柜必须接地
		钢筋的起重吊装作业风险辨控,详见表4.8.2				
6	内模安装	内模空间障碍物过多;未配置消防器材	Ⅲ	火灾、物体打击	空间受限,障碍物过多,作业人员发生磕碰;变截模板现场加工时引发火灾	1. 应该及时清除内模空间障碍物; 2. 模板加工场所必须配置消防器材
7	混凝土浇筑	混凝土浇筑风险辨控,详见表4.5.2				
8	张拉	现场管理不到位	Ⅱ	机械伤害	张拉时,损坏千斤顶或伤害人员	1. 千斤顶必须经过检验合格后,方可使用; 2. 千斤顶顶力作用线方向不得有人; 3. 两端张拉时,加强联络,配合作业
		安全防护措施不完善	Ⅱ	物体打击、高处坠落	钢绞线断裂弹出,造成人员高处坠落或伤亡	1. 张拉时设置安全标识牌并划定警示区域; 2. 张拉位置搭设操作平台并设置临边防护; 3. 高压油泵作业人员佩戴护目镜

续上表

序号	工序	风险因素	风险等级	可能造成的后果		主要防控措施
				事故类型	伤害形式	
9	支架模板拆除	支架模板的拆除无人监管,作业现场混乱	Ⅱ	坍塌、物体打击	支杆砸伤地面作业人员	1. 拆除现场设置警戒区; 2. 专人指挥高空拆模; 3. 由上而下,按顺序拆除支架; 4. 不得将支杆抛掷到地面,采用机械设备吊装支杆; 5. 现场材料分类堆放整齐,并及时进行清理

7.12.3 警示案例

7.12.3.1 事故基本情况

12月18日11:00左右,某桥1/4处模板及钢筋发生翘起,上凸3~5cm,现场施工负责人指挥暂停两边浇筑,组织20多个民工上去踩,结果另一边翘起,又用四块预制板往下压,后又在模板上钻孔用钢筋将凸起模板与贝雷架连接,用三个手动葫芦拉紧。同时,组织24名民工到模板下(拱顶处)上调模板支撑螺栓。12月19日9:20,拱桥浇筑混凝土尚差2~3m就要合龙时,支架及桥面突然坍塌,正在桥面作业的90多人随桥面坍塌坠入74m深的沟底,造成32人死亡、14人重伤的特大事故。

7.12.3.2 事故原因

(1)直接原因

施工支架设计强度低、稳定性不够,不能承受大桥施工时的荷载,使支架失稳倒塌。

(2)间接原因

①公路工程公司管理混乱,无视安全,蛮干乱干;没有支架搭设、桥面浇筑方案的具体方法、步骤、规定;没有安全防范技术措施,对临时招来的农民工,未进行岗前培训;在浇筑混凝土过程中,曾多次多处出现模板、钢筋严重翘起、变形的事故征兆,现场主管人员未采取有效措施,而是强行施工;施工现场没有安全员,安全生产责任制不落实,电工、电焊工、机械工无证上岗,作业人员不懂安全操作规程。

②由不具备资质条件的单位设计和施工,公路改建指挥部委托丙级设计资质、未在广东注册的单位进行勘察设计,后期变更设计也未经原设计单位同意。

③公路工程公司车船修配厂违反工商管理规定,超出经营范围承接支架设计制作任务。在设计制作中,只根据公路工程公司的要求和计算数据,支架几何尺寸和强度均达不到要求。在安装中出现支架钢管立柱切口位置与工字梁尺寸不符时,该厂仍指导对钢管立柱切割及重新焊接。由于非专业人员焊接,焊接错位,质量严重受到影响。

④监理工作不到位。但在施工中,施工单位既没有提交施工设计图纸资料,也没有提交施工支架方案,监理也未采取有效措施。

7.13 0号、1号块施工

7.13.1 主要工序

0号、1号块现浇分为连续梁及刚构两种结构形式。其中,连续梁0号、1号块施工时要设置临时固结,临时固结待合拢后拆除。0号、1号块主要施工方法包括落地支架法、墩旁托架法、墩旁预应力张拉托架法等。

本节以墩旁托架法为例,0号、1号块施工作业主要包括以下工序:施工准备、牛腿预埋件安装、托架及底模安装、预压、钢筋绑扎及模板安装、混凝土浇筑、拆除。

7.13.2 风险辨控

0号、1号块风险辨控,见表7.13.2。

表7.13.2 0号、1号块风险辨控

序号	工序	风险因素	风险等级	可能造成的后果		主要防控措施
				事故类型	伤害形式	
1	施工准备	未编制专项施工方案或方案未经审批;作业人员不清楚施工风险	I	坍塌、其他伤害	0号、1号块垮塌,发生伤害	1. 必须编制专项施工方案,并通过审批; 2. 对作业人员进行安全教育及交底
		施工现场的安全监管不到位	I	高处坠落、物体打击	作业人员跌落或被砸伤	1. 设置警戒区; 2. 作业人员必须正确使用个人防护用品; 3. 恶劣天气禁止作业
2	牛腿预埋件安装	吊篮未与钢筋紧固;牛腿未焊接牢固就进行下一步工序	I	高处坠落、坍塌	挂篮脱落、0号、1号块垮塌,发生伤害	1. 吊篮必须与钢筋紧固; 2. 牛腿吊装下放时要设置溜绳牵引; 3. 牛腿必须与预埋件焊接牢固
		起重吊装作业风险辨控,详见表4.8.2				
3	托架及底模安装	未按方案要求进行搭设	II	起重伤害	主承重梁整体0号、1号块支架垮塌,造成设备损坏、人员伤亡	1. 主承重梁搭设要有现场管理人员监督; 2. 各构件必须按照方案要求搭设,并进行验收
		主梁吊装未设溜绳	II	起重伤害	主梁晃动过大,碰撞到周围的设备或人员,造成设备损坏或者人员伤亡	主梁吊装下放时要设置溜绳牵引
		起重吊装作业风险辨控,详见表4.8.2				

续上表

序号	工序	风险因素	风险等级	可能造成的后果		主要防控措施
				事故类型	伤害形式	
4	预压	预压过程中荷载分布不均;监控不到位	Ⅱ	坍塌	托架受力不平衡,失稳坍塌	1.按照预压荷载分配图施加重量; 2.应设专人监控监测,过程中出现异常声响,立即终止预压
		安全防护措施不完善	Ⅱ	高处坠落	作业人员从脚手架上坠落,造成伤亡	1.主桥桥面翼缘板边上设置1.2m高钢管护栏,并用安全网将其封闭; 2.禁止临时操作平台上留探头板,操作平台边缘设置防护栏; 3.悬挂醒目的安全警示标志
5	钢筋绑扎及模板安装	作业现场无专人指挥	Ⅱ	高处坠落、起重伤害	手拉倒链故障时,起重物、工具掉落砸伤作业人员	1.底模标高调整时,听从专人指挥,站在铺设稳定的脚手板上; 2.上下层存在交叉作业时,要有专人统一指挥,进行监督指导
		悬臂浇筑采用桁架挂篮施工时,使用的机具设备不符合安全规定	Ⅰ	起重伤害、物体打击	机具故障,起重物坠落	使用安全的机具设备(如千斤顶、滑车、手拉倒链、钢丝绳等),进行浇筑作业
		模板未经验收即开始使用	Ⅱ	坍塌	模板失稳,坍塌	模板经验收合格后,方可投入使用
6	混凝土浇筑	混凝土浇筑时两端未对称、平衡进行;混凝土上乱堆杂物	Ⅱ	坍塌、物体打击	墩柱两侧受力不平衡,导致倾覆;杂物掉落,砸伤人员	1.混凝土浇筑时两端对称、平衡进行; 2.浇筑的节段混凝土面上禁止堆放杂物
		安全防护措施不完善	Ⅱ	高处坠落	施工人员从洞口坠落,造成伤亡	1.浇筑箱梁预留洞口覆盖钢板或设置护栏,设警示标志; 2.浇筑混凝土的两端及时设置防护栏; 3.应设置醒目的安全警示标志
		混凝土浇筑风险辨控,详见表4.5.2				
7	拆除	现场监管不到位	Ⅰ	坍塌、物体打击	0号、1号块支架坍塌发生伤害;构件脱落砸伤作业人员	1.按方案中的顺序进行拆除; 2.拆除焊接构件时,必须采用手拉倒链拆除构件; 3.构件上杂物必须清理干净,工具放入工具包内
		起重吊装作业风险辨控,详见表4.8.2				

7.14 挂篮安拆与悬浇

7.14.1 主要工序

挂篮分为菱形挂篮、三角挂篮、桁架挂篮等。

本节以菱形挂篮(后支点)为例,分挂篮安拆与挂篮悬浇两部分进行风险辨控。

挂篮安拆施工作业主要包括以下工序:施工准备,挂篮进场验收,行走、锚固主桁系统安装,悬吊系统安装,底篮安装,模板系统安装,安全防护系统安装,检查验收,拆除。

挂篮悬浇施工作业主要包括以下工序:施工准备、预压、钢筋绑扎及模板安装、混凝土浇筑、挂篮前移。

7.14.2 风险辨控

7.14.2.1 挂篮安拆风险辨控

挂篮安拆风险辨控,见表7.14.2-1。

表7.14.2-1 挂篮安拆风险辨控

序号	工序	风险因素	风险等级	可能造成的后果		主要防控措施
				事故类型	伤害形式	
1	施工准备	施工准备工作不充分	I	坍塌、高处坠落、物体打击	挂篮垮塌;作业人员坠落	1.挂篮安拆必须编制安全专项方案; 2.挂篮安拆前必须对作业人员进行安全技术交底; 3.作业人员必须正确使用个人防护用品
2	挂篮进场验收	操作人员无证上岗;挂篮进场未进行检查和验收	I	坍塌	挂篮垮塌,造成伤害	1.作业人员必须持证上岗; 2.挂篮进场后必须经过检查与验收
3	行走、锚固主桁系统安装	主桁架安装时未设置溜绳,吊车操作不当,主桁架空中晃动过大	II	起重伤害	主桁架晃动过大,碰撞设备,造成损坏;人员伤亡	1.主桁架吊装下放时要设置溜绳牵引; 2.吊车操作时启动要慢,制动也要慢,避免吊物摆动、旋转
		构件搭设不牢固	II	坍塌	主桁架垮塌砸伤作业人员	1.后锚固必须与主桁架固定牢实; 2.主桁架要固定牢实,验收合格,方可使用; 3.0号块上材料、杂物必须堆放整齐
		起重作业风险辨控,详见表4.8.2				
4	悬吊系统安装	非专业人员现场组拼悬吊系统	I	坍塌	悬吊系统组拼错误,造成施工悬臂坍塌	必须由专业人员现场组拼悬吊系统
5	底篮安装	底篮提升不符合规范要求	II	坍塌、物体打击	0号块上受力不平衡引起挂篮垮塌;底篮坠落砸伤作业人员	1.底篮拼装加固牢实后,方可提升底篮; 2.底篮拼装提升必须对称

续上表

序号	工序	风险因素	风险等级	可能造成的后果		主要防控措施
				事故类型	伤害形式	
6	模板系统安装	吊装模板时,指挥不当或未进行检查	Ⅰ	起重伤害	正在吊装的模板磕碰已安装好的模板,致使模板掉落,伤害作业人员	1. 派专人指挥; 2. 模板安装完毕后,须检查扣件或螺栓是否紧固
		起重吊装作业风险辨控,参详见表4.8.2				
7	安全防护系统安装	施工作业平台安全防护措施不完善	Ⅱ	高处坠落	人员从施工平台高处坠落	1. 按要求在挂篮四周及底篮翼缘板、底板设围栏、工作平台及安全通道; 2. 设置专用爬梯,悬挂安全警示标志、标牌,按规定上下
8	检查验收	使用前,未检查或验收挂篮杆杆件及机具设备的安全状况	Ⅱ	物体打击、坍塌	挂篮杆件断裂、挂篮结构不稳固、承重状况不明确,发生坍塌,砸伤下方作业人员	1. 使用前,全面检查挂篮杆件及机具设备的安全状况; 2. 挂篮拼装时,及时稳固构件,将其连为一体; 3. 挂篮组拼后必须进行全面检查和静载试验; 4. 拼装完成后挂篮必须组织验收,验收合格后,方可投入使用
9	拆除	现场管理不到位	Ⅲ	物体打击	挂篮上的材料、杂物掉落,砸伤作业人员;地面障碍物磕绊作业人员,造成伤害	1. 必须设置警戒区; 2. 严禁将各构配件抛掷至地面; 3. 应及时清理脚手架上的材料及杂物
		拆除顺序不符合施工方案要求	Ⅰ	坍塌	挂篮倾覆,发生伤害	按方案规定的顺序拆除

7.14.2.2 挂篮悬浇风险辨控

挂篮悬浇风险辨控,见表7.14.2-2。

表7.14.2-2 挂篮悬浇风险辨控

序号	工序	风险因素	风险等级	可能造成的后果		主要防控措施
				事故类型	伤害形式	
1	施工准备	施工准备不充分	Ⅰ	坍塌、高处坠落	挂篮垮塌;作业人员不清楚作业过程中的危险因素,造成伤害	1. 必须编制专项施工方案并通过审批; 2. 必须对作业人员进行安全教育及交底; 3. 作业人员正确佩戴劳动防护用品

续上表

序号	工序	风险因素	风险等级	可能造成的后果		主要防控措施
				事故类型	伤害形式	
2	预压	施工区域混乱,无人监管;预压荷载分配不均匀	Ⅱ	坍塌	挂篮失稳,发生坍塌	1. 预压区域设置警戒线; 2. 危险点由专人监控监测,过程中出现异常声响,立即终止预压; 3. 按照预压荷载分配图施加重量
		安全防护措施不完善	Ⅲ	高处坠落	人员从高处坠落	1. 主线桥翼板缘模板边上设置1.2m高钢管护栏,并用安全网将其封闭; 2. 禁止临时操作平台上留探头板,操作平台边缘设置防护栏; 3. 悬挂醒目的安全警示标志
3	钢筋绑扎及模板安装	多人作业未设专人统一指挥;作业人员未站在铺设稳定的脚手板上	Ⅱ	高处坠落	作业人员从脚手架上坠落,造成伤亡	1. 底模标高调整时,听从专人指挥,站在铺设稳定的脚手板上; 2. 上下层存在交叉作业时,要有专人统一指挥,进行监督指导
		模板安装试验的设备不合格;未经验收即投入使用	Ⅱ	坍塌	模板失稳,坍塌	1. 使用安全的机具设备(如千斤顶、滑车、手拉葫芦、钢丝绳等),进行模板安装作业; 2. 在倒链葫芦的位置加设保险绳; 3. 模架经验收合格后,方可投入使用
4	混凝土浇筑	混凝土浇筑两端受力不平衡;或未按施工方式实施	Ⅱ	坍塌、物体打击	墩柱两侧受力不平衡或梁体结构强度不够,发生坍塌;杂物掉落,砸伤人员	1. 两端对称、均衡地浇筑混凝土; 2. 新浇筑节段混凝土施加预应力后,再移动挂篮; 3. 浇筑的节段混凝土面上禁止堆放杂物
		安全防护措施不完善	Ⅱ	高处坠落	施工人员从洞口坠落,造成伤亡	1. 浇筑箱梁预留洞口覆盖钢板或设置护栏,设警示标志; 2. 应及时在浇筑的混凝土悬臂两端设置防护栏和警示标志
5	挂篮前移	挂篮前移,现场管理不到位	Ⅱ	坍塌	前移速度太快,挂篮溜出,发生坍塌	1. 挂篮行走中,设专人观察、监护; 2. 挂篮行走复位前,充分检查挂篮的安全防护设施和周边环境; 3. 5级及以上大风、雷雨等恶劣天气不得移动挂篮
		挂篮超速行走或两端行走距离差距过大	Ⅲ	坍塌	安全设施失效,挂篮坍塌	1. 挂篮行走时,速度不得超过0.1m/min; 2. 两端挂篮前行时,不同步量要小于0.5m

7.14.3 典型示范

挂篮悬浇施工风险防控典型示范,见表7.14.3。

表7.14.3 挂篮悬浇施工风险防控典型示范

典型示范	风险防控要点
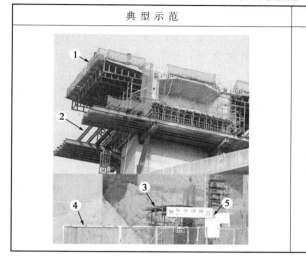	1. 临边设置防护栏杆和安全防护网; 2. 挂篮行走,两端平衡移动; 3. 搭设安全通道; 4. 作业区域设置围挡,禁止无关人员靠近; 5. 悬挂安全警示标志和安全操作规程

7.14.4 警示案例

7.14.4.1 事故基本情况

1996年7月15日上午9:00,某桥梁工程进行挂篮施工的准备工作,浮箱上的起吊机正在往0号块桥面上吊运万能杆件(吊物重1.5t,长2m)。当吊物上升到挂篮左侧上方时,站在0号块上的指挥人员指示吊车主臂向右旋转,以使吊物绕过挂篮落位于桥面上。在吊臂旋转的过程中,吊物的一端突然碰撞到支撑锚固蹬筋的千斤顶,并把千斤顶打倒,致使挂篮的两组后锚从横梁两端滑脱,挂篮失稳,整体从20m的高处坠落,正在挂篮上进行作业的7人随同挂篮一同坠入江中,3人获救,4人溺水死亡。

7.14.4.2 事故原因

(1)直接原因

①建设单位为了赶进度,在没有制定"挂篮施工工艺方案"的情况下进行挂篮施工。作业现场交叉作业,管理混乱,严重忽视了安全生产工作。

②施工单位未按照挂篮施工设计要求对锚固点进行锚固,工程负责人及现场技术人员视而不见,不检查、不纠正,造成挂篮整体稳定性差;吊车驾驶员在起吊作业过程中看不见指挥人员的手势和信号,盲目操作。

(2)间接原因

①该工地管理混乱,既未编制"挂篮施工方案",也未进行安全技术交底。

②施工负责人与现场技术人员,对存在的问题和隐患不检查、不纠正,隐患未能得到及时解决。

③《安全生产法》要求,在进行吊装等有较大危险作业时,必须有专人进行指挥,但该工地

指挥吊车人员没有明显的指挥信号,当吊物进入吊车司机看不见的"盲区"时,依然指挥主臂旋转,严重违反了吊车"十不准吊"的原则。

7.14.4.3 对事故有关责任人员的处置

(1)项目负责人不按施工规范编制挂篮施工方案及进行安全技术交底,抢进度,赶工期,盲目组织大会战,负主要领导责任。

(2)吊车指挥人员违章指挥,信号不明,判断失误,负直接责任。

(3)吊车司机违章操作,严重违反"十不吊"原则,凭感觉盲目操作,负直接责任。

7.14.4.4 事故防范措施

(1)对建设单位提出的不合理、不符合施工客观规律的要求,要冷静对待,谨慎行事,不能盲目顺从而赶工期、抢进度,必须把安全生产放在首位。

(2)尊重科学和客观规律,认真编制施工方案并进行安全技术交底。对施工的重点部位要进行专项安全检查,并对事故隐患进行整改和纠正。

7.15 拱桥

7.15.1 主要工法

拱桥施工作业主要包括以下工法:拱架施工法、转体施工法。

7.15.2 风险辨控

拱桥风险辨控,见表7.15.2。

表7.15.2 拱桥风险辨控

序号	工序	风险因素	风险等级	可能造成的后果		主要防控措施
				事故类型	伤害形式	
1	拱架施工法	拱石加工或砌筑石拱工程时,作业人员安全防护措施不完善	Ⅱ	物体打击、高处坠落	施工物料坠落,砸伤作业人员	1. 按规定正确穿戴安全带、防滑鞋等防护用品; 2. 作业人员与施工物料保持一定的安全距离
		砌筑拱圈时,未搭设作业平台;材料堆放不规范;监管不到位	Ⅱ	高处坠落、坍塌、物体打击	拱石或预制混凝土坠落,砸伤人员	1. 砌筑拱圈必须搭设脚手架和作业平台; 2. 砌筑拱圈时,派人观察拱架变形状况并检查卸架装置; 3. 拱架或脚手架上不得堆放过量材料、构件; 4. 拱石或预制混凝土堆积在拱架或脚手架上时,禁止人员在下方停留或休息; 5. 专人指挥抬运块件

续上表

序号	工序	风险因素	风险等级	可能造成的后果		主要防控措施
				事故类型	伤害形式	
1	拱架施工法	未按要求设置缆风绳,或设置的缆风绳防护措施不完善	I	坍塌、淹溺	拱架坍塌,损坏下方机械设施,造成人员伤亡	1. 无支架拱桥分段斥装的单肋合拢后及时设置缆风绳予以固定; 2. 双曲拱、箱形拱、纵横向悬砌拱桥施工时,应在架顶对称设置缆风绳,墩台顶设置的扣架底部应固定牢靠; 3. 在河流中设置缆风绳时,采取可靠的防护措施
		违规拆除拱架	II	坍塌、物体打击	拱架坍塌,造成作业人员伤亡	1. 统一指挥拱架拆除作业; 2. 不得使用机械强拽拱架; 3. 拆除拱架时,禁止上下同时作业
2	转体施工法	转体施工时,安全监控不到位	II	物体打击	砸伤下方人员、损坏设备	1. 平转前清除拱肋上多余物料; 2. 转动前进行检查,确保体位穿系灵敏,可控制转动体的速度和位置; 3. 转动过程中进行严密的监控
		扣索及卸扣不对称、不平衡	I	坍塌	失稳坍塌,砸伤作业人员	1. 同步提升扣索; 2. 按要求对称、均匀地放松扣索; 3. 就位后对称收紧风缆; 4. 对称卸扣
		安全通道或作业平台不符合要求	II	高处坠落	作业人员从拱肋上坠落	1. 拱肋上铺设防滑软梯,架设兰杆; 2. 禁止用拱圈替代脚手架作业
		跨越公路、铁路时,安全防护措施不完善	I	其他伤害	火车、通行车辆碰撞作业设备或人员	1. 设置作业警示区; 2. 专人指挥; 3. 设置安全警示标志
		焊接作业风险辨控,详见表4.7.2,高处作业风险辨控,详见表4.9.2				

7.15.3 警示案例

7.15.3.1 事故基本情况

某省 A 大桥全长 328.45m,桥面宽 13m,桥墩高 33m,设计 3% 纵坡,桥型为 4 孔、65m 跨径、等截面、悬链线、空腹式无铰拱桥,且为连拱石桥。2007 年 8 月 13 日,施工过程中,随着拱上荷载的不断增加,1 号孔拱圈受力较大的多个断面逐渐接近和达到极限强度,出现开裂、掉渣,接着掉下石块。受连拱效应影响,整个大桥迅速向 0 号台方向坍塌。造成 64 人死亡、4 人重伤、18 人轻伤,直接经济损失 3974.7 万元。

7.15.3.2 事故原因

(1)直接原因。

由于 A 大桥主拱圈砌筑材料未满足规范和设计要求,拱桥上部构造施工工序不合理,主拱圈砌筑质量差,降低了拱圈砌体的整体性和强度。随着拱上荷载的不断增加,造成 1 号孔主拱圈靠近 0 号桥台一侧 3~4m 宽范围内,即 2 号腹拱下的拱脚区段砌体强度达到破坏极限而坍塌,受连拱效应影响,整个大桥迅速坍塌。

(2)间接原因。

①施工单位某路桥公司道路分公司 A 大桥项目经理部,擅自变更原主拱圈施工方案,现场管理混乱,违规乱用料石,主拱圈施工不符合规范要求,在主拱圈未达到设计强度的情况下就开始落架施工作业。

②建设单位某公路建设公司,项目管理混乱,对发现的施工质量问题未认真督促施工单位整改,未经设计单位同意擅自与施工单位变更原主拱圈设计施工方案,盲目倒排工期赶进度,越权指挥,甚至要求监理不要上桥检查。

③工程监理单位某交通咨询监理公司,未能制止施工单位擅自变更原主拱圈施工方案,对发现的主拱圈施工质量问题督促整改不力,在主拱圈砌筑完成、强度资料尚未测出的情况下即签字验收合格。

④设计和地质勘察单位某设计院,违规将勘察项目分包给个人,地质勘察设计深度不够,现场服务和设计交底不到位。

7.15.3.3 对事故责任人员及责任单位的处理

(1)某路桥公司道路分公司项目经理部材料采购部负责人、A 大桥一号拱圈施工队包工头及片石供料包工头等 24 人由司法机关处理;某路桥公司总工办主任等 33 人给予相应党纪、政纪处分。

(2)对某路桥公司、某公路建设公司各处罚 500 万元;某路桥公司对所属道路分公司依法予以解散;对某路桥公司董事长等人给予罚款行政处罚。

7.15.3.4 事故防范措施

(1)严肃查处事故。对 A 大桥垮塌事故的相关责任人员一查到底,不管涉及什么人,都要按照法律规定公开严肃处理。同时,还要吸取血的教训,举一反三,采取防范措施,避免重大质量安全事故发生。

(2)认真吸取教训,切实进行整改。对在建工程中有问题而不认真整改的项目和不能切实承担起整改责任的单位,要采取坚决、果断的态度,该停建的项目必须坚决停建,该取消资质的必须坚决取消,该撤换责任人的必须立即撤换;对已建成而存在质量、安全隐患的建(构)筑物要立即停止使用,并着手进行处理,以杜绝重大质量安全事故的再次发生。做到及时发现问题、解决问题,不姑息、不迁就、不留隐患。

(3)切实加强对各级干部和广大群众的质量、安全宣传教育,提高认识、普及知识、强化意识。要充分发挥舆论工具和人民群众对工程质量的监督作用,在全社会形成对劣质工程强大的舆论压力。

7.16 斜拉桥

7.16.1 主要工序

斜拉桥施工作业主要包括以下工序：混凝土索塔、索塔横梁及塔身合龙施工，钢梁施工，斜拉索施工。

7.16.2 风险辨控

斜拉桥风险辨控，见表7.16.2。

表7.16.2 斜拉桥风险辨控

序号	工序	风险因素	风险等级	可能造成的后果		主要防控措施
				事故类型	伤害形式	
1	混凝土索塔	电气设备和线路漏电防护措施不完善	II	触电	设备线路漏电，作业人员触电	1.定期检查电气设备和线路，及时维修，确保绝缘良好； 2.各种电机机械设有接地保护，且接地电阻不得大于4Ω
		索塔的避雷系统不完善	II	触电	雷电击伤作业人员	1.索塔升高到20m以上时必须设置防雷设施； 2.避雷系统不完善要停止作业； 3.定期检查检测劲性骨架、模板、塔吊等构筑物上的防雷接地电阻
		高处作业及交叉作业安全防护措施不完善	II	高处坠落、物体打击	作业人员坠落，造成伤亡；施工物料砸伤人员	1.悬空作业设置的安全立网高度要大于1.5m； 2.通往索塔的人行通道的顶部设防护棚； 3.索塔设置上下扶梯和塔顶作业平台
		混凝土泵管不牢固	II	物体打击	混凝土管失稳坠落，砸伤作业人员	附墙设置混凝土泵管
		索塔上部、下部、塔腔内部通信不畅	III	其他伤害	意外紧急情况时，人员无法及时获得救助	1.配备对讲机等通信设备； 2.设置远程视频监控； 3.确保索塔上部、下部、塔腔内部通信良好
		未结合施工的特殊性配备消防器材	II	火灾	封闭空间着火，造成人员伤亡	按要求在索塔施工平台及塔腔内配备灭火器、防烟火面罩等消防器材

续上表

序号	工序	风险因素	风险等级	可能造成的后果		主要防控措施
				事故类型	伤害形式	
2	索塔横梁及塔身合龙施工	缆索套筒内施工防护措施不到位	I	物体打击	水泥浆坠落,砸伤人员	1. 缆索套筒内采用压注水泥浆; 2. 索塔超过50m时分段向上压注
		作业平台安全防护不完善	II	高处坠落	作业人员坠落,造成伤亡	1. 按要求焊接支架、栓接作业平台,确保牢固稳定; 2. 支撑模板四周的安全护栏不得低于1.2m
		横梁、塔身合龙段内部空心段拼装、拆除模板,未考虑作业环境的有限性	II	火灾、中毒和窒息	无法及时灭火,造成人员烧伤;通风不畅造成缺氧而窒息	1. 配备消防器材; 2. 采取通风措施
		异步施工,未采取安全措施	II	物体打击	施工物料砸伤人员	1. 横梁与索塔采用异步施工,采取防止物体打击的安全措施; 2. 塔桥与桥墩铰接时,塔身建到一定高度应设风缆
		浇筑塔身混凝土时,安全监管不到位	II	坍塌、物体打击	塔身稳定性差,漏斗坠落砸伤人员	1. 浇筑塔身混凝土时,按规定挂好减速漏斗及保险绳; 2. 漏斗上口应堵严
3	钢梁施工	钢梁起运作业安全防护措施不完善	II	坍塌	钢梁坠落砸伤人员	1. 钢梁运输应采取临时固定措施; 2. 吊装作业设置缆风绳
		违规操作桥面悬臂吊机	II	起重伤害	作业人员被梁体压伤或挤伤	禁止利用桥面悬臂吊机,调整梁段之间的缝宽及梁端高程
		箱梁内作业,安全防护措施不到位	II	触电、中毒和窒息、其他伤害	作业人员被辐射伤害;空间狭小呼吸困难;漏电造成触电	1. 梁段焊缝探伤作业人员应穿着防辐射背心; 2. 保持钢箱梁内通风状况良好; 3. 箱内要使用安全电压
		恶劣天气冒险作业	I	坍塌	梁体受力失去控制而坍塌	禁止大风季节进行大跨径斜拉桥施工
4	斜拉索施工	放索船不平衡;未配备防护装备	II	淹溺	作业人员落入水中	1. 船上设置索盘架,平衡地放索船; 2. 斜拉桥、悬索桥施工中要配备水上救护船只
		斜拉索展开时,与操作人员安全距离不足	II	物体打击	作业人员被索体弹碰造成伤亡	斜拉索展开时,操作人员与索体距离要大于1m

续上表

序号	工序	风险因素	风险等级	可能造成的后果 事故类型	可能造成的后果 伤害形式	主要防控措施
4	斜拉索施工	安全通道及作业平台不符合要求	II	高处坠落、其他伤害	作业人员从塔端坠落,造成伤亡	1.塔端挂索施工平台搭设要牢固; 2.塔腔内设置人员疏散安全通道
		索塔内作业人员安全意识低	I	物体打击、爆炸、火灾	砸伤下方人员;人员炸伤或烧伤	1.禁止作业人员向索孔外扔物品; 2.塔腔内不得存放易燃易爆物品
		塔腔内无应急通道	I	其他伤害	意外紧急情况时,无法逃离危险区域	塔腔内设置人员疏散安全通道
		千斤顶、油泵等机具及测力设备未校验合格就投入使用	II	起重伤害、机械伤害	无法正确判断承重情况,作业人员被压伤	1.千斤顶、油泵等机具及测力设备校验合格后,方可投入使用; 2.螺栓拧合扭矩试验合格后,方可投入使用
		连接丝杆与斜拉索不顺直	III	坍塌	夹板发生变形,坍塌砸伤作业人员	加强检查验收

7.17 悬索桥

7.17.1 主要工序

悬索桥施工作业主要包括以下工序:猫道、先导索、猫道架设与拆除、主缆、索夹与吊索。

7.17.2 风险辨控

悬索桥风险辨控,见表7.17.2。

表7.17.2 悬索桥风险辨控

序号	工序	风险因素	风险等级	可能造成的后果 事故类型	可能造成的后果 伤害形式	主要防控措施
1	猫道	作业空间不足、不牢固	II	高处坠落	猫道受力不稳而坍塌;人员设备坠落	1.猫道的线形与主缆空载时的线形要平行; 2.猫道的净宽不能太窄
		承重索调整长度不够	I	坍塌	调整段滑落,猫道坍塌	承重索锚固系统两端的调整长度不得小于2m
2	先导索	先导索跨越区域安全监控与管理不到位	II	坍塌、物体打击	先导索坍塌损坏跨越构筑物;船体碰撞先导索	1.对先导索跨越区域进行密切监控; 2.采用拖轮牵引先导索时,应进行封航,并设置警示信号; 3.恶劣天气下不得进行先导索牵引作业

续上表

序号	工序	风险因素	风险等级	可能造成的后果		主要防控措施
				事故类型	伤害形式	
3	猫道架设与拆除	钢丝绳损坏或连接不牢固	I	坍塌	承重索或钢丝绳断裂,猫道坍塌	1.承重索及其他钢丝绳验收合格后,方可投入使用; 2.先消除钢丝绳的非弹性变形; 3.确保接长的钢丝绳连接可靠
		承重索搭设不连续或不平衡	III	坍塌、高处坠落	两侧受力不平衡而坍塌;作业人员从高处坠落,造成伤亡	1.横桥向两侧同步架设承重索,数量差不可超过1根; 2.顺桥向架设承重索,边跨与中跨要连续
		猫道外侧安全防护设施不完善	III	高处坠落	作业人员从高处坠落,造成伤亡	1.猫道外侧必须设置扶手绳; 2.设置密目钢丝网
		猫道拆除未采取安全防范措施	II	坍塌	猫道坍塌砸伤作业人员	1.猫道拆除前,收紧承重索; 2.猫道下放前,清除下放垂直方向的障碍物; 3.分段按顺序拆除猫道面层和底梁; 4.影响拆除作业区域的翼缘要停止施工
4	主缆	索股安装不牢固;无监控量测	II	坍塌、物体打击	索股滑动无法承重,索塔坍塌,砸伤下方作业人员	1.索股牵引过程中观测其运行状况; 2.握索器与索股连接要可靠; 3.索股锚头入锚后,索股不得在鞍槽内移动; 4.索股整形入鞍时,禁止操作人员处于索股下方
5	索夹与吊索	吊运装备制动能力不足,人员所处位置不安全	II	起重伤害	吊运物坠落,造成人员伤亡	1.制动能力调整好再进行吊运作业; 2.吊运物体时,禁止作业人员沿主缆顶面行走
		索夹安装时安全措施不到位	II	物体打击	索夹坠落,作业人员被砸伤	1.猫道上摆放索夹的位置处铺设木板; 2.索夹在主缆上定位后,紧固螺栓
		开孔位置四周无防护或安全警示	III	高处坠落	作业人员从开孔处坠落,造成伤亡	1.开孔处应进行围挡; 2.在开孔位置四周设立警示标志

7.18 钢桥

7.18.1 主要工序

钢桥施工作业主要包括以下工序：表面清理与涂装、工地安装。

7.18.2 风险辨控

钢桥风险辨控，见表7.18.2。

表7.18.2 钢桥风险辨控

序号	工序	风险因素	风险等级	可能造成的后果		主要防控措施
				事故类型	伤害形式	
1	表面清理与涂装	未对环境及机械设备的安全性进行检查	II	中毒和窒息、触电	喷涂材料伤害人员；设备线路漏电或短路，操作人员触电	1. 喷漆作业人员要穿戴好防毒防护用品； 2. 定期检查电动机械和电缆线、照明线路绝缘状态
2	工地安装	施工过程忽视基础的稳定性与结构的可靠性	II	坍塌、机械伤害	基础坍塌或横梁失稳，砸伤作业人员	1. 在平整的作业台上组装钢梁杆件，基础应有足够的承载力； 2. 安装的横梁及时联结风构斜撑； 3. 作业人员不得将手伸入探孔
		构件上浮置物件或构件不牢固	III	坍塌、物体打击	浮置物件坠落，砸伤人员	1. 清除构件上的浮置物件后，再进行吊装； 2. 构件吊起后，运送的车辆或船舶迅速撤离至安全区域
		现场安全监管不到位，作业混乱	II	物体打击	工具掉落，砸伤人员	1. 装拆脚手架、上紧螺栓、铆合等禁止上下同时作业； 2. 禁止在梯子、溜绳、脚手架上拼装杆件； 3. 不得抛掷扳手、小工具、冲钉及螺栓等物品

7.19 桥面及附属工程

7.19.1 主要工序

桥面及附属工程施工作业主要包括以下工序：施工准备、湿接缝（横梁）、防撞墙钢筋安装及模板安装、桥面钢筋绑扎、桥面浇筑混凝土。

7.19.2 风险辨控

桥面及附属工程风险辨控,见表 7.19.2。

表 7.19.2 桥面及附属工程风险辨控

序号	工序	风险因素	风险等级	可能造成的后果		主要防控措施
				事故类型	伤害形式	
1	施工准备	作业人员不清楚施工危险因素	Ⅲ	高处坠落、物体打击	施工作业人员受到伤害	1. 必须对作业人员进行安全教育及交底; 2. 作业人员应正确佩戴个人防护用品
2	湿接缝(横梁)	安全监管不到位	Ⅲ	其他伤害	造成烫伤、触电等伤害	1. 严禁非电焊工操作,操作人员必须持证上岗; 2. 恶劣天气下禁止作业
		安全防护措施不完善	Ⅱ	物体打击、高处坠落	吊笼脱落,造成施工人员伤亡	1. 吊笼必须固定牢固,并设置警戒区; 2. 湿接缝施工必须设置临边防护
3	防撞墙钢筋安装及模板安装	移动式吊篮安全性能差	Ⅰ	高处坠落、物体打击	移动式吊篮倾覆,造成伤害	移动式吊篮必须经过结构验算
		立柱模板拼接不稳定	Ⅱ	坍塌、物体打击	模板及材料掉落,砸伤下方人员	1. 用绳索吊模板时,绳扣必须保证牢固; 2. 立柱模板拼装螺丝数量必须充足、连接必须牢固
		模板及材料随意堆放	Ⅰ	坍塌、物体打击	模板、材料坍塌,造成施工人员伤亡	模板及材料堆放处严禁靠近临边、洞口
4	桥面钢筋绑扎	钢筋绑扎过程中安全防护措施不完善	Ⅱ	触电、起重伤害	操作人员触电伤亡;钢筋晃动过大,碰撞作业人员	1. 严禁施工过程中钢筋与带电体接触; 2. 吊运钢筋应加设溜绳
5	桥面浇筑混凝土	浇筑混凝土作业风险辨控,详见表 4.5.2				

7.19.3 典型示范

桥面及附属设施施工风险防控典型示范,见表 7.19.3。

7 桥涵工程

表 7.19.3　桥面及附属设施施工风险防控典型示范

典 型 示 范	风险防控要点
	1. 桥面作业临空、临边设置防护栏杆、防坠网，且绑扎牢固； 2. 预留孔设置钢筋网进行罩盖

7.19.4　警示案例

7.19.4.1　事故基本情况

1991 年 9 月 10 日，在架梁组长庞某指挥下，某立交桥第三孔梁调整到位，接着在该梁上的外侧立防撞墙模板并浇筑混凝土。9 月 26 日，在拆除右侧边梁上防撞墙固定模板的斜拉钢筋时，该梁突然倾覆，2 名工人随梁坠落，造成 1 人死亡，1 人受伤。此时，梁体倾覆砸中正在运送水泥的柴油翻斗车，砸死 3 人，砸伤 1 人。

7.19.4.2　事故原因

（1）直接原因

违章作业是造成此次事故的直接原因。偏移的梁体调整到位后，韦某未及时把梁焊接在连接钢板上，而是将两梁上沿预留的钢筋扭动连接起来，作为临时加固。立模前未检查梁的稳固情况即立模、灌注，致使拆除防撞墙模板时造成该梁重心外移而倾覆。

（2）间接原因

检查制度不落实是造成此事故的间接原因。负责指挥施工的副队长王某没对上道工序检查就安排了立模灌注。负责技术指导的殷某在移梁后也没有对梁的稳定性进行检查。翻斗车进入第三孔梁右侧边梁下陷入泥中，由于无安全防护措施，造成事故扩大。

7.19.4.3　对事故有关责任人员的处置

（1）担任配属架梁组焊接桥面连接钢板任务的电焊组长韦某是此次重大事故的直接责任者，给予留用察看 2 年的处分。

（2）副队长王某是此次事故的主要责任者，给予撤销副队长职务处分；队长王某对现场施工组织不严，对此次事故负有重要责任，给予行政记大过处分。

（3）助理工程师殷某对移梁后的技术安全工作检查不细，立模组长李某在施工前没有按规定检查确认上一道工序是否完成，分别给予行政警告处分。

7.19.4.4 事故防范措施

牢固树立"安全第一、预防为主、综合治理"的思想,增强安全意识;加强安全教育和岗位技术培训,狠抓各项规章制度的落实;强化基础工作,严格劳动纪律,加强对民工队伍的管理,严格按规定录用。

7.20 圆管涵

7.20.1 主要工序

圆管涵施工作业主要包括以下工序:施工准备、基坑开挖、现浇管座、安装圆管。

7.20.2 风险辨控

圆管涵风险辨控,见表7.20.2。

表7.20.2 圆管涵风险辨控

序号	工序	风险因素	风险等级	可能造成的后果		主要防控措施
				事故类型	伤害形式	
1	施工准备	作业人员不清楚施工危险因素	Ⅲ	坍塌、高处坠落、物体打击	基坑垮塌,造成伤害	1.必须对作业人员进行安全教育及技术交底; 2.作业人员必须正确使用个人防护用品
2	基坑开挖	未按施工方案开挖工作面、坡度,未设置防排水设施	Ⅱ	坍塌、其他伤害	边坡不稳定而坍塌;作业机械无法回转	1.按照技术规范和设计要求预留工作面; 2.按照设计要求进行基础开挖与支护
		安全防护措施不完善	Ⅲ	高处坠落	人员、材料或机械设备等坠入基坑	1.对基坑进行围挡; 2.基坑周围设置安全警示标志; 3.挖掘机要与基坑保持安全距离,开口线2m范围内不允许堆载
3	现浇管座	支模前未检查稳定性	Ⅲ	坍塌	支模处坍塌	基坑边坡稳定、支护坚实方可进行支模
		向基坑吊送材料和工具时,未设置安全防护设施;无人监管	Ⅲ	物体打击、起重伤害	材料或工具砸伤作业人员,损坏设备	1.设专人监护; 2.设置溜槽和绳索,且溜槽必须搭设牢固; 3.溜槽下不得站人; 4.禁止在吊装物下通行或作业
		混凝土浇筑风险辨控,详见表4.5.2				
4	安装圆管	安装时,无专人统一指挥	Ⅱ	物体打击	圆管坠落砸伤作业人员	1.设专人统一指挥; 2.加强配合沟通,多台千斤顶和手拉葫芦同步作业

7.21 盖板涵、箱涵

7.21.1 主要工序

盖板涵、箱涵施工作业主要包括以下工序：施工准备、基坑开挖、基础浇筑与涵身浇筑、盖板安装、砌筑附属工程、台背回填。

7.21.2 风险辨控

盖板涵、箱涵风险辨控，见表7.21.2。

表7.21.2 盖板涵、箱涵风险辨控

序号	工序	风险因素	风险等级	可能造成的后果		主要防控措施
				事故类型	伤害形式	
1	施工准备	作业人员未进行安全技术交底	Ⅲ	高处坠落、物体打击、机械伤害、触电等	作业人员受到伤害	1. 必须对作业人员进行安全教育及技术交底； 2. 作业人员必须正确使用个人防护用品
2	基坑开挖	未按施工方案开挖工作面、坡度；未设置防排水设施	Ⅱ	坍塌	机械作业平台不稳定，造成边坡不稳定二次坍塌	1. 按照技术规范和设计要求预留工作面，宽度要满足生产需要； 2. 按照设计要求，进行基础开挖与支护； 3. 采取有效的排降水措施； 4. 挖掘机要与基坑保持安全距离，开口线2m范围内不允许堆载； 5. 每班前检查坑壁的稳定性
		自下而上刷坡	Ⅱ	坍塌	边坡不稳定而坍塌	1. 自上而下刷坡； 2. 安排人员定时巡查
		人工开挖配合不力	Ⅱ	坍塌	边坡不稳定坍塌	按照施工方案合理的分配劳动力，严禁各自蛮干
		安全防护措施不完善	Ⅱ	高处坠落、坍塌	设备、人员坠入基坑	1. 深基坑开挖设置人行爬梯； 2. 基坑周围设置安全警示标志
3	基础与涵身浇筑	振捣器的用电不安全	Ⅱ	触电	振捣器漏电，造成操作人员触电	1. 不得用电缆线拖拉、吊挂振捣器； 2. 禁止在振捣棒电缆线上堆压物品
		起重机械与架空线路小于安全距离、无防护措施	Ⅰ	触电	起重机械挂断架空线	1. 起重机械与架空线路保持安全距离； 2. 设置安全防护措施

续上表

序号	工序	风险因素	风险等级	可能造成的后果		主要防控措施
				事故类型	伤害形式	
3	基础与涵身浇筑	起吊作业人员违章作业	Ⅱ	起重伤害	构件、物料坠落,砸伤作业人员	1. 吊装时,禁止长时间将构件、物料停留在空中; 2. 不得单点起吊钢筋; 3. 吊斗安全防护要牢固
		支架、模板不稳定,相关作业无法进行	Ⅱ	坍塌、高处坠落	模板失稳,砸伤作业人员;作业人员跌落	1. 支架、模板安装要牢固; 2. 模板安拆及浇筑混凝土时必须搭设操作平台; 3. 浇筑混凝土时必须有专人进行巡查
4	盖板安装	盖板吊装晃动较大,无法操作	Ⅱ	起重伤害	盖板吊装晃动较大,碰撞挤伤作业人员	1. 吊装作业要设置溜绳; 2. 设置临时操作平台
5	砌筑附属工程	施工现场杂乱;检查巡视不到位	Ⅲ	物体打击	材料掉落,砸伤人员	1. 规范堆放砌筑材料; 2. 按要求检查砌筑结构的稳定性; 3. 对上方不稳定物料进行防护
		高处作业风险辨控,详见表4.9.2				
6	台背回填	现场管理不到位,安全防护措施不完善	Ⅲ	其他伤害	无关人员及车辆误入,造成伤害	1. 必须设置警戒区,封闭交通; 2. 设安全警示标志牌

7.21.3 典型示范

盖板涵基础施工风险防控典型示范,见表7.21.3。

表7.21.3 盖板涵基础施工风险防控典型示范

典型示范	风险防控要点
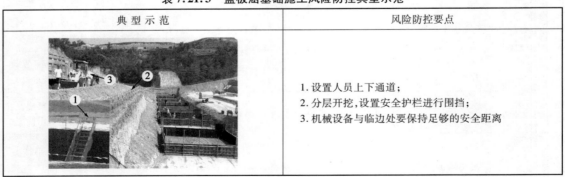	1. 设置人员上下通道; 2. 分层开挖,设置安全护栏进行围挡; 3. 机械设备与临边处要保持足够的安全距离

8 隧道工程

8.1 洞口施工

8.1.1 主要工序

洞口施工作业主要包括以下工序：施工准备、地表处理、修筑防排水系统、开挖。

8.1.2 风险辨控

洞口施工风险辨控，见表8.1.2。

表8.1.2 洞口施工风险辨控

序号	工序	风险因素	风险等级	可能造成的后果		主要防控措施
				事故类型	伤害形式	
1	施工准备	未制定专项施工方案或方案不完善	I	坍塌	洞口坍塌造成人员伤亡，损坏机械设备	1. 依据施工组织方案制定专项施工方案； 2. 配备与施工方案相匹配的安全生产设备设施以及材料； 3. 对作业人员进行安全技术交底与培训
2	地表处理	施工前未处理地表危石；防护措施不全面	II	坍塌、物体打击	危石、浮土等砸伤下方作业人员；山体滑坡、坍塌，掩埋作业人员、损坏机械设备	1. 尽量避开雨季开挖； 2. 施工前先清理洞口上方及侧方可能滑塌的表土、灌木及山坡危石； 3. 对堆积层、断层破碎带、砂砾土石等不良地质进行加固； 4. 设置安全警示牌和防护网，禁止人员在下方站立或作业
3	修筑防排水系统	洞口边、仰坡上方的排水系统修筑不及时或防排水措施不当	II	坍塌	雨季山体被冲刷而滑塌，掩埋人员和设备	1. 及时完成洞口坡顶截水沟、洞口排水沟、路堑排水沟，形成排水系统； 2. 土质天沟要随挖随砌； 3. 疏通流水沟渠，排除积水
		洞口顶部表面凹坑未进行防水处理	II	坍塌	积水渗入，导致围岩变形、洞口坍塌，砸伤作业人员、损坏机械设备等	1. 将洞顶表面凹坑填平； 2. 进行防渗处理

续上表

序号	工序	风险因素	风险等级	可能造成的后果		主要防控措施
				事故类型	伤害形式	
4	开挖	洞口开挖未设置专用通道	II	高处坠落	作业人员摔落,造成人员伤亡	1.布置人员专用上下通道; 2.设置防护栏杆、防护网等临边防护; 3.保护周围建(构)筑物、既有管线、道路等
		施工作业平台不牢固	II	坍塌	脚手架或平台坍塌	1.技术负责人现场验收脚手架搭设; 2.定期检查施工作业平台
		洞口开挖方式不当;交叉作业	I	坍塌、物体打击	土石方坍塌,砸伤作业人员	1.洞口应先支护后开挖、自上而下分层开挖、分层支护; 2.不得掏底开挖或上下重叠开挖
		危险段的隧道洞口未采取安全防护措施	II	坍塌	洞口坍塌,造成人员伤亡、机械损害	1.陡峭、高边坡的洞口应根据设计和现场需要设安全棚、防护栏杆或安全网; 2.对危险段进行加固; 3.加强边、仰坡变形监测
		爆破作业不当或爆破后未进行处理即进行后续施工作业	II	物体打击、坍塌	片石掉落,砸伤人员,发生坍塌事故	1.洞口附近存在建(构)筑物且使用爆破掘进的,应采用控制爆破技术,并检测振动波及建(构)筑物的沉降和位移; 2.爆破后及时清除松动危石或夹层
		不良天气进行洞口开挖施工作业	II	坍塌	洞口坍塌,造成人员伤亡、机械损害	洞口开挖宜避开雨季、融雪期及严冬季节

8.1.3 典型示范

洞口施工风险防控典型示范,见表8.1.3。

表8.1.3 洞口施工风险防控典型示范

典型示范	风险防控要点
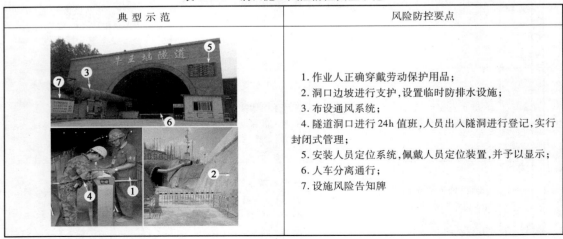	1.作业人正确穿戴劳动保护用品; 2.洞口边坡进行支护,设置临时防排水设施; 3.布设通风系统; 4.隧道洞口进行24h值班,人员出入隧洞进行登记,实行封闭式管理; 5.安装人员定位系统,佩戴人员定位装置,并予以显示; 6.人车分离通行; 7.设施风险告知牌

8.1.4 警示案例

8.1.4.1 事故基本情况

某隧道洞口位于国道上方陡崖上,施工中洞口边坡突然垮塌,垮塌石块总计约3000m^3,最大的一块是900m^3,造成现场施工人员3人死亡、1人受伤,在国道行驶中的大客车被掩埋,车内32人遇难。

8.1.4.2 事故原因

(1) 直接原因

隧道洞口边坡岩体在长期表生地质作用下,受施工爆破动力作用,致使边坡岩石沿原生隐蔽节理面与母岩分离,在其自身重力作用下失稳向坡外滑出,岩体瞬间向下崩塌解体,造成事故发生。

(2) 间接原因

①一是地质勘察与现场实际不符,勘察人员对该隧道进口段边坡岩体的隐蔽节理认识不足,对桥隧相连、与国道相交的高边坡洞口施工风险重视不够,未采取切实有效的措施探明不稳定岩体所处的位置和具体构造。地质勘察工作深度不够,进口下部没有设计锚索,而采取锚杆支护,对坍塌的巨石和边坡的稳定性没有起到加固和防护作用。在边坡设计中也没有充分考虑隧道施工爆破对边坡岩体稳定性的影响。

②施工单位对隧道进口超前地质探测工作不到位,没有采取水平钻探取岩芯做进一步探测分析;在施工过程中,对掌子面地质编录与观察记录深度不够,使得研究分析和正确判断地质变化等缺少依据;洞口段未按照批准的设计方案组织爆破施工,高边坡防护工程技术措施不到位;没有严格按照施工设计图纸的有关要求和工程措施组织施工;火工品管理混乱,爆破设计人员没有相应的资质。

③监理单位部分监理人员不具备隧道监理资质,对关键工序未做到旁站监理;监理员违规行使职权,代替监理工程师签名和签发指令;监理基础工作薄弱,履行职责不力,监理日志记录不全面、不规范。

④建设管理单位和安全监管单位履行职责不力,安全监管不到位。对勘察设计的技术管理不严格;隐患排查治理和安全监管不到位;对监理单位的合同履约疏于监管。

8.1.4.3 对事故有关责任人员的处理

(1) 分别给予设计院地路处工程师、设计院指挥部地质专业组长、设计院指挥部副指挥长兼总工程师、设计院院长等人行政处分。

(2) 隧道领工员(合同工)负有主要责任、开挖分队长依法解除劳动合同。

(3) 给予公司副总经理兼任安全生产总监、项目部负责人、项目总工兼安全生产总监、项目副经理、项目安质部部长等人行政撤职处分。

8.1.4.4 事故防范措施建议

(1) 安全监管部门要加强施工安全管理。一是要继续加大对重点工程安全检查的力度,对发现的安全隐患和问题必须督促整改到位。二是对一些高风险、特殊地质条件下的工程建设项目进行安全评估和论证,提出并落实有针对性的防范措施。三是对涉及交通运输安全的高风险工程,要逐步推行风险评估,加强重点监控。

(2)隧道施工领域要进一步深入开展安全检查和隐患排查,对重点工程,尤其是风险大、地质条件特殊的工程要逐一核查。要加强对高风险隧道和高危工点施工安全的监管,建立并落实相应的责任制,严格实行责任到人。建设单位要加强对勘察设计、监理和施工单位安全管理合同履约的考核。

(3)设计单位要抓紧对在建工程的安全设计进行复查。一是对地质状况进行深入复查,确保地质勘察工作做到位,尤其是对存在突水突泥、溶腔溶洞、滑坡、沉陷、岩崩、高陡边坡等危险地段,以及靠近既有铁路、公路、住宅、工厂、油气管线和其他重要公共设施的地段,要运用综合勘察手段,强化勘察、查明地况、弄清疑点、提早处理、不留后患。二是对设计方案、工程措施进行全面复查,及时加强薄弱环节,尤其是安全防护措施的设计,必须有可靠的理论计算和必要的试验、验证作为支撑。三是设计单位认真做好与现场施工的配合工作,根据现场施工所揭示的地质情况变化,对工程设计进行动态优化,及时加强安全技术措施。

(4)监理单位要认真履行安全监理职责。要严格执行监理规范,健全安全监理制度,落实安全监理责任,严把安全方案审查、安全措施落实、施工过程监控、施工人员持证上岗等关口,及时发现和纠正现场安全风险问题。发现重大安全隐患要及时报告建设单位,并及时进行整改。

(5)加强高风险隧道施工安全应急管理工作。对于爆破、高边坡施工、高桥、长隧、地质复杂工点以及可能对交通运输和居民生活、生产有影响的工点,要有针对性地制定应急救援预案和有效的安全保障措施,配备必要的逃生和自救设施、装备。要加强应急救援培训和演练,提高作业人员的避险、逃生和自救互救能力。要建立健全施工安全监测、预警和指挥系统,提高应对事故灾害的能力。

8.2 明洞施工

8.2.1 主要工序

明洞施工作业主要包括以下工序:开挖、浇筑、回填。

8.2.2 风险辨控

明洞施工风险辨控,见表8.2.2。

表8.2.2 明洞施工风险辨控

序号	工序	风险因素	风险等级	可能造成的后果		主要防控措施
				事故类型	伤害形式	
1	开挖	开挖前,洞顶及四周未设防排水设施	Ⅲ	坍塌	水流冲刷洞顶,破坏其稳定性	1. 开挖前,严格交底,加强管控; 2. 及时在洞顶及四周施作防水设施; 3. 尽量避开雨季开挖

续上表

序号	工序	风险因素	风险等级	可能造成的后果		主要防控措施
				事故类型	伤害形式	
1	开挖	开挖后未立即施作边坡防护	Ⅱ	坍塌	边坡失稳而坍塌	1.根据施工图设计及施工规范编制详细的施工方案； 2.根据围岩情况，严格按施工规范及施工方案组织施工
		松软地层未随挖随支护	Ⅰ	坍塌	软土坍塌	1.加强监控量测工作，做好量测记录； 2.在围岩软弱地段，密切观察洞内初期支护变形情况，加大监控量测频率，发现异常，及时反馈
		明洞槽遭雨水浸泡	Ⅱ	坍塌	失稳坍塌	明洞槽不宜在雨天开挖
		石质地段开挖未控制爆破炸药用量	Ⅰ	坍塌	爆破影响范围大，造成坍塌	1.与具备爆破资质的专业公司签订合同，由其负责爆破现场监管和指导； 2.加强爆破作业人员专业培训
		爆破后未及时排除危石或夹层	Ⅱ	物体打击、坍塌	危石掉落砸伤人员；软弱夹层坍塌，造成伤害	1.爆破完成后严格执行"一炮三检"制； 2.及时用机械清除松动危石或夹层
2	浇筑	仰拱混凝土未达到设计强度90%就安装明洞模板	Ⅲ	物体打击	模板失稳砸伤人员	检查试件，混凝土强度满足要求后，方可进行明洞模板安装
		开挖的掌子面无封闭措施	Ⅱ	坍塌	掌子面失稳坍塌	1.进行安全技术交底； 2.严格按照工序施工，对开挖掌子面进行初喷混凝土封闭
		模板及支架与脚手架之间相互连接，衬砌模板及支(拱)架安装不牢固	Ⅲ	坍塌	坍塌造成大面积伤亡事故	1.进行安全技术交底； 2.模板及支架安装应进行现场验收
3	回填	衬砌强度未达到设计要求或防水层未完成就回填	Ⅲ	坍塌	回填物损坏衬砌的稳定性	1.制作同条件混凝土试件； 2.检查试件强度满足要求，防水层施作完成后，方可进行回填
		明洞顶未进行土石回填	Ⅱ	其他伤害	外界活动影响明洞的安全性	严格按施工规范及施工方案组织施工
		两侧回填土高差大于0.5m	Ⅲ	坍塌	明洞出现偏压，失稳坍塌	严格按施工规范及施工方案组织施工

续上表

序号	工序	风险因素	风险等级	可能造成的后果		主要防控措施
				事故类型	伤害形式	
3	回填	拱圈混凝土强度未达到设计要求,就开始回填拱背土方	Ⅲ	坍塌	回填物损坏拱圈的稳定性	1.制作同条件混凝土试件; 2.检查试件强度满足要求后,方可进行回填
		回填完成后,拆除拱架无专人指挥和监管	Ⅱ	其他伤害	作业混乱造成伤亡	由专人指挥和监管拆除拱架

8.2.3 警示案例

8.2.3.1 事故基本情况

某隧道明洞段在开挖基坑时边坡开裂,施工队未向任何单位报告,自行加固。2003年6月19日1:40左右隧道发生坍塌;10:50现场监理得知塌方事故,立即上报监理站;16:25发现被埋人员,导致发生人员伤亡事故。

8.2.3.2 事故原因

(1)直接原因

塌方段边坡为流沙层,地质情况复杂;边坡支护有多处开裂,其中最大裂缝宽度已达8cm,深度为90cm。边坡地表植筋锚入长度设计值为3m,而施工时为1.5m;边坡支护钢筋网格设计值为 $\phi 8mm$,而施工所用钢筋为 $\phi 6mm$;设计锚杆为4m长的螺纹钢,而施工用2m长的螺纹钢。塌方段地质情况与设计资料基本相符,人为偷工减料致使工程质量降低是造成边坡坍塌事故的直接原因。

(2)间接原因

现场监理没有严格按照设计和验收标准进行工程质量检查、验收。

8.2.3.3 对事故有关责任人员的处理

项目总监未按规定上报事故,被撤职并罚款;对履职不到位的监理工程师,予以清退并罚收安全、质量保证金。

8.2.3.4 事故防范措施建议

(1)承包单位编制专项抢险施工方案,按照国家规定程序报审,经批准后组织实施,监理实施全过程监控。

(2)提高现场监理人员质量意识,要加强监理单位人员安全生产管理的危机感、紧迫感和责任感,熟悉安全法规。

8.3 开挖

8.3.1 主要工序

开挖施工作业主要包括以下工序:施工组织,监控监测及辅助设施,钻眼凿岩,开挖(双向开挖、全断面法开挖、台阶法、环形开挖、中隔壁法开挖、双侧壁导坑法开挖、仰拱开挖)。

8.3.2 风险辨控

开挖作业风险辨控,见表8.3.2。

表 8.3.2 开挖作业风险辨控

序号	工序	风险因素	风险等级	可能造成的后果		主要防控措施
				事故类型	伤害形式	
1	施工组织	进入隧道人员未佩戴安全防护用品	Ⅲ	物体打击、触电	被洞内掉落围岩等砸伤;线路漏电,造成人员触电	1.严格执行洞口24h值班进出登记制度; 2.人员进入隧道前,洞口值班人员检查安全防护用品是否正确佩戴
		隧道进出登记制度落实不到位	Ⅲ	其他伤害	事故后人员无法被准确营救	
		隧道施工各班组之间未建立完善的交接班制度	Ⅱ	其他伤害	交接不清,造成施工事故	各班组间建立交接班制度,明确交接时间、内容、人员等详细信息
		人工开挖作业未保持安全操作距离	Ⅱ	坍塌	坍塌掩埋	1.安全员跟班作业; 2.作业人员听从指挥
		爆破位置与起爆站距离太近	Ⅱ	物体打击	爆破物飞出砸伤人员	长度小于300m的隧道,起爆站应设在洞口侧面50m以外,其余隧道洞内起爆站距爆破位置不得小于300m
		机械开挖未划定作业区域,或未按施工设计划定作业区域	Ⅲ	坍塌	开挖坍塌,掩埋作业机械及作业人员	根据断面和作业环境划定安全作业区域,设置警示标志
		隧道开挖面作业人员超标	Ⅱ	其他伤害	群死群伤事故	1.严格落实《隧道施工安全九条规定》; 2.隧道开挖面作业人员不得超过9人
2	监控监测及辅助设施	当发现量测数据有不正常变化或突变,洞内拱顶下沉或地表下沉位移大于允许值,洞内或地表出现裂缝,喷层出现异常裂缝,未立即组织人员撤离现场或及时上报	Ⅰ	冒顶片帮	围岩失稳,造成人员伤亡,损坏设备	1.对量测数据及时回归分析; 2.出现异常时,立即组织人员撤离现场; 3.监控量测结果及时上报带班领导
		长隧道未安装声光报警系统和视频监控系统	Ⅲ	其他伤害	人员无法及时撤离危险区域	1.严格按规范要求配备、安装声光报警系统、视频监控系统和应急通信设备; 2.应监督落实现场检查

续上表

序号	工序	风险因素	风险等级	可能造成的后果 事故类型	伤害形式	主要防控措施
2	监控监测及辅助设施	长隧道开挖面未配备应急通信设备	Ⅱ	其他伤害	无法及时联络外界,无法获取准确的救助	1.严格按规范要求配备、安装声光报警系统、视频监控系统和应急通信设备; 2.现场检查,监督落实
		长大隧道开挖面至二次衬砌之间未设置救生管道	Ⅱ	其他伤害	被困人员无法及时获取救生物资	按要求设置内径不小于50mm的钢管救生管道
		不良地段处,在开挖面与二次衬砌之间未设置逃生通道	Ⅱ	其他伤害	人员无法及时撤离危险区域	1.在开挖面与二次衬砌之间设置直径为800mm、壁厚不小于11mm的钢管,作为安全逃生通道; 2.逃生通道随开挖进尺不断前移,距离开挖掌子面不得大于20m
3	钻眼凿岩	凿孔过程中,未派专职安全员随时检查工作面安全状况	Ⅲ	冒顶片帮	围岩失稳,造成人员伤亡、损坏设备	1.进行安全技术交底; 2.派专职安全员跟班作业; 3.认真填写检查记录
		机械凿岩时,机身、螺栓、卡套、弹簧或支架出现故障	Ⅲ	机械伤害	凿岩机故障,伤害操作人员	1.进行安全技术教育和培训; 2.班前先检查机身、螺栓、卡套、弹簧和支架的状况
		电钻钻眼时,作业人员未佩戴绝缘手套、绝缘胶鞋;用手导引回转钢钎	Ⅱ	机械伤害	钻机伤害作业人员	1.班前检查作业人员安全防护用品; 2.严禁用手导引回转钢钎,应采用电钻处理被夹住的钎子
		带支架的风钻钻眼时,支架安置不稳	Ⅱ	机械伤害	支架不稳,钻机伤害操作人员	1.支架设在渣堆上进行钻眼时,渣堆应稳定; 2.安全员加强现场检查
		风钻卡钻时,进行敲打或未关风即拆除钻杆	Ⅲ	机械伤害	钻机伤害作业人员	1.风钻卡钻时应用扳钳松动拔出,禁止敲打; 2.未关风前不得拆除钻杆
		在工作面内拆卸、修理风钻和电钻	Ⅱ	机械伤害	钻机伤害作业人员	1.对作业人员进行安全教育; 2.加大现场检查力度; 3.在工作面内不得拆卸、修理风、电钻
		在残眼中继续钻进	Ⅲ	火药爆炸	操作人员被炸伤	1.对作业人员进行安全教育; 2.加大现场检查力度
		发现涌水、突泥时,未及时处理仍继续开挖作业	Ⅰ	透水	淹溺作业人员及设备设施	1.制定应急预案; 2.作业现场设置专人监控; 3.发现异常,立即停止钻进,按应急预案的要求分级响应,有序撤离

续上表

序号	工序	风险因素	风险等级	可能造成的后果		主要防控措施
				事故类型	伤害形式	
4	双向开挖	双向开挖,未按设计方案预留充足的贯通距离	Ⅱ	坍塌	开挖坍塌,掩埋作业机械及作业人员	1. 开挖面间距15~30m时,改为单向开挖; 2. 停挖端的作业人员和机具及时撤离; 3. 遇土质或软弱围岩时,加大预留贯通的安全距离
	全断面法开挖	未严格控制一次同时起爆的炸药量	Ⅱ	坍塌	爆破范围增大,围岩失稳造成坍塌,掩埋作业人员和施工机械	1. 执行爆破专项方案; 2. 确定炸药种类与爆破专项方案一致; 3. 装药前安全员进行检查
		Ⅳ级、Ⅴ级、Ⅵ级围岩,采用全断面开挖	Ⅰ	冒顶片帮	围岩失稳坍塌,掩埋人员和施工机械	1. 严格按照设计图纸施工; 2. 安全、技术员现场监督
		地质条件较差地段,未对围岩进行超前支护或预加固	Ⅱ	冒顶片帮	围岩失稳坍塌,掩埋人员和施工机械	1. 加大监控量测频率; 2. 监控量测数据及时反馈给施工现场负责人; 3. 根据洞内围岩情况和超前地质预报资料,严格按施工规范及施工方案施工
	台阶法、环形开挖	台阶长度超标;台阶上、下部开挖循环进尺超标;落底后未及时作初期支护;未及时安装钢架并喷射混凝土,拱脚悬空	Ⅰ	冒顶片帮	围岩失稳坍塌,掩埋人员和施工机械	1. 台阶长度不宜超过隧道开挖宽度的1.5倍; 2. 台阶下部断面一次开挖长度应与上部断面相同,且不得超过1.5m; 3. 拱脚开挖后立即安装拱架、施作锁脚锚杆,锁脚锚杆数量、长度、角度应符合设计要求,并及时喷射混凝土; 4. 钢拱架底部接触面不得有虚渣,应采取垫块扩大承载面积等有效措施,确保坚实可靠,充分发挥钢架刚性支护,保障施工安全
	中隔壁法开挖	采用中隔壁法、交叉中隔壁法开挖隧道时,同层左、右两侧沿纵向错开距离超标,同侧上、下层开挖工作面距离超标;未经围岩量测确定围岩变形情况,就拆除中隔壁	Ⅰ	冒顶片帮	围岩失稳坍塌,掩埋人员和施工机械	1. 左右两侧导坑开挖工作面的纵向间距不宜大于15m; 2. 同侧上下层开挖工作面应保持3~5m距离; 3. 一次拆除长度根据变形监控量测信息确定,但不宜超过15m,并加强拆除过程监控量测

续上表

序号	工序	风险因素	风险等级	可能造成的后果		主要防控措施
				事故类型	伤害形式	
4	双侧壁导坑法	采用双侧壁导坑法时,侧壁导坑、中槽部位开挖台阶长度超标	I	冒顶片帮	围岩失稳坍塌,掩埋人员和施工机械	1. 及时施工初期支护并尽早封闭成环,左右导坑前后距离不小于15m; 2. 导坑与中间土体同时施工时,导坑要超前30～50m; 3. 导坑跨度宜为整个隧道跨度的1/3
	仰拱开挖	底板欠挖硬岩采用强爆破方式开挖	II	冒顶片帮	围岩失稳坍塌,掩埋人员和施工机械	底板欠挖硬岩采用人工钻眼松动、弱爆破方式开挖
		开挖后未立即做初期支护	II	冒顶片帮	围岩失稳坍塌,掩埋人员和施工机械	1. 进行安全技术交底; 2. 加大安全检查

8.3.3 典型示范

开挖作业风险防控典型示范,见表8.3.3。

表8.3.3 开挖作业风险防控典型示范

典型示范	风险防控要点
	1. 悬挂"隧道施工风险等级告知牌"; 2. 采用先进的凿岩设备; 3. 台车周边设置反光贴,悬挂安全警示标志; 4. 开挖作业面安排专人指挥

8.3.4 警示案例

8.3.4.1 事故基本情况

厦蓉高速公路后祠隧道进行开挖施工。2014年12月4日20:30左右,某集团分公司A3项目部17名开挖人员进洞作业(其中:8人钻孔、3人清孔、4人安装风管与水管、1人为装载机驾驶员、1人为带班人员),22:30 4名支护人员进洞进行喷浆作业,现场专职安全员罗某、兼职安全员李某在洞口位置进行安全监控。开挖过程中,隧道发生坍塌。12月6日11:40左右,

21名被困人员通过逃生通道成功获救。

8.3.4.2 事故原因

(1) 直接原因

①坍塌段地质条件差,坍塌前遭遇连续降雨。坍塌段为全、强风化花岗岩,结构松散,力学性质差,围岩自稳能力差,且存在偏压现象,加上2014年11月29日至12月4日连续降雨(累计降雨量为43.0mm,与常年同期相比多6倍),雨水渗入土体,加大土体自重,进一步削弱围岩的自稳能力,增加对初期支护的压力。

②违规进行换拱作业。一是施工单位换拱施工方案不合理,措施细化不到位;施工班组施工操作不规范,在未采取有效临时加固措施的情况下实施换拱作业,导致拱部围岩变形增大,加大初期支护受力,最终导致初期支护失稳而产生坍塌。二是监理单位对换拱方案的审查把关不严,未经认真会审即予批复;对现场作业监控不到位,对违反施工方案和操作规程的行为没有制止。

③其他导致坍塌的原因。一是二次衬砌距掌子面的距离过大,初期支护承受围岩压力的时间过长,初期支护的有效支撑能力降低。二是施工单位违规擅自改变开挖施工方法,致使土体扰动变大,减弱围岩自稳能力,增加初期支护的受力。三是换拱前后相关各方均没有对坍塌段落进行监测,未能发现异常现象并及时采取应急措施。

(2) 间接原因

施工单位项目部安全管理机构不健全,安全生产制度不落实,对风险认识与管控不足;总监理工程师未从事过隧道方面的专业工作,对隧道施工危险识别和判定标准不明晰,对隧道施工的监管不熟悉;监控量测单位工作不到位;设计单位常驻项目设计代表组后续服务不到位。

8.3.4.3 对事故有关责任人员的处理

依据《安全生产法》、《生产安全事故报告和调查处理条例》和《安全生产违法行为行政处罚办法》等法律法规,对某集团分公司、某工程咨询公司等参建单位给予处罚;由主管单位或行业主管部门对事故责任人给予处理。

8.3.4.4 事故防范措施建议

(1) 施工单位要严格按照有关规定编制切实可行的施工方案,严格按照设计、规范及专项施工方案施工,规范开挖和衬砌施工,避免掌子面距仰拱、二次衬砌的距离过长,对超前小导管、锚杆、拱架、初喷、仰拱等隐蔽工程应按设计施作到位并留有影像资料。要强化应急救援预案的编制和演练,对项目危险源进行分级动态管理,严格执行安全检查制度,及时掌控安全生产形势。要加大安全设施投入,严格按相关规定设置救生通道及应急包等应急救援设施;加强安全教育培训,切实增强安全防范意识,培养作业人员的风险意识和应急反应能力。

(2) 建设单位、监理单位对危险作业条件下的施工方案应予以重点审查,把好审批关,提高审查能力,认真执行设计和施工规范,加强现场质量安全监督管理。监理单位对施工过程中的重点部位和关键环节要加强旁站、巡视和平行检验,切实加强现场监控和技术指导,制止各类违规操作行为。

(3) 加强超前地质预报和监控量测工作管理。地质预报和监控量测单位应编制预报和量测实施方案,并按有关规定审查。在具体实施中,要严格按照设计、规范和指南的要求落实监测断面的设置、频次和时间,加强预警预报,做到将超前地质预报成果和监控量测结果在第一时间反馈给施工、监理、设计和建设单位,发现数据超标应立即停工撤离人员,严禁冒险施工作业,杜绝类似事故再次发生。

8.4 装渣与运输

8.4.1 主要工序

装渣与运输施工作业主要包括以下工序:装渣、爆破器材运输、渣土与人员运输、卸载。

8.4.2 风险辨控

装渣与运输风险辨控,见表8.4.2。

表8.4.2 装渣与运输风险辨控

序号	工序	风险因素	风险等级	可能造成的后果		主要防控措施
				事故类型	伤害形式	
1	装渣	装渣机械作业时,其回转范围内有人通过	Ⅱ	物体打击、机械伤害	掉落片石物体打击;机械碰撞伤害	1. 专人指挥,无关人员不得进入装载区; 2. 装渣机械在操作中,其回转范围内严禁人员通过
		装渣高于车厢	Ⅲ	物体打击	渣料掉落砸伤人员	严控装载方量,不得超载、超宽、超高运输
		装渣过程中,发现松动岩石或有塌方征兆时,未先处理再装渣	Ⅲ	冒顶片帮	塌方砸伤人员、损坏机械设备	1. 设专人检查开挖面围岩稳定情况; 2. 发现松动岩石及时进行机械排险; 3. 发现塌方征兆时,立即组织人员撤离
		装渣时,发现渣堆中有残留炸药、雷管,未立即上报处理	Ⅱ	火药爆炸	炸伤作业人员	1. 发现残留炸药或雷管立即上报,交由爆破人员处理; 2. 拒爆的炸药就地销毁,拒爆的雷管装入防爆箱交还炸药库,分别存放,统一销毁
2	爆破器材运输	利用翻斗车、自卸汽车、拖车等运送爆破器材	Ⅱ	火药爆炸	发生爆炸事故	1. 使用专用民爆车辆运送爆破器材; 2. 加大检查力度
		硝化甘油类炸药、雷管未用专用箱保存	Ⅱ	火药爆炸	发生爆炸事故	硝化甘油类炸药、雷管采用带盖的木质专用箱保存
		雷管与炸药一起运输	Ⅰ	火药爆炸	发生爆炸事故	炸药与雷管应分别装在两辆车内专车运送,两辆车间距应大于50m,并派专人护送

续上表

序号	工序	风险因素	风险等级	可能造成的后果		主要防控措施
				事故类型	伤害形式	
3	渣土与人员运输	违规运载人员与货物	Ⅲ	车辆伤害、物体打击	人员被料压伤或物件摆动伤人	1.进行安全教育培训; 2.严禁人料混载; 3.严禁车辆携带工具和物件露在车外
		燃烧汽油的车辆机械进入洞内	Ⅲ	其他爆炸	发生爆炸事故	隧道内施工不得使用以汽油为动力的机械设备
		洞内机械作业未派专人指挥	Ⅱ	车辆伤害	造成作业人员伤亡	1.专人指挥; 2.机械转弯处设醒目标识,提供适当照明,出入此区域的人员穿反光衣
		洞内运输车辆超载、洞内超车;速度超速行驶;无车辆限速标志	Ⅲ	车辆伤害	撞伤洞内施工人员	行车速度,在施工作业段和错车时不应大于15km/h,成洞段不宜大于20km/h
		进出隧道的作业人员扒车、追车或强行搭车	Ⅲ	车辆伤害	人员从车辆掉下,摔伤	1.进行安全教育培训; 2.加大检查力度
		双线运输时,错车车距过小	Ⅱ	车辆伤害	运输车辆撞到坑壁	双线运输时,错车车距大于0.4m或车辆距坑壁、支撑边缘的净距大于0.2m
		停放在洞内的机械设备处、洞口、平交道口及施工狭窄地段未设置安全警示标志	Ⅲ	车辆伤害	车辆碰撞而撞伤人员	1.设置明显警示标示; 2.必要时安排专人指挥交通; 3.凡接近车辆界限的施工设备与机械均应在其外缘设置低压红色闪光灯,显示限界
		长、特长隧道采用轨道运输时,违规载人	Ⅱ	车辆伤害	人员被装运渣料伤害	长、特长隧道有轨运输配备载人列车,设专人操作
		无轨运输未设置会车场地、转向场所及行人的安全通道	Ⅱ	车辆伤害	车辆碰撞,人员被撞伤	1.设立人行专用通道; 2.会车时,两车间的安全距离应大于50cm,并应关闭大灯,改用近光灯或小灯; 3.同向行驶的车辆,两车间的距离应大于20cm,洞为能见度较差时应予加大; 4.定期清洗后视镜和车灯,损坏时及时更换

185

续上表

序号	工序	风险因素	风险等级	可能造成的后果		主要防控措施
				事故类型	伤害形式	
3	渣土与人员运输	洞内照明亮度不够	III	车辆伤害	撞伤洞内施工人员或损坏设备设施	1.工作面和通道均应提供足够的照明； 2.危险地段设特殊照明灯； 3.定期检查、维修、清洁
		运输车辆带故障运行	II	车辆伤害	发生火灾或其他事故	作业前检查车辆，定期维修、保养车辆
		运输线路或道路上堆放废渣和杂物，平整度差	I	车辆伤害、物体打击	车辆侧翻；物体掉落	定时清除路面杂物，保持路面干净整洁
4	卸载	自卸汽车边卸渣、边行驶	I	车辆伤害、物体打击	掉落片石物体打击；翻车或碰撞	1.专人指挥卸渣； 2.确定车厢归位，再行驶
		卸渣场地边缘未设置挡木及标志	II	高处坠落	作业人员不慎掉落，发生伤害	卸渣场地边缘内0.8m处设置挡木及标志
		违规在坑洼、松软、倾斜的地面卸渣	I	车辆伤害	塌陷、翻车	专人指挥卸渣，及时平整弃渣场地

8.4.3 典型示范

运输作业风险防控典型示范，见表8.4.3。

表8.4.3 运输作业风险防控典型示范

典型示范	风险防控要点
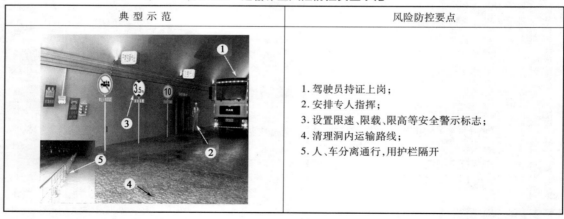	1.驾驶员持证上岗； 2.安排专人指挥； 3.设置限速、限载、限高等安全警示标志； 4.清理洞内运输路线； 5.人、车分离通行，用护栏隔开

8.4.4 警示案例

8.4.4.1 事故基本情况

2013年5月13日14：00左右，某省道公路改建工程第一合同段某隧道左线出口处进行爆破，爆破产生的渣石须清理。隧道右线内有多名工人正在进行二次衬砌施工。15：00左右，叶某倾倒渣石后,空车从隧道右线返回,经过混凝土输送泵时碾压陶某,陶某经抢救无效死亡。

8.4.4.2 事故原因

(1)直接原因

①叶某驾驶重型自卸货车在隧道内行车未随时注意情况以确保安全行驶,未按照交通规则规范驾驶、安全驾驶;陶某明知正在施工作业的隧道属于危险场所,在车辆等待过程中,混凝土搅拌车仍在作业情况下还下车随意走动。

②隧道内外光线反差强烈,影响货车驾驶员视线,同时隧道存在交叉作业现象,场内较为杂乱,混凝土输送泵等机器噪声响亮,导致隧道内行走人员听不到车辆行驶声音。

(2)间接原因

某交通建设公司和项目部现场管理人员未切实履行安全生产管理职责,未督促工人有效落实安全生产规章制度,对施工现场监督检查和监管不力,在隧道内组织施工时未能及时排查安全隐患,未能及时发现和制止驾驶员冒险作业。

8.4.4.3 对事故有关责任人员的处理

货车驾驶员叶某安全意识淡薄,未按照交通规则规范驾驶、安全驾驶,对其给予行政处罚;对某省道公路改建工程第一合同段项目部现场管理人员按公司规定进行处理;对该交通建设公司主要负责人给予行政处罚等。

8.4.4.4 事故防范措施建议

该交通建设公司及其主要负责人要认真吸取事故教训,切实履行安全生产管理职责,针对该起事故暴露出来的问题,要深刻反思,加大对该交通建设公司各项目部的检查力度,消除安全隐患;加强对职工的安全教育培训工作,强化人员安全意识;及时落实事故调查报告提出的处理建议。

8.5 支护

8.5.1 主要工艺

支护施工作业主要包括以下工艺:管棚与超前小导管、喷射混凝土、换拱、钢支撑、喷锚支护。

8.5.2 风险辨控

支护风险辨控,见表8.5.2。

表8.5.2 支护风险辨控

序号	工序	风险因素	风险等级	可能造成的后果		主要防控措施
				事故类型	伤害形式	
1	管棚与超前小导管	管棚钻孔作业时,作业人员站立在孔口正面	Ⅱ	其他伤害	人员被喷射物伤害	1.对作业人员进行安全教育及技术交底; 2.加大现场检查力度

续上表

序号	工序	风险因素	风险等级	可能造成的后果		主要防控措施
				事故类型	伤害形式	
2	喷射混凝土	喷射混凝土作业前,未清除工作面危石	II	物体打击	危石砸伤作业人员	1. 采用机械找顶,找顶完成前人员不得处于被清除物的正下方; 2. 作业前,安全员检查验收现场作业环境的安全状态
		人员进入拌和机检修时,无专人值班	I	机械伤害	人员被绞伤	1. 设备维护作业前,关闭配电箱,悬挂"严禁合闸"警示牌; 2. 设专人监护
3	换拱	换拱前,未确认工作面安全情况	II	坍塌	人员被砸伤,机械设备损坏	1. 制定可行施工方案; 2. 按批复施工方案进行施工,并逐级交底; 3. 换拱作业时,掌子面应停止作业,严禁先拆后立
		凿除的石块及各种工具直接往下抛扔	I	物体打击	砸伤下方人员	1. 进行安全教育; 2. 安全员跟班作业
		换拱作业区段拱腰及拱顶喷射混凝土起壳、开裂、掉块,未立即停止作业、撤离作业人员	I	冒顶片帮	人员被砸伤,机械设备损坏	1. 制定应急预案; 2. 作业现场设置专人监控; 3. 发现异常,立即停止喷射混凝土,按应急预案的要求分级响应,有序撤离
		换拱作业未逐榀进行,前一榀未完成就进行下一榀拆换作业	II	冒顶片帮	人员被砸伤,机械设备损坏	1. 制定可行施工方案; 2. 按批复施工方案施工; 3. 将施工方案逐级交底
		换拱作业完成地段,二次衬砌未及时跟进	I	坍塌	人员被砸伤,机械设备损坏	换拱后及时组织进行二次衬砌施工,封闭成环
		拆换后未对初期支护稳定情况进行量测	II	坍塌	人员被砸伤,机械设备损坏	1. 根据情况增加量测频率并对量测数据及时分析; 2. 将监控量测结果及时反馈给施工现场负责人员
		换拱作业现场未预留安全紧急疏散通道	I	其他伤害	人员无法及时撤离危险区域	1. 制定应急预案; 2. 作业现场设置专人监控; 3. 现场预留紧急疏散通道,确保通道畅通,无杂物
4	钢支撑	隧道内搬运钢架固定不牢固	II	物体打击	钢架滑落,砸伤作业人员	钢丝绳捆绑固定或运输车辆安装防滑落装置

续上表

序号	工序	风险因素	风险等级	可能造成的后果		主要防控措施
				事故类型	伤害形式	
4	钢支撑	采用分部法开挖时,下部开挖后钢架未及时接长落底,底脚悬空或两侧同时开挖接长	I	坍塌	钢架砸伤作业人员	1.严格按规范要求施工; 2.现场进行检查,及时接长钢架落底,两侧错位开挖
		利用装载机作为钢架安装作业平台	II	高处坠落	作业人员从高处摔落	使用工作篮或工作平台、掘进台车进行钢架安装作业
		钢架背后的空隙填充片石等其他材料	II	塌方	坍塌造成作业人员被砸伤,机械设备损坏	1.安全员跟班作业; 2.超挖部分采用喷射混凝土填充密实,严禁挂板施工或填充片石
		钢拱架、锁脚锚杆设置不符合设计要求	II	冒顶片帮	人员被砸伤,机械设备损坏	1.严格按照设计图纸施工; 2.技术员现场指导施工
		钢拱架底脚置于废渣、活动的石头上或悬空	II	坍塌	钢拱架砸伤人员,机械设备损坏	1.拱脚不得脱空,不得有积水浸泡; 2.钢架底部接触面不得有虚渣及其他杂物,应采取垫块扩大承载面积等有效措施,确保坚实可靠,充分发挥钢架刚性支护,保障施工安全
		钢支撑加工焊接前未清除四周易燃易爆物,防火工作不到位	III	火灾	人员被炸伤、烧伤	1.按要求配备消防器材,并设专人巡视; 2.清除周围易燃易爆物及杂物
		在本排钢架未完成安装,未与相邻的钢架、锚杆连接稳妥之前,取消临时支撑	II	冒顶片帮	钢架砸伤作业人员	1.钢架及钢筋网的安装,作业人员之间应协调动作; 2.临时钢架支护在隧道钢架支撑封闭成环并满足设计要求后拆除
		无关人员进入危险区	II	机械伤害	被施工场所的设备伤害	危险区应设警示标识,提供适当照明
		当钢架限界需要更换时,未采取先做临时安全措施后逐榀更换或先立新钢架后拆除废钢架的方法	I	冒顶片帮	掉落物砸伤作业人员	1.制定可行施工方案; 2.按批复施工方案施工; 3.将施工方案逐级交底
		钢支撑搬运、吊装过程中未采取相应的保护措施	II	物体打击	吊装物掉落,砸伤作业人员	1.设专人指挥; 2.正确佩戴个人安全防护用品; 3.吊装区域严禁人员活动

续上表

序号	工序	风险因素	风险等级	可能造成的后果		主要防控措施
				事故类型	伤害形式	
5	喷锚支护	掌子面开挖后，未及时封闭围岩	Ⅲ	物体打击	围岩砸伤人员，损坏机械设备	掌子面开挖后，及时喷混凝土封闭围岩
		危石未清除即进行喷锚支护	Ⅱ	物体打击	危石砸伤人员，损坏机械设备	1.采用机械找顶，找顶完成前人员不得处于被清除物的正下方； 2.作业前，安全员检查验收现场作业环境安全状态
		采用机械手喷锚时，喷嘴距受喷面的距离大于1.5m	Ⅱ	其他伤害	喷射物掉落，砸伤人员	1.进行安全技术交底； 2.严格按要求施工； 3.加大检查力度
		喷锚作业等粉尘浓度大时，作业人员未采取有效的防尘措施	Ⅱ	中毒和窒息	作业人员呼吸困难	喷锚人员应穿防护衣，佩戴硬质安全帽、乳胶手套、呼吸器、防护眼镜、防尘面具
		喷射混凝土作业中如发生风、水、输料管路堵塞或爆裂时，未依次停止风、水、料的输送	Ⅱ	物体打击	砸伤人员，损坏机械设备	1.作业前，检查机具设备和风、水、电等管线路，并试运转； 2.喷射混凝土配合比，应通过实验确定，并满足设计强度和喷射工艺的要求； 3.喷射压力宜控制在0.15~0.2MPa； 4.喷射作业完成后，及时清洗机具
		喷射混凝土机调试或停歇时，喷射口对人	Ⅱ	其他伤害	人员被喷射物或喷枪伤害	1.严禁将喷枪对准施工人员，以免突然出料伤人； 2.采用机械手喷锚时，喷嘴距受喷面的距离不得大于1.5m，避免喷料回弹伤人； 3.用振动疏通的方法处理喷管时，喷射手和辅助操作人员要紧握喷枪，控制好喷管端部，以防送风时喷枪甩动伤人
		喷射时，前方或左右5m内站人	Ⅱ	其他伤害	人员被喷射物或喷枪伤害	1.进行安全技术交底； 2.加大检查力度
		作业台架下作业人员逗留、通行	Ⅱ	物体打击	作业人员被砸伤	1.进行安全教育培训； 2.设置安全警示标志； 3.加大检查力度
		作业前未对管道连接处进行检查	Ⅲ	物体打击	砸伤人员	1.进行安全技术交底； 2.作业前进行送电空载试运转，紧固好摩擦板，不得出现漏风现象

续上表

序号	工序	风险因素	风险等级	可能造成的后果		主要防控措施
				事故类型	伤害形式	
5	喷锚支护	受喷面有松动滑块现象时,继续喷射	I	物体打击	围岩砸伤人员,损坏机械设备	1.制定应急预案; 2.作业现场设置专人监控; 3.发现异常,立即作业,按应急预案的要求分级响应,有序撤离
		高压灌浆时输送管破裂	I	其他伤害	人员被喷射物伤害	1.尽可能避免90°和S形弯,以减少泵送混凝土的阻力; 2.中途停止作业时间不宜过长; 3.喷射混凝土配合比,应通过实验确定,并满足设计强度和喷射工艺的要求; 4.喷射压力宜控制在0.15~0.2MPa
		喷射混凝土时,施工人员未抓稳喷嘴	III	其他伤害	人员被喷射物伤害	1.进行安全技术交底; 2.喷射手和辅助操作人员要紧握喷枪,控制好喷管端部,以防送风时喷枪甩动伤人
		使用钻机的现场,未按照要求清除孔位周围的石块等障碍物	II	物体打击	石块飞溅,砸伤作业人员	1.进行安全技术交底; 2.正确佩戴个人安全防护用品; 3.作业前检查孔位附近安全状态
		锚杆安装前未将眼孔内的积水、岩粉吹扫干净	II	物体打击	孔内飞出物伤害作业人员	1.进行安全技术交底; 2.正确佩戴个人安全防护用品; 3.现场检查验收
		吹扫眼孔时,眼孔方向有人	II	物体打击	孔内飞出物伤害作业人员	1.进行安全技术交底; 2.正确佩戴个人安全防护用品; 3.站立在眼孔两侧
		锚杆安装时,作业人员未使用台车或工作平台	II	高处坠落	作业人员从高处摔落	1.对作业人员进行安全教育; 2.使用工作篮或工作平台、台车进行安装作业
		隧道岩石较破碎时,打锚杆眼未在前探支架的掩护下进行	I	物体打击	碎石砸伤作业人员	1.进行安全技术交底; 2.安全员跟班作业
		锚固材料终凝前悬挂重物	II	物体打击	混凝土失稳掉落,砸伤作业人员	全长黏结式锚杆安设后不得敲击,其端部3d内不得悬挂重物

续上表

序号	工序	风险因素	风险等级	可能造成的后果		主要防控措施
				事故类型	伤害形式	
5	喷锚支护	发现支护体系变形、开裂等险情时，未立即撤出人员、未及时采取补救措施	I	冒顶片帮	支护物掉落或围堰坍塌，砸伤作业人员	1.制定应急预案；2.作业现场设置专人监控；3.发现异常时，立即停止作业，按应急预案的要求分级响应，有序撤离

8.5.3 典型示范

支护作业风险防控典型示范，见表8.5.3。

表8.5.3 支护作业风险防控典型示范

典型示范	风险防控要点
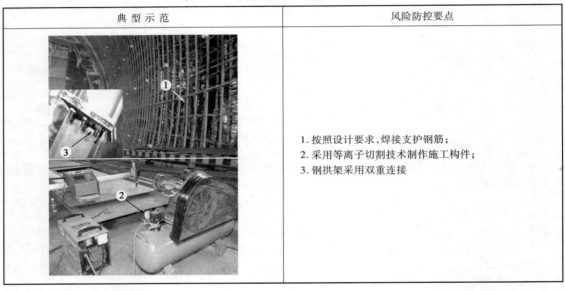	1.按照设计要求，焊接支护钢筋；2.采用等离子切割技术制作施工构件；3.钢拱架采用双重连接

8.5.4 警示案例

8.5.4.1 事故基本情况

2014年5月2日22:30左右，某隧道支护班共10人到达施工现场，完成排险后进行钢拱架安装（隧道一次支护）。平台上方的隧道顶板（中间靠右）有一块6m×3m×3m不规则楔形围岩突然冒落，造成工作面8人被困，工作平台被砸垮，造成6人死亡。

8.5.4.2 事故原因

（1）直接原因

施工隧道围岩为中风化到微风化的变质砂岩，饱和抗压强度低，节理裂隙发育，综合评价为四级围岩，即围岩自稳能力一般，顶板、侧壁在无支护情况下，易失稳产生坍塌。事故段无任何支护是造成事故发生的直接原因。

(2)间接原因

施工单位在组织施工作业时与设计方的施工组织方案有偏差,对施工现场管理责任落实不到位、技术管理不到位、监管不到位;监理单位在施工单位未严格按照设计方的施工组织方案组织施工的情况下,履行监理职责不认真,未按照规定下达停工整改通知,对工程施工监理不到位;建设单位对施工单位的安全管理仅采用定期和不定期巡回检查,没有在项目部设驻点专职安全管理人员,安全管理存在薄弱环节和漏洞。

8.5.4.3 对事故有关责任人员的处理

这是一起因地质条件复杂,对其灾害程度认识不足,现场管理不到位,安全监管不到位而造成的较大安全责任事故。对建设单位驻某大桥标段项目部总工程师、安全总监等11人给予政纪处分,对建设单位驻某大桥标段项目部技术员等人给予行政处罚及问责。

8.5.4.4 事故防范措施建议

(1)施工、监理和建设单位要认真贯彻落实《安全生产法》、《建设工程安全生产管理条例》等法律法规规定,切实落实安全生产主体责任,加强施工现场安全管理,健全规章制度,层层落实安全生产责任,加大隐患排查力度,消除安全管理盲区和死角,切实提高各方安全生产管理水平。要重视复杂地质构造对隧道围岩稳定性的影响,制定切实可行的安全防范措施,确保施工质量和施工人员的安全。

(2)施工单位要严格按照《公路隧道工程施工安全技术规范》的要求,加强对各类人员的安全教育培训力度,切实提高作业人员的安全意识和安全技能,强化监测监控和巡检工作。加强施工现场的组织管理,提高标准化作业水平,合理编制施工组织和安全技术方案,落实技术交底制度,制定并落实安全保障措施,确保安全施工。

(3)监理单位要认真履行监理职责,加强对现场监理人员的监督管理,落实现场监理责任,对隧道施工过程中的重点部位和重点环节要加强巡查、巡检,切实加强现场监控和技术指导,对危险性较大隧道施工工程要实行旁站式监管,并提出切实可行的监管整改措施,使项目各工序、各项措施严格按照设计和规范、规程、标准的要求进行施工,确保工程施工安全。

(4)建设单位要加强应急救援预案的编制和演练。组织施工、监理单位制定预防隧道坍塌、冒落等应急预案,加大培养隧道施工管理及作业人员风险意识和应急反应能力,强化责任落实,完善应急措施,配备必要的抢险机械、物资,明确组织和人员分工,通过各种培训手段,保证隧道施工安全、持续、可控。

8.6 衬砌

8.6.1 主要工序

衬砌施工作业主要包括以下工序:衬砌台车(台架、作业平台)、防水板、钢筋网安装、仰拱施工。

8.6.2 风险辨控

衬砌施工风险辨控,见表8.6.2。

表 8.6.2　衬砌施工风险辨控

序号	工序	风险因素	风险等级	可能造成的后果		主要防控措施
				事故类型	伤害形式	
1	衬砌台车（台架、作业平台）	作业面照明不足，光线昏暗	Ⅲ	其他伤害	视线不足造成人员从作业平台摔落等伤害	1.工作面和通道均应提供足够的照明； 2.危险地段设特殊照明灯； 3.定期检查、维修、清洁
		衬砌作业台车、台架和作业平台各类用电设备无绝缘保护装置	Ⅱ	触电	设备漏电，造成作业人员中电	1.每台用电设备独立设置开关箱； 2.开关箱必须装设隔离开关短路、过载、漏电保护器，严禁设置分路开关； 3.配电箱、开关箱的电源进线端严禁用插头和插座做活动连接
		用电线路不符合洞内临时用电安全要求	Ⅱ	触电	设备、线路漏电，造成损坏设备、作业人员触电	1.成洞地段固定的电线路应采用绝缘良好的胶皮线架设，施工地段的临时电线路应采用橡套电缆； 2.动力干线上的每一分支线必须装设开关及保险装置； 3.严禁在动力线路上加挂照明设施； 4.架空铺设电缆应沿墙做绝缘固定； 5.供电线路架设应遵循"高压在上、低压在下、干线在上、支线在下、动力线在上、照明线在下"的原则； 6.110V以下线路距地面不得小于2m,380V线路距地面不得小于2.5m,6~10kV线路距地面不得小于3.5m
		作业台车未安装防护彩灯或反光标志	Ⅲ	机械伤害	机械设备或工具碰撞台车	1.隧道台车、台架等危险区域，应设置明显的警示标志； 2.台车安装LED轮廓警示灯
		衬砌作业台架、作业平台四周未设栏杆、密闭式安全网和人员上下工作梯	Ⅱ	高处坠落	作业人员坠落，造成伤害	1.衬砌工作台上应设置不低于1.0m的栏杆，跳板、梯子应安装牢固并进行防滑处理； 2.护栏挂设密闭式安全网； 3.高处作业上下通道应根据现场情况选用钢斜梯、钢直梯、人行塔梯，各类梯子安装应牢固可靠（具体参数按有关规定执行）

续上表

序号	工序	风险因素	风险等级	可能造成的后果		主要防控措施
				事故类型	伤害形式	
1	衬砌台车（台架、作业平台）	衬砌作业台架、作业平台底板未满铺，有探头板	II	高处坠落、物体打击	人员从作业台架或平台摔落	1.工作台的任何部位不得有钉子露头或突出的尖角； 2.台车工作台上应满铺地板
		衬砌台车未按要求配置灭火器（数量、性能等）	II	火灾	不能及时灭火，人员烧伤、设备损坏	衬砌台车配备4台干粉灭火器
		台车在行走或待避时，未将钻架机具收拢	III	其他伤害	损坏钻架	1.对作业人员进行安全教育； 2.现场检查验收
		衬砌台车组装完毕后未安排专业人员检查，支撑系统、驱动系统未经调试合格即投入使用	II	机械伤害	台车失稳，伤害作业人员	衬砌台车应经专项设计，衬砌台车、台架组装调试完成应组织验收，并应试行走
		台车上堆放撬棒、铁锤、锚杆等物品	II	物体打击	工具掉落，砸伤作业人员	1.对作业人员进行安全教育； 2.工作台和通道无杂物，无松动材料； 3.加大检查力度
		台车下净空不能保证车辆顺利通行	II	车辆伤害	车辆剐碰台车	拱墙模板架及台车下应留足施工净空，衬砌作业点应有明显的限界及缓行标志
		衬砌台车就位后，未按规定设置防溜车装置	I	机械伤害	台车滑动，伤害作业人员	1.对作业人员进行安全教育； 2.现场检查验收
2	防水板	防水板施工时有火种	I	火灾、中毒和窒息	防水板着火，作业人员烧伤，有害气体中毒	1.对作业人员进行安全教育； 2.设置安全警示标志； 3.加大检查力度
		钢筋焊接作业时，未设临时阻燃挡板	I	火灾、中毒和窒息	防水板着火，作业人员烧伤，有害气体中毒	1.进行安全技术交底； 2.钢筋焊接作业在防水板一侧设阻燃挡板； 3.安全员跟班作业
		防水板的铺设地段与临时存放点未设置消防器材、防火安全警示标志，或消防器材数量不足	II	火灾	不能及时灭火，人员烧伤、设备损坏	1.配备干粉灭火器； 2.设置明显的安全警示标志； 3.设专人负责
		洞内衬砌时，防水材料的使用数量超过当班数量	II	火灾	人员烧伤、设备损坏	1.对作业人员进行安全教育； 2.加大检查力度
		照明灯具与防水板距离小于50cm	II	火灾	灯具热量引燃防水板	1.严格按规范要求设置； 2.不得烘烤防水板
		用电设备风险辨控，详见"衬砌台车"工序				

续上表

序号	工序	风险因素	风险等级	可能造成的后果		主要防控措施
				事故类型	伤害形式	
3	钢筋网安装	钢筋捆绑不牢固	Ⅲ	物体打击	钢筋掉落,伤害人员	1.进行安全技术交底; 2.现场检查验收
		作业平台四周临边防护不到位,无人员上下工作梯	Ⅱ	高处坠落	作业人员坠落,造成伤害	1.衬砌工作台上应设置不低于1.0m的栏杆,跳板、梯子应安装牢固并进行防滑处理; 2.护栏挂设密闭式安全网; 3.高处作业上下通道应根据现场情况,选用钢斜梯、钢直梯、人行塔梯,各类梯子安装应牢固可靠(具体参数按有关规定执行)
		钢筋安装过程发生倾倒	Ⅱ	物体打击	砸伤下方作业人员	衬砌钢筋安装应设临时支撑,临时支撑应牢固可靠并有醒目的安全警示标志
		挂设钢筋网未远离机械作业区	Ⅱ	机械伤害	机械伤害人员	1.设专人指挥作业; 2.设置明显警示标志; 3.优化作业工序
		操作人员未使用操作平台或台车	Ⅲ	高处坠落	作业人员坠落,造成伤害	1.对作业人员进行安全教育; 2.使用工作篮或工作平台、台车进行安装作业
		钢筋焊接不遵守施工用电和焊接施工的安全规定	Ⅱ	触电	电焊机漏电,作业人员触电	1.对作业人员进行安全操作规程教育培训; 2.加大检查力度
4	仰拱施工	仰拱施工栈桥搭接长度不够,下部未垫实	Ⅱ	车辆伤害、物体打击	车辆侧翻;物体掉落打击下方人员	1.仰拱开挖预留栈桥搭接面; 2.现场检查验收
		仰拱施工栈桥桥面未做防侧滑处理	Ⅱ	车辆伤害、物体打击	车辆打滑、跑偏、侧翻;物体掉落打击	栈桥桥面焊接螺纹钢,防止侧滑
		仰拱作业时无专人监护,未设警示标志	Ⅲ	车辆伤害、物体打击	车辆跑偏、侧翻,造成物体掉落	1.进行安全技术交底; 2.设专人指挥车辆通过栈桥; 3.仰拱开挖处设置安全警示标志; 4.加大检查力度
		仰拱施工栈桥两侧无限速警示标志	Ⅲ	车辆伤害	车辆跑偏、侧翻,造成物体掉落	1.栈桥两侧安装红色警示灯; 2.设置5km/h限速警示牌
		仰拱距开挖面距离大于规范要求	Ⅰ	冒顶片帮	围岩失稳,掩埋作业人员,损坏设备	仰拱与掌子面的距离:Ⅲ级围岩不得超过90m,Ⅳ级围岩不得超过50m,Ⅴ级及以上围岩不得超过40m
		二次衬砌与开挖面距离大于规范要求	Ⅱ	冒顶片帮	围岩失稳,掩埋作业人员,损坏设备	二次衬砌距掌子面的距离:Ⅳ级围岩不得大于90m,Ⅴ级及以上围岩不得大于70m

8.6.3 警示案例

8.6.3.1 事故基本情况
2005年10月25日12:30,工人开始进行喷射混凝土作业。15:15左右,DK221+362~DK221+366段顶部突然发生大块岩石滑落,将该处已施作好的支护结构砸垮,五榀钢拱架顶部被砸断,拱架背后管径为96mm、壁厚为6mm的管棚被砸断5根、砸弯4根,钢拱架和管棚严重扭曲,坍塌造成1人死亡、1人受伤。

8.6.3.2 事故原因
（1）直接原因
施工单位未严格按照技术规范施工,施工现场技术措施失当,技术管理薄弱,未果断采取更强有力的措施,遏制围岩变形的发展,是造成事故发生的直接原因。

（2）间接原因
施工单位安全意识淡薄,没有正确处理好安全、质量、进度、效益的关系;现场监理工程师和总监理工程师监管不到位,现场监理工程师没有及时向总监理工程师汇报隧道围岩变化情况;围岩量测数据未反映围岩的真实变形情况,未起到指导施工的作用。

8.6.3.3 对事故有关责任人员的处理
依据行业主管部门要求和该监理公司的规定,对项目总监理工程师处以撤职并罚款,履职不到位的监理工程师予以清退并罚没安全、质量保证金。

8.6.3.4 事故防范措施建议
加强监控量测工作,在隧道围岩自稳性较差的地段应增设量测断面,量测数据应准确可靠,指导施工;现场施工技术人员和管理人员要认真研究隧道所处地的实际围岩条件,不能拘泥于设计图纸的地质描述,做好预防坍塌的措施,根据地质情况的变化调整施工参数,采取支护措施,及时将围岩变化的情况报建设单位、监理单位和设计单位。

8.7 防水和排水

8.7.1 主要工序

防水和排水施工作业主要包括以下工序:洞内防排水系统、有水地段用电管理。

8.7.2 风险辨控

防水和排水风险辨控,见表8.7.2。

表8.7.2 防水和排水风险辨控

序号	工序	风险因素	风险等级	可能造成的后果		主要防控措施
				事故类型	伤害形式	
1	洞内防排水系统	洞内排水系统不完善,积水浸泡拱墙脚基础	Ⅱ	坍塌	边墙垮塌	1. 开挖临时排水沟; 2. 采用抽排水设备,排除积水; 3. 密切监测拱脚下沉情况

续上表

序号	工序	风险因素	风险等级	可能造成的后果		主要防控措施
				事故类型	伤害形式	
1	洞内防排水系统	洞内施工排水沟淤塞,排水不畅	Ⅱ	坍塌	洞顶坍塌	1.定期检查排水系统; 2.发现堵塞及时疏通
		在膨胀岩、土质地层、围岩松软地段,水浸泡地基	Ⅰ	坍塌	洞内坍塌	1.完善现场排水设施; 2.围岩变形设专人监测
2	有水地段用电管理	高压电线未按有关要求铺设	Ⅰ	触电	作业人员被电击伤(亡),损坏设备	1.架空铺设沿边墙固定; 2.电线绝缘良好并具有防水功能,电线接头必须经防水处理
		照明未采用安全电压;未选用防水灯头和灯罩	Ⅱ	触电	作业人员被电击伤(亡),损坏设备	1.潮湿场所,电源电压不得大于24V,特别潮湿场所,电源电压不得大于12V; 2.潮湿或特别潮湿场所,选用密闭型防水照明器或配有防水灯头的开启式照明器
		有水地段电缆线破损漏电	Ⅰ	触电	作业人员被电击伤(亡),损坏设备	1.进行安全教育; 2.电工加大巡检力度
		抽水机电机绝缘失效漏电	Ⅰ	触电	作业人员被电击伤(亡),损坏设备	1.设备使用前进行安全检查; 2.定期检查、维护,使用合格的配件

8.7.3 警示案例

8.7.3.1 事故基本情况

某新建隧道,设计多座斜井辅助施工,斜井到底后,向两侧双向施工。作业人员切割挂电线的钢筋,其余人员陆续上到台架顶部进行挂防水板的准备工作。17:40左右,台架二层左侧部位着火,现场人员立即利用灭火器进行扑救,并切断台架上的电源。该事故造成4人死亡,2人受伤。

8.7.3.2 事故原因

(1)直接原因

①割除的钢筋头灼热,掉落在软式透水盲沟上,引起燃烧,继而引燃防水板、脚手板等其他可燃物,是造成本次火灾事故的直接原因。

②对透水盲沟、防水板等可燃材料性质及其燃烧产生的有毒、有害气体可能引发严重后果的预见性不强,未制定有针对性的防范措施,是本次事故发生的管理原因。

(2)间接原因

①(电)气焊工王某违规作业,未执行相关的安全交底、技术交底,没有注意下方有软式透水盲沟等可燃物,也没有跟踪检查钢筋头的安全状态,切割钢筋时无人监护,是造成本次事故的间接原因。

②透水盲沟、防水板等材料燃烧产生的有毒、有害气体,加重了本次事故的危害程度;应

急、自救的培训工作流于形式,使员工对事故发生后的逃生、抢险、救护知识运用不够熟练,同时现场避险、逃生设施不完备,加重了事故的危害程度。

8.7.3.3 对事故有关责任人员的处置

施工单位安全投入不足,隧道内施工应急装备不齐全,未在施工现场配备足够的防烟面罩;现场安全管理人员未履行安全监管的职责,钢筋切割作业与防水板之间未设置隔离设施,未及时排查隐患。依据《安全生产法》相关条款进行处罚,对施工单位及现场安全管理人员进行处理。

8.7.3.4 事故防范措施

(1)加强安全培训与教育,提高安全意识。开展安全意识、安全责任教育,使广大员工认识到安全生产、遵章守纪的重要性,树立"三不伤害"的意识。同时,开展针对性的安全技术培训,开展员工自救能力、消防器材使用、灭火方法等实用知识培训,提高员工的自我防范能力。

(2)加强施工现场消防安全技术管理。划定易燃、易爆、危险品的存放地点,保持与明火作业面25m防火间距;制定报警专项管理制度,完善应急照明和报警系统。在斜井井底、正洞等作业面上设置报警装置,在斜井井底、正洞各开挖、仰拱作业面和衬砌台车、作业台架上设应急照明灯。

(3)开展应急演练,完善应急救援体系。剖析应急措施、救援器材、人员应对等方面存在的问题,建立预警机制、信息传递机制,有针对性地进行完善、提高现场防范风险和处理紧急情况的能力,提升项目管理和运行水平,夯实安全质量管理基础。

8.8 通风、防尘及防有害气体

8.8.1 主要工序

通风、防尘及防有害气体施工作业主要包括以下工序:管线布设与设备配备、通风设备运行管理、空气质量管理。

8.8.2 风险辨控

通风、防尘及防有害气体风险辨控,见表8.8.2。

表8.8.2 通风、防尘及防有害气体风险辨控

序号	工序	风险因素	风险等级	可能造成的后果		主要防控措施
				事故类型	伤害形式	
1	管线布设与设备配备	通风管安装作业平台不牢固	Ⅱ	高处坠落	安装人员摔伤	1.安装人员正确佩戴安全带; 2.通风管安装作业台架应稳定牢固,并经验收合格
		通风管沿线未按要求设警示标志或色灯	Ⅲ	其他伤害	施工机械设备碰撞管线	通风管沿线每50~100m设警示标志或色灯

续上表

序号	工序	风险因素	风险等级	可能造成的后果 事故类型	可能造成的后果 伤害形式	主要防控措施
1	管线布设与设备配备	通风管管材不合格,供风管使用中有破损、隧道工作面供风量不足	II	中毒和窒息	漏风导致工作面供风量不足	1. 采购高品质通风管管材; 2. 设专人负责通风管安装、维修
		长及特长隧道施工无备用通风设备和备用电源	I	中毒和窒息	隧道内供风不足,人员晕倒、窒息	根据现场实际情况,配备相应规格、型号的发电机及通风设备
		独头掘进长度超过150m时,无机械通风	II	中毒和窒息	隧道内供风不足,人员晕倒、窒息	1. 进行安全教育培训; 2. 及时配备安装通风设施; 3. 现场检查验收
		压入式通风管的送风口距开挖面距离过大	II	中毒和窒息	工作面空气质量差	1. 压入式通风管的送风口距开挖面不得大于15m; 2. 排风式风管吸风口不得大于5m; 3. 加大检查力度
		供风管敷设不平顺,使用中有破损、漏风	II	中毒和窒息	漏风导致工作面供风量不足	1. 通风管的安装应做到平顺,接头严密,每100m平均漏风率不得大于2%,弯管半径不小于风管直径3倍; 2. 通风管设置专人定期维护、修理,如有破损,必须及时修补或更换; 3. 采用软风管时,靠近风机部分,采用加强型风管; 4. 严禁在通风机和通风管上放置或悬挂任何物件
2	通风设备运行管理	通风机运行不正常	II	中毒和窒息	工作面无法正常供风	1. 隧道施工通风纳入工序管理,由专人负责; 2. 安装时装备保险装置; 3. 现场检查验收
		通风机5m范围内堆放杂物	II	其他伤害	杂物进入通风机,影响洞内空气质量	1. 进行安全教育培训; 2. 通风机支架上设置安全警示标志; 3. 加大检查力度
		通风机停止或者运转过程中,有人员在风管的进出口附近停留	III	机械伤害	人员被吸入通风机	1. 进行安全教育培训; 2. 加大检查力度
		超过空压机的额定气压	II	容器爆炸	气压过大,引起爆炸	1. 操作人员持证上岗; 2. 进行安全技术交底; 3. 按照空压机操作规程作业

续上表

序号	工序	风险因素	风险等级	可能造成的后果		主要防控措施
				事故类型	伤害形式	
2	通风设备运行管理	长时间未检查,润滑油泄漏继续作业	Ⅱ	火灾	润滑油着火	操作前进行检查,确保注油器内的油量不低于刻度线值
3	空气质量管理	隧道内一氧化碳等有毒、有害气体超标	Ⅱ	中毒和窒息	隧道内供风不足,人员晕倒、窒息	1. 配备气体监测设施,隧道内 CO 低于 $30mg/m^3$、CO_2 低于 0.5%; 2. 加大检查力度
		主风机间歇时,粉尘量过大而继续作业	Ⅲ	中毒、窒息	隧道内供风不足,人员患尘肺病	1. 进行安全教育及技术交底; 2. 主风机间歇时,受影响的工作面应停止工作; 3. 现场检查
		隧道内供风量不足,作业人员人均供风量小于规范要求	Ⅱ	中毒、窒息	头昏、呼吸不畅	1. 隧道施工通风应能提供洞内各项作业所需要的最小风量,风速不得大于 $6m/s$; 2. 每人供应新鲜空气不得小于 $3m^3/min$,内燃机作业佐风量不宜小于 $4.5m^3/(min·kW)$; 3. 全断面开挖时风速不得小于 $0.15m/s$,导洞内风速不得小于 $0.25m/s$
		隧道内气温超过 28℃,噪声超过 90dB	Ⅱ	其他伤害	造成中暑或耳背、耳聋	1. 进行安全教育培训; 2. 配备防噪耳塞、降温降暑药品及物品; 3. 严格按规范要求控制洞内供风量

8.8.3 典型示范

通风、防尘风险防控典型示范,见表 8.8.3。

表 8.8.3 通风、防尘风险防控典型示范

典型示范	风险防控要点
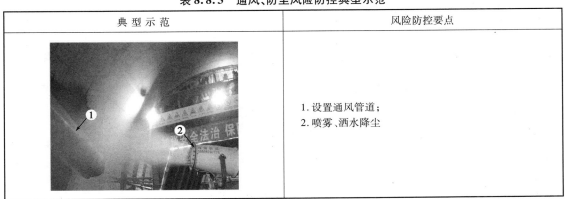	1. 设置通风管道; 2. 喷雾、洒水降尘

8.8.4 警示案例

8.8.4.1 事故经过

某隧道正在进行开挖施工。5:00左右,李某等4人在掌子面进行爆破作业;6:00左右,4人退到洞外进行起爆作业。起爆后,姜某等3人前往民用爆炸物品运输车清退剩余的炸药、雷管,李某独自一人前往掌子面。姜某等3人将炸药、雷管退回火药库后,前往隧道掌子面,发现李某瘫倒在地,李某经抢救无效死亡。

8.8.4.2 事故原因

(1) 直接原因

隧道爆破作业后未及时开启通风设备,未对洞内有害气体浓度进行监测,李某违章单独进入掌子面危险作业场所,且无人监护,吸入炮烟(含 CO)而中毒死亡。

(2) 间接原因

作业人员违反安全技术操作规程,单人、单岗作业;安全教育培训不到位,对职工进行安全教育不够,职工自主保安、相互保安意识差。

8.8.4.3 对事故有关责任人的处理

对施工单位项目经理、开挖班爆破安全员等6名责任人员给予行政处罚;对事故责任单位处以罚款12万元的行政处罚。

8.8.4.4 事故防范措施建议

(1) 加强安全教育和培训。组织员工进行"三项制度"的学习、教育和岗位操作技能培训,加强职工自主保安和相互保安意识教育,克服习惯性、随意性思想,确保每位职工生命、财产安全。

(2) 加强从队长到班组长的安全意识教育和管理技能培训,全面落实安全生产主体责任和一岗双责制度,深刻认识安全管理工作的重要性、必要性和长期性,建立长效机制,提高对安全管理工作的重视程度。

(3) 安全管理部门要进一步加强项目部领导现场带班制度,巡查必须全面到位,及时发现并消除各类事故隐患,确保安全生产;加大对隧道安全员的监督、检查和考核力度,建立奖惩机制。

8.9 风、水、电供应

8.9.1 主要工序

供电作业主要包括以下工序:线路设置、照明电压、照明。
供风(空压机)作业主要包括以下工序:常规管理、运行、检修。
供水作业主要包括以下工序:管道、电机、水池。

8.9.2 风险辨控

供电、供风、供水作业风险辨控,见表8.9.2-1至表8.9.2-3。

8 隧道工程

表 8.9.2-1 供电风险辨控

序号	工序	风险因素	风险等级	可能造成的后果 事故类型	可能造成的后果 伤害形式	主要防控措施
1	线路设置	电缆线破损或线头裸露	II	触电	线路漏电,作业人员被电击伤(亡)	1. 电工进行班前检查; 2. 设置安全警示标志牌; 3. 及时处理破损的电缆和裸露的线头
1	线路设置	在动力线路上加挂照明设施	II	触电、火灾	作业人员被电击伤(亡),过载造成火灾	1. 隧道供电采用三相五线制,动力干线上的每一分支线必须设开关及保险装置; 2. 照明设施挂在照明线路上
1	线路设置	配电箱未设专人管理,箱内放杂物	III	触电、火灾	线路短路,无法散热,造成火灾;作业人员被电击伤(亡)	1. 配电箱设置在干燥、通风及常温的场所; 2. 配电箱箱门关闭上锁,由专职电工管理,保持箱内无杂物
2	照明电压	洞内未结合施工情况采用安全电压	I	触电	作业人员被电击伤(亡)	1. 作业地段照明电压不宜大于 36V; 2. 成洞段和不作业地段宜采用 220V; 3. 照明等宜采用冷光源; 4. 作业现场负责人随时与电工沟通,电工应进行现场检查,不合规定的应及时更换,保障作业地段用电安全
3	照明	隧道漏水地段使用普通照明灯具	I	触电	线路短路,作业人员被电击伤(亡)	1. 隧道内供电线路和照明设备安排专人检查; 2. 漏水地段施工照明,应安装防水灯具
3	照明	洞内主要交通道路、抽水机站等场所照明不足	II	机械伤害、触电、车辆伤害	光线差,作业人员被机械、车辆伤害,操作触电	1. 隧道洞内主要交通道路安装照明灯具,每隔 50m 安装一处应急指示灯; 2. 抽水机站安装照明灯具和警示指示灯; 3. 应及时更换损坏的灯具

表 8.9.2-2 供风风险辨控

序号	工序	风险因素	风险等级	可能造成的后果 事故类型	可能造成的后果 伤害形式	主要防控措施
1	常规管理	空压机房内堆放杂物	II	其他伤害	杂物影响空压机查看与检修	1. 空压机房专人管理; 2. 设置安全警示标志; 3. 经常对机房打扫清理,不得在机房存放杂物

续上表

序号	工序	风险因素	风险等级	可能造成的后果		主要防控措施
				事故类型	伤害形式	
1	常规管理	空压机高压风管有漏风现象	Ⅱ	其他伤害	隧道内通风不畅,人员中毒;隧道内供风不足,人员窒息	1.安排维修工人对风管漏洞进行修理,保证正常供气; 2.安排专人每天对设备进行巡查
		空压机站未按要求配备消防器材	Ⅱ	火灾	人员被烧伤(亡),设备损坏	1.合理设置空压机房,设置防水、降温和防雷击设施; 2.机房四周设置围挡,设置必要的安全警示标志
		机房未设置围挡、安全警示标志	Ⅲ	机械伤害	人员靠近空压机,造成伤亡	1.合理配置消防器材; 2.安装消防安全警示标志; 3.定期检查消防器材是否损坏、失效,专人负责管理
2	运行	运转过程中违规更换附件、接头	Ⅰ	机械伤害	部件飞出,造成人员伤亡	1.空压机维修必须在停机后进行; 2.操作台挂设禁止开机的警示标志牌,专人监管; 3.专业维修人员进行维修作业
		使用前未检查空压机的安全状况,带故障运行	Ⅱ	机械伤害	空压机故障,伤害作业人员	1.操作人员每天开机前对空压机进行检查; 2.发现故障及时排除
		储气罐、安全阀、压力表未按规定进行检验	Ⅰ	机械伤害	压力异常,伤人	1.按规范对储气罐、安全阀、压力表进行检验; 2.获得检验合格证书后,方可使用
3	检修	检查维护时,未将配电箱锁闭	Ⅱ	机械伤害	作业人员被空压机伤害	1.设备维护前,关闭配电箱,悬挂"严禁合闸"警示; 2.设专人监护

表 8.9.2-3　供水风险辨控

序号	工序	风险因素	风险等级	可能造成的后果		主要防控措施
				事故类型	伤害形式	
1	管道	供水管道有裂纹或闸阀失效	Ⅱ	其他伤害	漏水,影响正常施工	1.更换或维修有裂纹的管道及失效的闸阀; 2.清除维修现场的积水
		冬季施工时,供水管道无防冻措施	Ⅱ	其他伤害	管道冻坏,无法正常供水	1.依据冬季施工方案,给供水管道包裹保温材料或加热设施; 2.设专人监管
		供水管路敷设不平顺,接头安装不牢固	Ⅲ	其他伤害	管线掉落,砸伤人员	1.管道安装由专业人员架设,确保管道保持平顺; 2.接头安装密封垫,确保严密不漏水

续上表

序号	工序	风险因素	风险等级	可能造成的后果		主要防控措施
				事故类型	伤害形式	
2	电机	抽水机电机绝缘失效,电缆线漏电	I	触电	抽水机漏电,作业人员被电击伤(亡)	1. 专职电工定期检查电机绝缘情况,有电机绝缘失效、电缆线漏电时及时停电检修; 2. 检修期间电闸箱二锁,挂设安全警示标志
3	水池	蓄水池无防渗漏措施	II	其他伤害	影响蓄水池稳定性	1. 蓄水池使用前进行验收; 2. 对蓄水池内壁进行防水、防渗漏处理; 3. 定期对蓄水池清理、检查
		蓄水池顶部未设防护棚,四周无防护栏	II	淹溺	人员坠入,造成淹溺事故	1. 蓄水池顶部安装防护棚,孔口安装盖板并上锁,蓄水池四周设置防护围栏; 2. 设置安全警示标志牌

8.9.3 典型示范

风、水电供应风险防控典型示范,见表8.9.3。

表8.9.3 风、水、电供应风险防控典型示范

典型示范	风险防控要点
	1. 高压风管和高压水管牢固地固定在墙上,并进行标记; 2. 设置通风机对洞内进行供风; 3. 三相五线规范布线

8.9.4 警示案例

8.9.4.1 事故基本情况

6月1日8:33,某机电安装项目部在某市绕城高速公路隧道进行风机底座安装,焊工刘某在梯车平台上方进行焊接作业。操作间隙,刘某在梯车平台上休息,身体靠在平台护栏上,护栏受力后突然脱落,刘某身体失重从高空翻落地面,经抢救无效死亡。

8.9.4.2 事故原因

(1)直接原因

项目部梯车在投入使用前,未对安全性能进行检查验收,平台护栏焊接质量低劣是造成受力脱落、人员坠落的直接原因。

(2)间接原因

盲目赶工期,刘某无证上岗,施工质量差;监督检查不到位,长约4km的隧道共2人进行施工,且是高空焊接作业,施工现场无安全监管人员。

8.9.4.3 事故防范措施建议

(1)施工、监理和建设单位要切实落实安全生产主体责任,加强施工现场安全管理,健全规章制度,层层落实安全生产责任,加大隐患排查力度,消除安全管理盲区和死角,切实提高各方安全生产管理水平;加强对各类人员的安全教育培训力度,切实提高作业人员的安全意识和安全技能;加强施工现场的组织管理,提高标准化作业水平,合理编制施工组织和安全技术方案,落实技术交底制度,制定安全保障措施,确保安全施工。

(2)监理单位要认真履行监理职责,加强对现场监理人员的监督管理,落实现场监理责任,对隧道施工过程中的重点部位和重点环节要加强巡查、巡检,切实加强现场监控和技术指导,并提出切实可行的监管整改措施,使项目各工序、各项措施严格按照设计、规范、规程和标准的要求进行施工,确保工程施工安全。

8.10 不良地质和特殊岩土地段

8.10.1 常见不良地质和特殊岩土地段

隧道工程常见不良地质和特殊岩土地段主要包括:瓦斯隧道、黄土隧道。

8.10.2 风险辨控

不良地质和特殊岩土地段风险辨控,见表8.10.2。

表8.10.2 不良地质和特殊岩土地段风险辨控

序号	隧道类型	风险因素	风险等级	可能造成的后果		主要防控措施
				事故类型	伤害形式	
1	瓦斯隧道	瓦斯隧道未配备瓦斯检测仪器、瓦斯自动检测报警断电装置	Ⅰ	瓦斯爆炸	瓦斯浓度超限,造成爆炸,作业人员窒息或被炸伤	1. 熟悉隧址区地质构造,施工人员加强岗前培训; 2. 配齐瓦检仪器和相关报警断电装置; 3. 瓦斯检测员做好瓦斯巡检工作
		爆破作业后,未对掌子面进行安全确认	Ⅱ	瓦斯爆炸	爆破作业,引起瓦斯爆炸	1. 爆破作业前加强通风作业和瓦斯检测工作; 2. 瓦斯含量满足爆破要求后,方可进行爆破作业

续上表

序号	隧道类型	风险因素	风险等级	可能造成的后果		主要防控措施
				事故类型	伤害形式	
1	瓦斯隧道	瓦斯监测员未持有效证件上岗	I	瓦斯爆炸	无法正确识别、判断环境状况,造成爆炸事故	1. 开工前瓦斯监测员到相关部门进行培训; 2. 按照有关规定经专业机构培训,取得相应的从业资格证,方可上岗
		瓦斯隧道内照明器材、施工机具等,未采用防爆型	I	瓦斯爆炸	灯具、设备等引起爆炸	1. 严格按规范配备防爆型灯具、设备; 2. 安全员加强洞内巡查力度和检查频率,发现不符合防爆要求的灯具设备及时更换
		携带火种、易燃物品、手电筒或穿化纤衣服进入瓦斯隧道施工现场	I	瓦斯爆炸	静电,引起爆炸事故	1. 建立进洞登记和进洞人员安检制度; 2. 安装安全检查报警系统
		未实行"三班制"和24h不间断巡查检测	II	瓦斯爆炸	环境状况掌握不明,造成爆炸	1. 根据施工进度,配足瓦检人员和瓦检仪器; 2. 洞内保证24h不间断进行瓦斯检测点巡查检测
		掘进工作面风流中的瓦斯浓度达到1%时,未停止电钻打眼;达到1.5%时,未停止工作,未撤出人员,未切断电源	I	瓦斯爆炸	电火花,引起瓦斯爆炸	1. 瓦检员做好瓦斯浓度检测记录,随时向施工作业人员和带班领导汇报情况; 2. 带班领导根据工作面风流中的瓦斯浓度做好洞内通风和相关应对工作
		电动机附近20m以内风流中的瓦斯浓度达到1.5%时,未切断电源,停止运行	I	瓦斯爆炸	电火花,引起瓦斯爆炸	1. 电工加强洞内巡巡查,瓦检员加强瓦斯浓度检查,增强瓦斯检测频率; 2. 瓦斯超限处停工、撤人、断电,查明原因,加强通风
		掘进工作面局部瓦斯积累浓度达2%时,其附近20m以内未停止工作,切断电源	I	瓦斯爆炸	瓦斯浓度超限,达到爆炸条件,发生爆炸	1. 瓦斯检测实施24h值班制度,对隧道施工作业面及各区间的瓦斯含量进行全面检测; 2. 施工作业面瓦斯超限处立即停工、撤人、断电,进行处理,加强通风
		瓦斯工区爆破未采用煤矿许可用炸药和煤矿许用瞬发电雷管	II	瓦斯爆炸	炸药引起瓦斯爆炸	1. 爆破作业人员持证上岗; 2. 做好现场作业人员技术交底,使爆破作业人员充分掌握瓦斯隧道爆破专业知识; 3. 与具备爆破资质的专业公司签订合同,由其负责对爆破现场进行监管和指导

续上表

序号	隧道类型	风险因素	风险等级	可能造成的后果		主要防控措施
				事故类型	伤害形式	
1	瓦斯隧道	爆破母线未使用铜芯绝缘线,或母线未采用单回路	Ⅱ	瓦斯爆炸	爆破器材引起瓦斯爆炸	1.加强爆破作业人员专业培训; 2.与具备爆破资质的专业公司签订合同,由其负责对爆破现场进行监管和指导; 3.爆破母线使用铜芯绝缘线和母线,并采用单回路
		起爆器在离洞口小于20m处或放炮时洞内未停电	Ⅰ	瓦斯爆炸	爆破引起瓦斯爆炸	1.加强爆破作业人员安全教育和业务培训; 2.安全员、电工做好爆破前洞内电路、电器检查工作
		停工的地点停止送风,或在停风的区域进行机械施工作业	Ⅱ	瓦斯爆炸	瓦斯浓度超限,达到爆炸条件,发生爆炸	1.开工前,对机械操作人员及相关人员进行岗前培训和安全教育; 2.洞内停工地点设置标志或警戒线; 3.现场施工员、安全员做好洞内不间断巡查工作; 4.机械施工前先进行通风,然后检测瓦斯含量,通风至满足机械施工作业要求后,方可施工
		洞内进行电焊、气焊作业	Ⅰ	瓦斯爆炸	电火花引起瓦斯爆炸	1.电焊、气焊作业前办理动火审批手续; 2.现场施工管理人员加强洞内巡查力度,发现问题,及时制止; 3.洞口、洞内设置相关警示标志
		二次衬砌混凝土进行垂直方向振捣或未加入气密剂	Ⅱ	瓦斯爆炸	振捣产生电火花,造成爆炸	1.开工前对混凝土工进行瓦斯隧道施工作业安全技术教育培训; 2.现场施工管理人员加强洞内巡查力度,发现问题,及时制止; 3.洞口、洞内设置相关警示标志
		二次衬砌混凝土拆模时使用铁锤、撬棍等进行敲打	Ⅱ	瓦斯爆炸	敲打产生电火花,引起瓦斯爆炸	1.开工前对模板工进行瓦斯隧道施工作业安全技术教育培训; 2.现场施工管理人员加强洞内巡查力度,发现问题,及时制止; 3.洞口、洞内设置相关警示标志; 4.拆除模板时不得使用铁锤、撬棍等进行敲打

续上表

序号	隧道类型	风险因素	风险等级	可能造成的后果		主要防控措施
				事故类型	伤害形式	
1	瓦斯隧道	高瓦斯隧道和瓦斯突出隧道的照明电压超过安全电压	I	瓦斯爆炸	照明产生热量,造成爆炸事故	1. 开工前对电工进行瓦斯隧道施工作业安全技术教育培训; 2. 电工做好洞内电路和用电场所巡查、检查工作; 3. 设置过压保护装置和报警器等防护措施
		未在机械摩擦发热部位安设过热保护装置和温度检测报警装置	II	瓦斯爆炸	多余热量,引起瓦斯爆炸	1. 机械操作人员进行机械定期保养,熟悉瓦斯隧道机械操作安全规程; 2. 洞内施工机械均设置过压保护装置和报警器等防护设施;安设过热保护装置和温度检测报警装置; 3. 瓦检员加强洞内各区间瓦斯含量检测,做好记录
		发生瓦斯涌出、喷出异常的状况时,未及时采取措施,未及时撤出施工人员,未对隧道进行警戒	I	中毒和窒息	瓦斯浓度超限,作业人员呼吸困难	1. 编制详细的应急预案,并组织工人进行突发事件应急演练; 2. 瓦检员加强洞内各区间瓦斯含量检测,做好记录; 3. 做好监控量测和超前预报; 4. 若发现异常及时采取措施,撤出施工人员,对隧道进行警戒,加强通风
		在洞内拆卸和修理设备	II	瓦斯爆炸	电火花,引起瓦斯爆炸	1. 对修理工进行安全教育培训; 2. 加强洞内通风和瓦斯含量检测频率; 3. 制定瓦斯隧道洞内施工机械管理办法
		供电线路使用明接头,或未设置漏电保护及接地装置	II	瓦斯爆炸	漏电,引起爆炸	1. 隧道内安排懂业务、有施工经验和资格证的专职电工; 2. 电工不间断对洞内电路、用电场所进行巡查,发现问题,及时处理; 3. 洞内所有用电设备均安装漏电保护及接地装置; 4. 瓦检员加强洞内瓦斯含量检测并做好记录,发现异常,及时向带班领导和人员进行汇报

续上表

序号	隧道类型	风险因素	风险等级	可能造成的后果		主要防控措施
				事故类型	伤害形式	
1	瓦斯隧道	洞内及洞口附近存放油料,或油料发生"滴、漏、跑、冒"现象	Ⅱ	瓦斯爆炸	油料起火,造成爆炸事故	1. 根据施工现场实际情况,选择安全可靠的区域设置油库;根据有关部门要求配齐消防设施。 2. 洞内施工机械均到油库加油。 3. 专职安全员加强施工现场安全巡查,发现不安全因素及时制止,并对相关作业人员进行安全教育
		洞外未设置消防水池、消防用砂、灭火设备	Ⅱ	火灾	无法及时扑灭火种	1. 开工前,对隧道洞口进行合理规划,设置消防水池、消防砂、灭火设备等消防设施; 2. 安全员经常检查消防砂储和消防器材是否安全、可用; 3. 定期演练
		两个作业面之间串联通风	Ⅰ	瓦斯爆炸	洞内通风不良,发生爆炸	1. 开工前编制瓦斯隧道通风专项施工方案,并报监理工程师批准。 2. 作业面之间设置风门; 3. 专人负责通风设施检查和保养,施工现场管理人员注意观察洞内通风效果; 4. 瓦检员随时做好洞内各区间瓦斯含量检测和记录; 5. 严禁两个作业面之间串联通风的情况发生
		高瓦斯工区和瓦斯突出工区电气设备和作业机械为非防爆型	Ⅰ	瓦斯爆炸	电气设备引起瓦斯爆炸	1. 重视瓦斯隧道施工安全,根据瓦斯隧道施工要求购置、配备防爆型电气设备和相关机械; 2. 电工、机械操作人员经常检查电器和机械设备运行情况,对相关部件进行定期保养和更换,相关负责人做好监督指导工作
		铲装石渣前未浇湿石渣	Ⅲ	瓦斯爆炸	石渣产生火花,造成爆炸	1. 开工前对装载机司机进行安全技术教育和培训; 2. 制定瓦斯隧道洞渣装运规程,对相关人员进行安全技术交底; 3. 出渣前专人负责浇湿石渣
		开挖完成后,未及时喷锚支护、封闭围岩、堵塞岩面缝隙	Ⅱ	瓦斯爆炸	瓦斯涌出	1. 做好施工班组技术交底工作。 2. 洞身开挖完成后,及时喷锚支护、封闭围岩、堵塞岩面缝隙

续上表

序号	隧道类型	风险因素	风险等级	可能造成的后果		主要防控措施
				事故类型	伤害形式	
2	黄土隧道	在雨季开挖洞口，未采取控制措施	II	坍塌	洞口坍塌，砸伤作业人员	1. 根据施工规范和设计要求，结合项目实际情况，合理编制施工进度计划和施工方案 2. 洞口开挖时首先进行临时排水施工，尽量避开雨季
		含水率较大的地层未及时排水，墙角、拱脚被水浸泡	II	坍塌	地层坍塌，造成人员伤亡	1. 做好地质超前预报，和洞内观察工作； 2. 含水率较大地段提前做好临时排水，确保洞内各施工作业面无积水； 3. 初期支护钢拱架施工时，每榀钢架拱脚必须垫木板或混凝土垫石，确保拱脚稳定
		施工中未观察垂直节理	III	坍塌	洞内坍塌，造成人员伤亡	1. 加强洞内观察和监控量测，并做好记录； 2. 隧道工程师、地质工程师做好施工现场监督和施工指导工作
		施工中未监测拱脚下沉情况	II	坍塌	拱脚下沉，洞顶坍塌，砸伤人员	1. 编制详细的监控量测方案，报监理工程师批准； 2. 监控量测人员严格安审批方案实施监测，并做好监测记录； 3. 现场管理人员密切观察初期支护拱脚及整体变形情况
		开挖侧保护土体的宽度小于2.5m情况下未停止作业	II	坍塌	保护土体坍塌，砸伤人员	1. 根据施工图设计及施工规范编制详细的施工方案； 2. 根据洞内围岩情况和超前地质预报资料，严格按施工规范及施工方案组织施工
		长时间停止施工的黄土隧道衬砌未紧跟掌子面	I	坍塌	掌子面坍塌，造成人员伤亡	1. 严格控制二次衬砌距掌子面的安全距离； 2. 停工期间，监控量测工作不能停
		洞内二次衬砌距离掌子面的最大距离超过60m	II	坍塌	掌子面坍塌，造成人员伤亡	1. 根据围岩情况，严格控制二次衬砌距掌子面的安全距离； 2. 加强监控量测工作
		仰拱至掌子面开挖距离大于30m	III	坍塌	仰拱坍塌，造成人员伤亡	1. 根据围岩情况，严格控制仰拱至掌子面的安全距离； 2. 加强监控量测工作
		未严格按照规定的频率进行监测	III	坍塌	洞内坍塌，造成人员伤亡	1. 加强监控量测工作，做好量测记录； 2. 围岩软弱地段，密切观察洞内初期支护变形情况，加大监控量测频率，发现异常，及时反馈

续上表

序号	隧道类型	风险因素	风险等级	可能造成的后果		主要防控措施
				事故类型	伤害形式	
2	黄土隧道	施工中遇到地表有冲沟、新老黄土分界面、土石分界处,未高度重视	Ⅱ	坍塌	洞内坍塌,造成人员伤亡	1.熟悉施工图纸,加强特殊地段地表观测; 2.高度重视浅埋段开挖和监控量测工作,严格按设计要求组织施工; 3.初期支护紧跟洞身开挖,尽早封闭成环,严格仰拱、二次衬砌距掌子面安全距离; 4.加强洞内观察
		开挖方式不正确,未采用三台阶法、CRD法或环向开挖留核心土法等	Ⅱ	坍塌	洞内土体坍塌,造成人员伤亡	1.按设计图纸组织施工; 2.根据围岩情况,采用符合设计及施工规范要求的洞身开挖方式
		施工中对周围土层扰动太大	Ⅱ	坍塌	周围土层坍塌,砸伤人员	1.尽量采用机械进行洞身开挖,控制开挖进尺; 2.必须采用爆破时,做到"短进尺、弱爆破、强支护、勤量测",尽量减少围岩扰动

8.10.3 警示案例

8.10.3.1 事故基本情况

2005年12月22日14:40,某省高速公路右线隧道发生特别重大瓦斯爆炸事故,造成44人死亡,11人受伤,直接经济损失2035万元。

8.10.3.2 事故原因

(1)直接原因

由于掌子面处塌方,瓦斯异常涌出,致使模板台车附近瓦斯浓度达到爆炸界限,模板台车配电箱附近悬挂的三芯插头短路产生火花,引起瓦斯爆炸。

(2)间接原因

①施工单位违规将劳务分包给无资质的作业队;施工安全管理混乱,通风管理不善,右洞掌子面拱顶瓦斯浓度经常超限;部分瓦检员无证上岗,检查质量、次数不符合规定。

②监理单位未正确履行职责,关键岗位人员无证上岗;项目法人对施工单位违规分包、现场管理混乱等问题未能加以纠正,对施工中出现的瓦斯隐患未采取有效措施;设计单位对涉及施工安全的瓦斯异常涌出认识不足,防范措施不到位。

8.10.3.3 对事故有关责任人员的处理

对施工单位高速公路项目经理部右线隧道工区负责人、瓦斯监控小组副组长等6名事故直接责任人移交司法机关处理;对施工单位副董事长、总经理、党委副书记等17名责任人给予相应的党纪、政纪处分。

8.10.3.4 事故防范措施建议

(1)瓦斯隧道必须按照设计文件、合同所指定采用的技术规范和相关安全规定,做出施工组织安排,制定各项安全规章制度,对瓦检、通风、防爆、防燃的措施要细化具体、严格规范施工,做到作业规范化、标准化。

(2)瓦斯隧道的施工,应及时喷锚,加强初期支护,衬砌紧跟,尽快封闭围岩,最大限度地降低瓦斯溢出,超前加固措施到位,避免塌方;加强观察和检测,防止瓦斯的异常涌出和突出;施工中一旦发现瓦斯溢出出现异常与设计不符,应积极采取必要措施保证安全,同时向监理、设计、建设单位报告,提出修改设计的意见,重新制定施工组织,报建设单位批准后实施;严格执行煤矿瓦斯防爆有关规定,在非衬砌地段,必须采取防爆、大功率通风、自动检测报警等措施;制定防爆措施方案和瓦斯突出抢险救援应急预案,一旦发生突发事件造成人员伤害时,要做到临危不乱、各负其责,全方位做好现场施救工作,最大限度降低影响和损失。

8.11 特殊地段

8.11.1 常见特殊地段

隧道工程常见特殊地段主要包括:浅埋段隧道、偏压隧道、下穿隧道。

8.11.2 风险辨控

特殊地段风险辨控,见表8.11.2。

表8.11.2 特殊地段风险辨控

序号	特殊地段	风险因素	风险等级	可能造成的后果		主要防控措施
				事故类型	伤害形式	
1	浅埋段隧道	浅埋段采用全断面法施工	I	坍塌	围岩坍塌,砸伤作业人员	1.浅埋段严格按照设计图纸施工; 2.安全、技术员现场监督
		浅埋段未对地表、拱顶下沉进行量测	II	坍塌	围岩坍塌,砸伤作业人员	1.制定监控量测方案; 2.对地表、拱顶及时布点; 3.加强监控量测
		浅埋段地表冲沟、陷穴、裂缝等未进行回填夯实、砂浆抹面,未处理地表水	II	坍塌	塌陷,伤及作业人员	1.定期检查浅埋段地表地貌情况; 2.发现有冲沟、陷穴、裂缝,应及时处理; 3.及时引导地表水入排水系统
		地表有建(构)筑物时,未采用控制爆破技术,未按要求监测爆破震动及变形	II	坍塌	建(构)筑物坍塌,影响隧道施工安全	1.制定爆破作业方案,并报有关部门审批; 2.爆破作业严格执行专项安全方案; 3.在地表建筑物设置监控点,设专人监控

续上表

序号	特殊地段	风险因素	风险等级	可能造成的后果		主要防控措施
				事故类型	伤害形式	
2	偏压隧道	偏压隧道施工前，未对偏压段进行平衡、加固处理	Ⅰ	坍塌	隧道受力不平衡，发生坍塌	1. 进行专项方案的评审； 2. 严格按照专项施工方案设计图纸施工
		忽视对偏压隧道围岩的监测	Ⅰ	坍塌	围岩坍塌，砸伤作业人员	1. 加大偏压隧道监控量测频率； 2. 监控量测数据及时反馈至施工现场负责人
		偏压隧道靠山一侧未进行支护；开挖进尺超过一榀钢架间距	Ⅱ	坍塌	围岩失稳，砸伤作业人员	1. 加强岗前培训和安全技术交底； 2. 加强偏压隧道靠山一侧的支护，验收合格后，进行开挖作业； 3. 严格控制开挖进尺
3	下穿隧道	手续不齐全就开始施工	Ⅱ	坍塌	承重不明，发生坍塌	1. 制定安全专项施工方案经监理审批后报业主备案； 2. 开工报告经审批后，方可施工
		未及时掌握拱顶下沉、净空变化及地表沉降情况	Ⅱ	坍塌	围岩失稳，砸伤作业人员	1. 在拱顶设置监控点； 2. 隧道技术人员定时监测，监测数据及时反馈至施工现场负责人； 3. 发现监控数据异常，及时撤出
		桩基托换法未检测托换桩、托换梁及既有建（构）筑物，或未验算沉降、应力、裂缝、变形和桩顶横向位移	Ⅰ	坍塌	托换梁变形严重而发生坍塌	1. 制定安全专项施工方案； 2. 由具备监测资质的单位进行检测托换桩、托换梁； 3. 由具备监测资质的单位进行监测，并验算沉降、应力、裂缝、变形和桩顶横向位移

8.11.3 警示案例

8.11.3.1 事故基本情况

施工人员于 2008 年 7 月 15 日 19：30 开挖某隧道 DMK481+150～155 段 5m 仰拱，仰拱基坑基本开挖到位，挖掘机进行清底作业。22：35 左右，隧道左侧边墙突然发生掉块，随即洞内发生大面积坍塌，该路段立刻被完全掩埋，供电线路被损坏，造成挖掘机司机陈某死亡。

8.11.3.2 事故原因

（1）直接原因

①对新奥法理论认识不足，采用施工方法和措施不当。施工中存在施工方法与地质条件不相适应的情况，地质条件发生变化时，没有及时改变施工方法；在Ⅴ类围岩中未能采用

三台阶开挖,上、下台阶未能短掘进,仰拱未及时紧跟施作,下台阶在裂隙水极其丰富的围岩中,采用两侧错开拉槽开挖支护施工,后松土回填两侧,初期支护底脚形成蓄水池,长时渗透围岩,软化围岩基脚;当开挖仰拱时,初期支护抗力小于破碎围岩承压力时,围岩急剧变形,引起塌方。

②施工工艺操作不规范。施工过程中存在的格栅钢架连接钢筋焊接不饱满,焊缝长度不能满足规范要求,未按照设计要求施作钢架底托槽钢,上、下台阶初期支护混凝土结合处围岩泥土未能彻底清除,结合处初期支护混凝土出现夹层带,侧压应力过大等工艺操作不符合施工技术规范要求,也是引起塌方的内在因素。

③连降暴雨影响。6月1日~7月15日,暴雨20d,中到大雨12d,总降雨量623.8mm,受雨季强降雨水渗透作用影响,地表水沿裂隙通道渗透,使拱部围岩受侵蚀,软弱夹层软化,强度降低,造成隧道初期支护背后水土压力增加,围岩力学性能降低,自稳性差。

④DMK481+150~DMK481+330段最大埋深约41.6m,最小埋深约为9.7m,右侧径向最小埋深为平均21.6m,较浅,加上地表山体陡峻,由隧道塌方顶部可见,偏压段也是塌方处渗透地表水的诱因。

(2)间接原因

现场监理工作不到位,施工监控管理不到位,支护抗力未达到设计要求,围岩未黏结紧密使无弯矩结构产生弯矩而导致塌方;未按照设计数量施作锁脚锚杆,锚杆砂浆不饱满或强度不足(尤其早期强度不足);喷混凝土强度、厚度达不到设计要求。

8.11.3.3 对事故有关责任人员的处理

施工单位项目部未严格履行合同造成事故,给予扣款20万元;对其单位相关责任人进行罚款,撤换项目经理;监理单位未严格履行合同造成事故,给予扣款5万元,对其单位相关责任人进行罚款,开除该工点的监理;监理公司对现有人员进行清理,对不合格人员予以清退。

8.11.3.4 事故防范措施建议

(1)施工单位从设备、管理和技术人员的投入与投标承诺的落实,安全质量保证体系,管理制度,施工组织,工艺和作业指导书,图纸审核和技术交底,原材料进场检验与试验,混凝土施工配合比,隧道开挖施工过程的管理与质量安全、控制,隧道初期支护钢架的加工、安装与喷射混凝土施工,"三检制度"的执行,混凝土的养护与试验、监测,连续强降雨异常天气情况下的应急措施等方面进行反思分析。

(2)监理单位对施工单位认真开展平行检验、见证检查、旁站、隐蔽检查,对发现的问题,督促施工单位整改落实。

(3)加强现场监督整改。指挥部组成工作组,进驻隧道工地,督促和监督施工单位整改存在的问题、严格按照规范进行施工,同时督促监理单位严格履行监理职责。

8.12 小净距及连拱隧道

8.12.1 常见小净距及连拱隧道

本节内容主要包括:小净距隧道施工、连拱隧道施工。

8.12.2 风险辨控

小净距及连拱隧道风险辨控,见表8.12.2。

表8.12.2 小净距及连拱隧道风险辨控

序号	隧道类型	风险因素	风险等级	可能造成的后果		主要防控措施
				事故类型	伤害形式	
1	小净距隧道	地质条件不同的两孔隧道,先开挖地质条件较好的隧道	I	坍塌	地质条件较差的隧道坍塌,砸伤作业人员	1.制定可行的施工方案; 2.进行方案评审; 3.严格按经评审的施工方案进行施工; 4.将施工方案进行逐级交底
		小净距隧道洞口切坡未保留隧道间原土体	II	坍塌	洞口边坡滑塌,砸伤作业人员	1.确保放样准确; 2.严禁开挖中间原土体; 3.及时进行支护加固
		两隧道工作面未错开施工;先行洞与后行洞掌子面错开距离小于2倍隧道开挖宽度	I	坍塌	隧道围岩失稳	1.应按施工方案进行施工,并设专人监督检查,未按方案进行的,应及时统计上报; 2.错开距离不满足要求的,应立即停止后行洞开挖
		未严格控制爆破震动	II	坍塌	爆破震动范围大,围岩失稳坍塌	1.严格执行爆破专项方案; 2.严格控制爆破装药量
		爆破时,另一洞内作业人员未撤离	I	坍塌	爆破震动范围大,另一洞围岩坍塌	1.制定爆破、进出洞制度; 2.拉响警报; 3.爆破前专职安全员进行检查; 4.确认作业人员撤离安全地带
		未采用低威力、低爆速炸药	II	坍塌	爆破震动范围大,围岩失稳坍塌	1.执行爆破专项方案; 2.确定炸药种类与爆破专项方案一致; 3.装药前安全员进行检查
		极软弱围岩段未加固两隧道相邻侧拱架基础	I	坍塌	软弱围岩坍塌,砸伤作业人员	1.安装拱架时检查基础,确保基础牢固; 2.验收合格后,方可进行安装作业
2	连拱隧道	中隔墙混凝土未达到设计要求的强度即进行主洞上拱部开挖	II	坍塌	中隔墙混凝土坍塌,砸伤作业人员	在开挖前进行中隔墙混凝土强度试验,达到要求,方可施工
		将中导洞作为爆破临空面	II	坍塌	中导洞坍塌,砸伤作业人员	1.制定专项安全施工方案; 2.专职安全员现场检查; 3.中导洞不得作为爆破临空面

续上表

序号	隧道类型	风险因素	风险等级	可能造成的后果		主要防控措施
				事故类型	伤害形式	
2	连拱隧道	左右两洞开挖掌子面错开距离小于30m	I	坍塌	掌子面坍塌,砸伤作业人员	1. 施工前,开展安全培训与技术交底; 2. 应安排专人进行检查前后掌子面的安全距离,及时统计上报; 3. 左右两洞开挖掌子面错距离如果小于30m,立即停止后掌子面开挖
		先行洞模筑衬砌混凝土未达到设计要求的强度,即进行后行洞的开挖和衬砌	II	坍塌	混凝土坍塌,砸伤作业人员	1. 制作同条件混凝土试件; 2. 检查试件强度满足要求后,方可进行后行洞的开挖和衬砌
		未监测连拱隧道中隔墙的位移	II	坍塌	中隔墙变形坍塌,砸伤作业人员	1. 按规定频率进行中隔墙位移检查; 2. 将数据及时进行整理对比
		未及时对中隔墙架设水平支撑	I	坍塌	中隔墙坍塌,砸伤作业人员	1. 专人检查中隔墙水平支撑; 2. 水平支撑的施工顺序必须与施工方案要求相一致
		后开挖隧道一侧的中隔墙和主洞之间的空隙未回填密实、支撑不稳固	II	坍塌	隧道失稳坍塌,砸伤作业人员	1. 严格控制施工工序; 2. 严格控制回填质量

8.12.3 警示案例

8.12.3.1 事故基本情况

某隧道进口洞内进行二次衬砌施工,同时掌子面进行初期支护格栅施工,掌子面采取三台阶施工法。初期支护班4人在上、中台阶进行锚杆作业,4人在下台阶左侧进行架立钢格栅拱架,1人携带手电筒巡回检查焊接质量,突然对面边墙的混凝土往下掉,造成多名作业人员被困,经过多方长达68小时39分钟的全力营救,5名被困人员解救成功,1人死亡。

8.12.3.2 事故原因

(1)直接原因

①隧道塌方体岩性主要是老黄土,节理特性为垂直节理。塌方部位位于隧道左侧,处在山体边坡边缘,埋深较浅(48m),边坡重力作用使土体垂直节理张开,是事故发生的直接原因。

②隧道所在处冬季降雪强度较大,事故前气温迅速升高,使大量降雪融化;地表雪水通过垂直节理下渗,使隧道拱顶上部的老黄土含水率增加,强度下降,密度加大,超过初期支护设计载荷,也是事故发生的直接原因。

(2)间接原因

①初期支护不符合设计要求。设计为箍筋间距30cm、U形筋间距65cm的格栅、箍筋

$\phi10mm$;现场施工为箍筋间距40cm、U形筋间距75cm的格栅、箍筋为$\phi10mm$与$\phi6mm$交替使用;现场未坍塌部分全断面格栅呈一定的倾斜,垂直度差。

②项目部对协作方(中介分包方)现场施工安全质量监管力量薄弱,不能有效对协作方进行管理是事故发生的重要原因。项目部多次书面发文并发布会议通知,要求协作方对格栅加工进行整改,始终未得到贯彻落实。

8.12.3.3 对事故有关责任人员的处理

对施工单位处以10万元罚款,并全线停工;对项目经理等16名责任人分别给予撤职、降职、记大过、记过、警告处分。

8.12.3.4 事故防范措施、建议

严格施工管理,确保施工过程按照技术规范、施工组织设计等要求进行,严格落实《隧道施工安全九条规定》;配备专门的监控量测人员,确保数据有效指导施工,提高对黄土隧道的特殊地质及气候等复杂危险因素的认识;加强隐患排查整改工作,落实协作队伍隐患整改责任;完善隧道及地下工程施工应急预案,开展应急逃生演练。

8.13 附属设施工程

8.13.1 常见附属设施工程

隧道工程常见附属设施工程包括:设备洞、横通道及其他洞室施工,装饰工程施工。

8.13.2 风险辨控

附属设施工程风险辨控,见表8.13.2。

表8.13.2 附属设施工程风险辨控

序号	工序	风险因素	风险等级	可能造成的后果		主要防控措施
				事故类型	伤害形式	
1	设备洞、横通道及其他洞室施工	作业人员未撤离到安全区域	I	放炮	爆破作业伤害作业人员	1. 爆破前专职安全员检查,确认人员撤离至安全地带; 2. 拉响警报
		洞室的永久性防水、排水工程未与正洞一次同时完成	II	坍塌	洞室围岩失稳,砸伤作业人员	1. 严格执行施工工序; 2. 专人检查排水工程
		设备洞及横通道等处的施工未采用喷锚支护	II	坍塌	设备洞及横通道围岩失稳	1. 严格按照施工方案进行施工; 2. 专人检查喷锚支护情况
		围岩不稳定时未增设钢架予以支撑	I	坍塌	洞室围岩失稳,砸伤作业人员	1. 加强超前地质预报; 2. 根据超前地质预报,修正施工方案
		与正洞连接地段,未加强支护	II	坍塌	连接段围岩失稳,砸伤作业人员	1. 专人检查与正洞连接地段的支护情况; 2. 未达到要求的地段加强支护

续上表

序号	工序	风险因素	风险等级	可能造成的后果		主要防控措施
				事故类型	伤害形式	
2	装饰工程施工	隧道装饰区域未设置作业区警示标志和人员、机械车辆绕行线路标志	Ⅲ	车辆伤害	机械车辆伤害作业人员；无关人员进入作业区，造成伤害	1.按施工工序设置警示标志； 2.作业前安全员进行巡视检查
		各类装修原材料未分类存放，未设警示标志，未配备防火、防爆消防设备	Ⅱ	火灾	材料着火，烧伤作业人员	1.设置存放装修材料的库房； 2.限制领料数量； 3.作业人员禁止携带明火
		易燃、易爆等材料无专人管理	Ⅱ	火灾	材料着火、爆炸，伤害作业人员	1.洞内设置材料临时存放点； 2.设专人监督管理
		隧道内酸性物质污染严重，无防护措施即开始涂料	Ⅱ	中毒和窒息	酸性物质伤害作业人员呼吸系统	1.加强通风； 2.检查空气质量； 3.作业人员佩戴防毒面具
		涂料人员没有戴防毒面具	Ⅰ	中毒和窒息	酸性物质伤害作业人员呼吸系统	1.进行安全交底； 2.进洞前专人派发防毒面具
		喷枪停止作业，喷口对人	Ⅱ	其他伤害	喷出物伤害作业人员	1.执行安全操作规程； 2.关闭进气阀，严禁喷口对人
		作业人员在瓷砖未完全形成整体强度的墙下休息	Ⅲ	物体打击	瓷砖砸伤作业人员	1.进行安全交底； 2.设置禁止墙下停留标志； 3.专人进行现场监督
		装修垃圾随意乱扔	Ⅲ	其他伤害	作业人员被装修垃圾绊倒、摔伤	1.装饰材料限量领用； 2.在固定地点堆放装修垃圾； 3.收工前派人进行检查，发现垃圾及时清理
		进行现场配电设施施工时，绝缘系统长时间不检查	Ⅱ	触电、火灾	线路老化漏电，作业人员触电受伤；短路起火	1.电工定时进行检查，发现绝缘设施损坏，应及时更换； 2.配置消防器材

8.13.3 警示案例

8.13.3.1 事故基本情况

某隧道与其救援通道的车行横洞已完成开挖，由于车行横洞围岩较为完整，稳固性良好，所以该隧道作业班组未对此车行横洞进行支护。由于主洞多次爆破，导致车行横洞围岩松动，掌子面爆破作业时，作业人员躲避在车行横洞内，爆破导致松动危石掉落，造成在车行横洞内躲避的作业人员1人死亡，3人重伤。

8.13.3.2 事故原因

（1）直接原因

车行横洞开挖完成后未及时进行喷射混凝土封闭围岩，未安装钢拱架完成支护工程，是造成事故发生的主要原因。

(2)间接原因

项目部对作业人员安全培训不彻底,爆破作业安全监控不到位;未对车行横洞采取隔离措施,现场无安全警示标志。

8.13.3.3 对事故有关责任人员的处理

项目经理降级处分,安全负责人行政撤职,对现场安全员给予开除处分,爆破员、开挖班组被解除合同。

8.13.3.4 事故防范措施、建议

隧道开挖要做到随挖随支护,围岩封闭要及时;安全监管要到位,现场隐患及时消除,安全警示措施全覆盖。

8.14 超前地质预报和监控量测

8.14.1 主要施工作业

超前地质预报和监控量测施工作业主要包括:超前地质预报、监控量测。

8.14.2 风险辨控

超前地质预报和监控量测风险辨控,见表8.14.2。

表8.14.2 超前地质预报和监控量测风险辨控

序号	工序	风险因素	风险等级	可能造成的后果		主要防控措施
				事故类型	伤害形式	
1	超前地质预报	长大隧道、不良地质隧道未进行超前地质预报或未采用水平地质钻探验证	I	冒顶片帮	围岩失稳,砸伤作业人员	1. 配备有专业资质的监控量测队伍; 2. 制定专项安全监控量测方案; 3. 施工前、施工中进行超前地质预报或采用水平地质钻探验证; 4. 作业人员采取必要的安全防护措施
		隧道找顶作业未结束,即进行地质预报	I	冒顶片帮	围岩失稳,砸伤作业人员	1. 隧道施工严格按照设计图纸施工; 2. 地质预报严格按照操作规程作业
		高地应力区隧道工作面支护未完成,即进行地质预报	I	冒顶片帮	围岩失稳,砸伤作业人员	1. 高地应力区隧道开挖作业后,及时进行支护作业; 2. 监控量测单位与施工单位加强协调联系; 3. 严格执行工序交接制度

续上表

序号	工序	风险因素	风险等级	可能造成的后果		主要防控措施
				事故类型	伤害形式	
1	超前地质预报	工作前未观察操作空间上方、周围,开挖工作面附近安全状态	II	冒顶片帮	围岩失稳,砸伤作业人员	1.施工前专职安全员检查工作面的安全情况,检查空间上方、周围,开挖工作面附近安全状态; 2.现场检查排险后,方可进入作业面
		隧道开挖排险未结束,即进行地质调查	I	冒顶片帮	围岩失稳,砸伤作业人员	1.专职安全员排险结束后,再进行地质调查; 2.严格按照作业工序、规程进行施工
		地质调查时,未落实安全防护措施、防护设施	II	冒顶片帮	围岩失稳,砸伤作业人员	1.作业前验收安全防护设施; 2.作业中严格执行安全防护措施,现场设置必要的安全防护设施
		工作面未完成支护,即进行钻探、物探	II	冒顶片帮	围岩失稳,砸伤作业人员	1.钻探、物探作业严格执行专项安全方案; 2.完成支护后,方可进行钻探、物探,严格按照操作规程进行作业
		作业区域照明亮度不够	III	高处坠落	作业人员因视线不足,从高处坠落	作业区域照明亮度应满足有关要求
		钻探法预报钻孔孔口管安设不牢固	II	物体打击	孔口管掉落,砸伤作业人员	孔口管安设完成后进行检查,确保牢固后,方可投入使用
		管路连接不牢固	II	物体打击	管路坠落,砸伤作业人员	管路连接后进行检查,确保牢固后,方可投入使用
		地震波反射法预报炸药超量	I	放炮	爆炸范围扩大,围岩失稳	严格按照计算炸药量装药,并进行现场检查验收
		未制定岩爆预控措施	II	冒顶片帮	围岩失稳,砸伤作业人员	1.严格制定并执行岩爆预控措施; 2.专职安全员现场巡查
2	监控量测	未按规定监测拱顶最大允许沉降及周边收敛	II	冒顶片帮	围岩失稳,砸伤作业人员	1.加强教育培训; 2.按照隧道施工专项方案规定的频率进行监测
		未对设计要求的必测项目进行监控量测	II	冒顶片帮	围岩失稳,砸伤作业人员	1.加强教育培训; 2.按照隧道施工专项方案规定的必测项目开展监控量测
		未根据情况增加针对性的选择项目,或量测数据未及时进行回归分析	II	冒顶片帮	围岩失稳,砸伤作业人员	1.根据情况增加针对性的选择项目; 2.及时对量测数据进行回归分析

续上表

序号	工序	风险因素	风险等级	可能造成的后果		主要防控措施
				事故类型	伤害形式	
2	监控量测	未按监控量测结果指导施工	Ⅲ	冒顶片帮	围岩失稳,砸伤作业人员	1.监控量测结果应及时反馈给施工现场负责人员; 2.应依据监控量测结果及时采取相应措施
		监控量测过程中作业平台不稳定、安全防护措施不到位	Ⅲ	高处坠落	作业人员从平台坠落	1.作业前验收作业平台; 2.作业人员佩戴必要的安全防护用品
		在富水区隧道安装量测仪器或进行钻孔时,发现岩壁松软、掉块或钻孔中的水压、水量突然增大,以及其他异常情况时,未停止钻进	Ⅰ	淹溺	作业人员被涌水淹溺	1.制定应急预案; 2.作业现场设置专人监控; 3.发现异常,立即停止钻进,按应急预案的要求分级响应,有序撤离
		未对隧道附近重要建(构)筑物、设施设备进行变形和沉降观测	Ⅱ	坍塌	建(构)筑物、设施设备坍塌	1.制定应急预案; 2.定期或不定期对隧道附近重要建(构)筑物、设施设备进行变形和沉降观测

8.14.3 典型示范

超前地质预报风险防控典型示范,见表8.14.3。

表8.14.3 超前地质预报风险防控典型示范

典型示范	风险防控要点
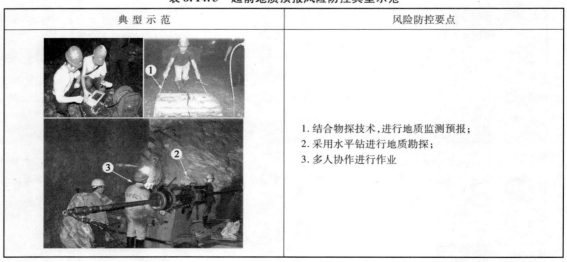	1.结合物探技术,进行地质监测预报; 2.采用水平钻进行地质勘探; 3.多人协作进行作业

8.14.4 警示案例

8.14.4.1 事故基本情况

2011年6月26日,某隧道正在开展掘进、支护等施工作业。完成初期支护变形区域换拱作业,出渣时掌子面已出现渗水和流水现象。安全员在听到作业面方向有异常响声时,立即吹哨警告人员快速撤离。随后大量泥石涌出,3min内突水涌泥达6000m³,涌泥长度达78m,挖掘机和运渣车等5台施工设备被涌泥掩埋损坏,造成2人死亡,直接经济损失约200万元。

8.14.4.2 事故原因

(1)直接原因

当地降雨增多,大雨持续时间较长,尤其自2011年6月10日至6月26日期间连降大雨。该隧道地段地貌为黄土梁峁,地形平缓,略为低洼,地表为种植土,土质疏松,易于地表水汇集下渗,连降大雨使隧道拱部围岩受到长时间浸泡,使岩体软化并处于饱和状态,恶化围岩条件,导致掌子面失稳及涌水突泥的发生。

(2)间接原因

①高风险隧道施工安全管理有缺陷,风险评估不到位。该隧道初期支护已发生变形,并进行了换拱作业,施工单位指挥部和项目部未对已处理的区段高度重视;现场施工管理人员实际经验缺少,未聘请相关专家对处理方案进行有效论证和风险安全评估。

②隧道监控量测不规范,技术管理存在缺失。项目部按照常规做法对变形换拱区段进行监控量测,未根据实际特点编制专项量测方案,未增加量测断面和频次。项目部未组织相关人员对量测数据及时分析,未对下一步施工安全状况做出正确判断,未按要求签发施工作业书面指令,违反软弱围岩隧道施工管理相关规定。

③现场应急资源配备不到位,呼救手段受限,应急逃生演练不足。

8.14.4.3 对事故有关责任人员的处理

对施工单位指挥部常务副指挥长李某、总工程师张某分别给予行政警告处分;对总经理陈某给予行政警告处分,向集团公司写出书面检查;分管项目副总经理段某兼任项目经理,对其给予行政记过处分;对项目部书记王某、副经理庞某给予行政记过处分,对项目总工李某、项目安质部长曾某给予行政警告处分。

8.14.4.4 事故防范措施、建议

(1)认真调查研究,完善技术方案。针对隧道多次发生初期支护变形的实际情况,邀请设计单位或行业专家对该隧道地质、施工方案进行核查,确定后续施工方案。项目部制定有针对性的专项施工方案和安全措施,逐级上报审核把关,确保下阶段施工安全。

(2)加强安全隐患排查,发布风险预警。组织人员对隧道施工进行全面隐患排查,对检查发现的问题和隐患,落实定责任人、定措施、定整改时限、定资金投入、定应急预案的"五定"制度,整改完成后报建设单位指挥部复查验收。严格执行超前地质预报制度,采用超前探孔、地质雷达探测、围岩量测等方法,探明地质情况,掌握围岩变化规律,实现动态化施工。在雨水多发季节,项目部要增加红外线探水设备,加强过程观测,实现风险预判,发布预警信息,确保施工安全、稳定。

(3)加强过程控制,杜绝违章施工。对隧道开挖、支护、仰拱、二次衬砌等工序作业,项目

部必须加强过程管理,严格作业标准,认真实行作业要点卡片,执行交接班检查制度,落实项目班子成员和技术人员跟班作业制度,规范现场检查标准,严格工序报检验收程序,认真执行隧道防坍卡控红线,确保隧道施工安全。

(4)严格劳务用工管理,提高教育培训效果。项目部对现场作业的全体员工进行登记造册,强化人员管理。针对隧道施工特点组织作业人员、管理人员学习隧道施工知识,提高全体人员的操作技能。作业人员进场前,要按照要求,对人员进行安全教育培训,确保培训效果,提高作业人员施工水平和管理人员处理突发事件的能力。

9 交通安全设施

9.1 护栏

9.1.1 主要工序

常见的护栏形式有:波形护栏、缆索护栏、混凝土护栏。

本节风险辨控适用于波形护栏及缆索护栏作业,混凝土护栏作业的风险辨控详见4.3.2模板作业风险辨控、4.4.2钢筋作业风险辨控及4.5.2混凝土作业风险辨控。

护栏施工作业主要包括以下工序:施工准备、立柱安装、梁板或缆索安装等。

9.1.2 风险辨控

护栏风险辨控,见表9.1.2。

表9.1.2 护栏风险辨控

序号	工序	风险因素	风险等级	可能造成的后果		主要防控措施
				事故类型	伤害形式	
1	施工准备	货物未装、卸完毕就开车;堆放立柱未采取防滚落措施	I	车辆伤害、其他伤害	人员被运输车辆或货物刮伤、压伤;立柱滚落,砸伤人员	1. 装、卸货物完毕后,方可开车,并派专人指挥; 2. 堆放的立柱应采取防止滚落的措施
		通车道路上施工或夜间作业时,未采取安全措施	I	车辆伤害	来往行驶的车辆不能及时减速避让人员,造成伤害	1. 应当对行驶车辆采取限速、导流及渠化等措施; 2. 交通指挥人员和上路作业人员应按规定穿着安全反光标志服或反光背心; 3. 不中断交通施工时,应按要求设置作业控制区,设置安全警示标志、反光标识
		高边坡、桥梁、陡崖、沿溪线施工时,未采取安全防护措施	II	高处坠落、物体打击	人员或构件坠落,造成伤害	1. 作业人员应戴安全帽、系安全带、穿防滑鞋等; 2. 未完全固定的构件,应采取预防坠落的措施

续上表

序号	工序	风险因素	风险等级	可能造成的后果		主要防控措施
				事故类型	伤害形式	
2	立柱安装	打、压立柱时,打桩机安设不牢固,或作业人员操作不规范	II	机械伤害	打桩机倾覆,伤害人员	1. 安设牢固、平稳; 2. 严禁操作人员擅自离开工作岗位; 3. 严禁作业人员用手扶正立柱
		打桩机移动时未避让地面沟槽、地上架空线路	II	机械伤害、触电	打桩机行走不平稳,挤压操作人员;打桩机挂断电缆,发生触电	应避让地面沟槽、地上架空线路,安全距离应满足要求
3	梁板或缆索安装	梁板	波形梁板安装后,未及时固定	II	物体打击	波形梁板坠落,砸伤人员	波形梁板安装后,应及时固定
		缆索	缆索放线架和线盘未放置稳妥	III	物体打击	缆索坠落,砸伤人员	1. 应放置稳妥; 2. 放线架应配有制动设施
			安装时,张拉人员未站在安全范围内进行操作	III	物体打击	缆索发生回弹,打击张拉人员	1. 应站在张紧器与钢丝绳连接处的侧后方; 2. 紧邻张拉跨中间立柱两侧不得站人; 3. 悬挂警示标志

9.2 交通标志

9.2.1 主要工序

交通标志施工作业主要包括以下工序:施工准备、基础安装、支撑结构及面板安装等。

9.2.2 风险辨控

交通标志风险辨控,见表9.2.2。

表9.2.2 交通标志风险辨控

序号	工序	风险因素	风险等级	可能造成的后果		主要防控措施
				事故类型	伤害形式	
1	施工准备	通车道路上施工或夜间作业时,未采取安全措施	I	车辆伤害	来往行驶的车辆不能及时减速避让人员,造成伤害	1. 应当对行驶车辆采取限速、导流及渠化等措施; 2. 交通指挥人员和上路作业人员,应按规定穿着安全反光标志服或反光背心; 3. 不中断交通施工时,应按要求设置作业控制区,设置安全警示标志、反光标识
		标志板运输、储存过程中未采取防火等安全措施	II	火灾、车辆伤害	标志板燃烧;车辆在路口发生碰撞	1. 应远离明火等,并配备灭火器等消防器材; 2. 路口附近应设置警示牌

续上表

序号	工序	风险因素	风险等级	可能造成的后果		主要防控措施
				事故类型	伤害形式	
2	基础安装	基坑位于现场通道或居民区附近时,未采取安全措施	Ⅲ	高处坠落	人员不慎掉入基坑	1.应沿边缘设立防护栏杆或围挡; 2.夜间应加设红色警示灯
		采用锤击强行校正标志基础预埋螺栓	Ⅱ	物体打击	标志支撑结构坠落,砸伤人员	1.严禁锤击; 2.按照处置方案操作
		标志基础混凝土强度未达到设计要求,即进行安装	Ⅱ	物体打击	标志基础出现缺陷,造成标志支撑结构坠落,砸伤人员	达到设计强度后,方可安装
3	支撑结构及面板安装	安装标志过程中,标志垂直下方站人	Ⅱ	物体打击	安装标志的零部件掉落,砸伤作业人员	1.安装作业区内严禁站人; 2.应在周围设置安全警示标志
		安装门架标志时,作业人员站在门架横梁上操作	Ⅱ	高处坠落	站立不稳,从标志、横梁上坠落	1.不得站在标志、横梁上操作; 2.专人负责指挥; 3.宜使用液压升降车或车载式高空平台作业车进行作业,人员佩戴安全带
	起重吊装作业风险辨控,详见表4.8.2,高处作业风险辨控,详见表4.9.2					

9.3 交通标线

9.3.1 主要工序

交通标线施工作业主要包括以下工序:施工准备、划线等。

9.3.2 风险辨控

交通标线风险辨控,见表9.3.2。

表9.3.2 交通标线风险辨控

序号	工序	风险因素	风险等级	可能造成的后果		主要防控措施
				事故类型	伤害形式	
1	施工准备	通车道路上施工或夜间作业时,未采取安全措施	Ⅰ	车辆伤害	来往行驶的车辆不能及时减速避让人员,造成伤害	1.应当对行驶车辆采取限速、导流及渠化等措施; 2.交通指挥人员和上路作业人员,应按规定穿着安全反光标志服或反光背心; 3.不中断交通施工时,应设置作业控制区,设置安全警示标志、反光标识

续上表

序号	工序	风险因素	风险等级	可能造成的后果		主要防控措施
				事故类型	伤害形式	
1	施工准备	运输、存放标线涂料、溶剂未采取防火措施	II	火灾、车辆伤害	涂料及溶剂燃烧;车辆在路口发生碰撞	1. 应采取防火措施,并配备灭火器等消防器材; 2. 路口附近应设置警示牌; 3. 遮盖存放,严禁野外暴晒
2	划线	热熔釜或漆料保温桶上方出现明火	I	火灾	引燃涂料,发生火灾	1. 热熔釜或漆料保温桶上方不得出现明火; 2. 热熔釜熔料时,最大投料量不得超过缸体的4/5
		热熔作业时,作业人员未穿戴防护用品	III	灼烫	涂料溅出,烫伤作业人员	1. 应佩戴防护目眼镜、防护手套和防有机气体口罩等; 2. 防护用品应定期进行更换
		隧道内划线未进行通风	III	窒息、火灾	通风不好,影响呼吸	1. 隧道内施工应在通风良好情况下进行; 2. 应配备灭火器等消防器材
		大风天气未停止标线喷涂作业	III	灼烫	涂料随风飞溅,烫伤作业人员	1. 大风天气禁止标线喷涂作业; 2. 应实时注意天气预报

9.4 隔离栅和桥梁护网

9.4.1 主要工序

隔离栅和桥梁护网施工作业主要包括以下工序:施工准备、安装。

9.4.2 风险辨控

隔离栅和桥梁护网风险辨控,见表9.4.2。

表9.4.2 隔离栅和桥梁护网风险辨控

序号	工序	风险因素	风险等级	可能造成的后果		主要防控措施
				事故类型	伤害形式	
1	施工准备	通车道路上施工或夜间作业时,未采取安全措施	I	车辆伤害	来往行驶的车辆不能及时减速避让人员,造成伤害	1. 应当对行驶车辆采取限速、导流及渠化等措施; 2. 交通指挥人员和上路作业人员,应按规定穿着安全反光标志服或反光背心; 3. 不中断交通施工时,应按要求设置作业控制区,设置安全警示标志、反光标识

续上表

序号	工序	风险因素	风险等级	可能造成的后果		主要防控措施
				事故类型	伤害形式	
1	施工准备	混凝土立柱和基础预制块存放高度超过1.5m	I	物体打击	混凝土立柱和基础预制块滚落,砸伤作业人员	1.混凝土立柱和基础预制块存放高度不得超过1.5m; 2.应码放整齐,不得滚落卸载,应采取防滚落措施
2	隔离栅安装	高边坡上进行隔离栅施工时,未设置施工通道	II	高处坠落	作业人员不慎坠落,发生伤害	1.应设置施工通道; 2.作业人员应采取防坠落措施
		混凝土立柱、刺铁丝不牢固	I	其他伤害	混凝土立柱失稳或刺铁丝坠落,伤害人员	1.应对混凝土立柱进行固定后,方可进行刺铁丝的绷紧、绑扎; 2.绷紧的刺铁丝应及时与立柱挂钩绑扎
		安装隔离栅时,作业人员未佩戴防穿刺手套	I	其他伤害	手被隔离栅刺伤	作业人员应佩戴防穿刺手套等,并定期更换
	桥梁防护网	安装桥梁护网时,作业人员未采取防坠落措施	II	高处坠落	从桥梁上坠落,发生伤害	1.应系安全带、安全绳等; 2.应定期进行更换

9.5 防眩设施

9.5.1 主要工序

防眩设施施工作业主要包括以下工序:施工准备、安装等。

9.5.2 风险辨控

防眩设施风险辨控,见表9.5.2。

表9.5.2 防眩设施风险辨控

序号	工序	风险因素	风险等级	可能造成的后果		主要防控措施
				事故类型	伤害形式	
1	施工准备	通车道路上施工或夜间作业时,未采取安全措施	I	车辆伤害	来往行驶的车辆不能及时减速避让人员,造成伤害	1.应当对行驶车辆采取限速、导流及渠化等措施; 2.交通指挥人员和二路作业人员,应按规定穿着安全反光标志服或反光背心; 3.不中断交通施工时,应按要求设置作业控制区,设置安全警示标志、反光标识

续上表

序号	工序	风险因素	风险等级	可能造成的后果		主要防控措施
				事故类型	伤害形式	
1	施工准备	运输、储存塑料防眩板时,未采取防火等安全措施	Ⅱ	火灾、车辆伤害	塑料防眩板燃烧;车辆在路口发生碰撞	1.应采取防火措施,并配备灭火器等消防器材; 2.路口附近应设置警示牌
2	安装	在桥梁上下行空隙安装时,未采取防坠落措施	Ⅱ	高处坠落	作业人员从空隙中坠落,发生伤害	1.应系安全带、系安全绳等; 2.焊接时,应佩戴防护眼镜等; 3.防护装备应定期更换

10 改扩建工程

10.1 桥涵拼宽

10.1.1 主要工序

桥涵拼宽施工作业主要包括以下工序：基坑开挖、挖孔桩、墩台身施工、平台高处作业、支架搭设与拆除、拼宽桥梁上部施工。

10.1.2 风险辨控

桥涵拼宽风险辨控，见表10.1.2。

表10.1.2 桥涵拼宽风险辨控

序号	工序	风险因素	风险等级	可能造成的后果		主要防控措施
				事故类型	伤害形式	
1	基坑开挖	八字墙及锥坡拆除后未及时封闭	I	坍塌	雨水冲刷造成路基边坡坍塌，影响公路行车安全	1. 采用长度不小于1.5m、直径不小于20mm的螺纹钢筋竖向打入已拆除八字墙坡面； 2. 挂设不小于10cm×10cm的钢筋网片，喷射混凝土进行封闭； 3. 靠近基坑边缘上方的硬路肩，用水泥隔离墩与反光交通锥进行隔离防护； 4. 前方摆放爆闪灯等进行警示
2	挖孔桩	孔口上方临近公路一侧防护措施不到位	III	物体打击	过往车辆抛洒，对作业人员造成伤害	1. 孔口上方临近公路一侧硬路肩上游过渡段（来车方向），设置警示牌提醒过往车辆； 2. 孔口上方硬路肩20m范围内设置彩钢板或防抛网进行封闭防护，施工区搭设防护棚
3	墩台身施工	起重作业对既有公路过往车辆造成打击	III	起重伤害	对过往车辆和人员造成伤害	1. 作业前，对现场指挥人员、起重设备操作人员、防护员等相关人员进行安全交底； 2. 起重设备作业时，现场防护员、指挥员应加强观察和指挥，严禁起重臂及吊物横跨高速公路

续上表

序号	工序	风险因素	风险等级	可能造成的后果		主要防控措施
				事故类型	伤害形式	
4	平台高处作业	操作平台四周安全防护设施不规范、不到位	Ⅲ	高处坠落	作业人员从平台坠落	1. 四周设置高度为1.2m的防护栏杆(上横杆离地1.2m,下横杆离地0.6m,立杆间距2m),离平台底部0.3m设扫地杆; 2. 满铺脚手板,挂设安全网,悬挂"当心坠落"等安全警示牌
		移动操作平台无专用的登高爬梯	Ⅱ	高处坠落	作业人员无牢固攀爬点,从高处坠落	1. 高处作业2m(含2m)以上,必须按要求设置人员上下专用爬梯; 2. 5m以上的高处作业设置"之"字形人行爬梯,铺设脚手板,挂设安全网,悬挂"当心坠落"等安全警示牌
5	支架搭设与拆除	支架搭设或拆除作业不规范	Ⅰ	坍塌、物体打击	支架倒塌,伤害作业人员、损坏过往车辆	1. 搭拆人员必须持证上岗; 2. 搭拆前对架子工进行安全教育及安全技术交底; 3. 搭设完成,验收合格后,方可进行下道工序; 4. 搭拆作业时必须按方案要求,从下至上或从上至下逐层搭拆,系好安全带,设置警戒区域,警戒区域严禁无关人员进入,现场安全员加强看管,防止钢管、扣件等坠落伤人
		支架搭设或拆除作业人员未系安全带	Ⅱ	高处坠落	作业人员从高处坠落,造成伤害且危及行车安全	1. 作业人员按规定穿戴好防滑鞋、安全带等防护用品,严禁嬉笑、打闹; 2. 严禁作业人员疲劳作业
		满堂支架搭设不规范	Ⅰ	坍塌	支架倒塌,造成人员伤亡及涉路事故	1. 搭设方案通过专家论证; 2. 作业人员必须持证上岗; 3. 搭设前必须对作业人员进行安全教育和技术交底; 4. 严格各工序技术要求及质量标准,每道工序验收合格后,方可进行下道工序; 5. 涉路施工时做好交通疏导及安全防护,设置安全可靠的防护棚架
		满堂支架搭拆时,施工人员向下抛掷材料;支架上随意摆放的材料;工具未装入工具袋	Ⅱ	物体打击	对下部作业人员、通行车辆造成伤害	1. 搭拆作业必须按方案要求从下至上或从上至下逐层搭拆,严禁随意放置材料、工具或向下抛掷材料、工具,并及时进行清理支架上的材料、工具; 2. 搭拆使用的工具应放入工具袋; 3. 支架搭设周边设置安全警戒区

续上表

序号	工序	风险因素	风险等级	可能造成的后果		主要防控措施
				事故类型	伤害形式	
6	拼宽桥梁上部施工	既有桥梁防撞墙及翼缘板凿除防护不当	Ⅲ	高处坠落、物体打击	对区域内人员造成伤害	1.作业人员必须系安全带；2.桥梁下方设专人防控，设置安全警示标志及安全警戒区，防止人员进入；3.设置人车分离隔离防护
		植筋作业防护措施不当	Ⅲ	其他伤害	伤害作业人员	1.作业前，现场安全、技术人员做好监督检查工作；2.作业人员佩戴防护目镜、口罩等防护用品后，方可进行植筋作业
		新建桥梁梁板预压堆袋摆放不规范	Ⅲ	坍塌、物体打击	造成人员伤害	1.预压重量、堆码高度等，必须符合技术交底要求；2.专人进行指挥，堆袋应整齐、牢固，防止滑落

10.1.3 典型示范

涵洞拼宽施工风险防控典型示范，见表10.1.3。

表10.1.3 涵洞拼宽施工风险防控典型示范

典型示范	风险防控要点
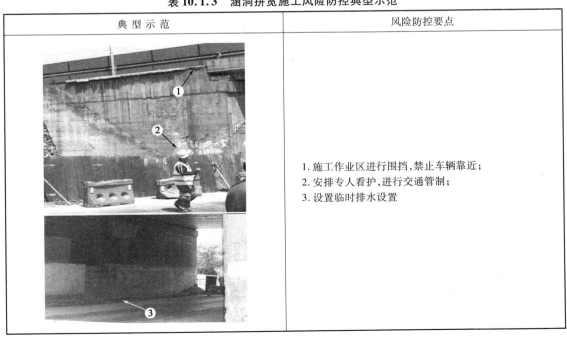	1.施工作业区进行围挡，禁止车辆靠近；2.安排专人看护，进行交通管制；3.设置临时排水设置

10.2 路基拼宽

10.2.1 主要工序

路基拼宽施工作业主要包括以下工序:开挖与填筑。

10.2.2 风险辨控

路基拼宽风险辨控,见表10.2.2。

表10.2.2 路基拼宽风险辨控

序号	工序	风险因素	风险等级	可能造成的后果		主要防控措施
				事故类型	伤害形式	
1	开挖与填筑	挖方段施工无隔离防护设施	Ⅱ	高处坠落、物体打击	上方车辆、人员、土石坠落,影响下方车辆、人员安全,造成伤害	1. 施工区域设置安全防护设施; 2. 专职安全员定期检查防护设施,发现损坏,及时进行更换
		既有高速填方边坡刷坡;挖台阶一次性开挖过大	Ⅰ	其他伤害	造成既有高速路基坍塌,对过往车辆造成损害	1. 严格按照设计图纸控制刷坡、台阶的开挖高度; 2. 专人指挥机械作业
		路基填筑时扬尘	Ⅲ	车辆伤害	能见度降低,驾乘人员视线模糊,造成交通事故	1. 施工现场洒水降尘; 2. 施工车辆限速行驶

10.2.3 典型示范

路基拼宽施工风险防控典型示范,见表10.2.3。

表10.2.3 路基拼宽施工风险防控典型示范

典型示范	风险防控要点
	1. 原公路路缘处设置隔离墩,禁止车辆靠近边缘行驶; 2. 设置与原公路排水系统相衔接的临时排水设施

10.3 旧桥拆除

10.3.1 主要工序

旧桥拆除施工作业主要包括以下工序：切割作业、人工清理作业、拆除旧梁板、运输旧梁板、破碎旧梁板。

10.3.2 风险辨控

旧桥拆除风险辨控，见表10.3.2。

表10.3.2 旧桥拆除风险辨控

序号	工序	风险因素	风险等级	可能造成的后果		主要防控措施
				事故类型	伤害形式	
1	切割作业	梁体切割定位不准，未严格按照方案拆除顺序切割	I	坍塌	结构坍塌，造成人员伤亡或下部结构损坏	1.切割前，认真研究既有梁体结构图纸，制定切实可行的切割方案，做好技术交底工作； 2.现场安全、技术人员做好监督检查，严格按方案拆除顺序进行切割
		使用前，未检查确认电动机、电缆线是否正常，保护接地是否良好，防护装置是否安全，锯片是否安装正确	III	触电、机械伤害	接电设施漏电，造成触电；设备安装错误或防护装置不可靠，造成伤害	1.使用前，专业电工检查确保电动机、电缆线正常，保护接地良好； 2.现场安全、技术人员对切割机的防护装置，锯片安装等进行检查，确认安全后，方可进行切割作业
		未按机械出厂铭牌规定，进行超厚切割	II	机械伤害	不按照机械出厂规定进行超厚度切割，造成锯片断裂飞出伤人	1.切割时必须按铭牌规定的标准进行切割，严禁超厚切割； 2.现场安全、技术人员加强检查、管控
		切割时发生冲击、跳动及异常音响时，未停机检查，继续作业	II	机械伤害	机械遇有各种故障继续使用，造成工件失稳、伤人	切割时发生冲击、跳动及异常音响时，应立即停机检查，排除故障后，方可继续作业
		在机械运转中，检查、维修部件	II	机械伤害	机械运转过程中进行维修，造成机械伤人	机械发生故障时，应安排专业人员进行停机检查，严禁在机械运转中检查、维修部件
		构件锯缝中的碎屑未采用专用工具及时清除，用手拣拾或抹拭	III	机械伤害	容易将手卷入，造成伤害	清除构件锯缝中的碎屑时，必须停机断电，采用专用工具进行清除
		锯片部分未装防护罩切割；锯片旋转方向前后站人	III	机械伤害、物体打击	锯片飞出伤人	1.切割前应做好检查，确保锯片防护装置安装牢固后，方可进行作业； 2.作业时，锯片旋转方向前后严禁站人，并在作业区前后设置移动挡板进行防护

续上表

序号	工序	风险因素	风险等级	可能造成的后果		主要防控措施
				事故类型	伤害形式	
2	人工清理作业	桥梁边缘未设置临边防护	Ⅱ	高处坠落	人员高处坠落	1.桥梁边缘必须设置高度不低于1.2m的防护栏杆(上下横杆间距0.6m,立杆间距2m,离平台底部0.3m设扫地杆); 2.挂设防护网,悬挂"当心坠落"等警示牌
		桥下未设置围挡及警戒标志	Ⅲ	高处坠落	桥梁上部落物,造成人员伤害	桥梁上部进行清理作业时,应对桥下区域设置围挡,并安排专人进行安全警戒,防止无关人员进入
3	拆除旧梁板	脚手架作业前,未检查杆件及其配件是否存在焊口开裂、严重锈蚀、扭曲变形、配件不齐全等情况,即直接使用	Ⅰ	坍塌	支架搭设前未进行仔细检查,造成支架局部变形、失稳坍塌	脚手架作业前应仔细检查,确保配件齐全,杆件及其配件符合规范要求的规格尺寸,无焊口开裂、严重锈蚀、扭曲变形的情况,验收合格后,方可投入使用
		作业中未严格按施工方案和安全技术交底要求执行	Ⅱ	坍塌	支架搭设未按照施工方案进行,搭设过程中造成支架坍塌	1.作业中必须严格按施工方案和安全技术交底要求执行,分工明确,听从指挥,协调配合; 2.现场安全、技术人员做好监督检查工作
		架子组装、拆除作业未按照程序支搭、组装,拆除脚手架时擅自拆卸任何固定扣件、杆件及连墙件	Ⅰ	坍塌	架子组装不执行施工方案,造成支架坍塌	1.架子组装、拆除作业必须按施工方案执行; 2.现场安全、技术人员加强监督检查; 3.严禁擅自拆卸任何固定扣件、杆件及连墙件
		旧梁板吊装前未充分解除约束	Ⅰ	其他伤害	吊装设备损坏,伤害作业人员	切割完毕后全面检查,需吊装的块体完全解除约束后,方可进行吊装
		爆破拆除无专项施工方案	Ⅰ	爆炸事故	对临近建筑物及人员造成伤害	1.爆破施工前,必须编制专项爆破拆除方案,并报监理或相关部门审批; 2.严格按批复的施工方案执行,并安排具有专业资质的队伍拆除

续上表

序号	工序	风险因素	风险等级	可能造成的后果		主要防控措施
				事故类型	伤害形式	
4	破碎旧梁板	操作破碎机的司机未经培训,未遵守有关安全、交接班等制度	I	机械伤害	破碎机操作人员操作不当伤害自己和周边人员	1.操作破碎机的司机必须经相关部门培训,考试合格后,方可持证上岗; 2.操作者必须严格遵守有关安全、交接班等制度
		驾驶室前未装碎片防护罩装置	III	物体打击	作业时飞来的碎块,造成人员伤害	1.驾驶室前必须装上碎片防护罩装置; 2.现场安全、技术人员做好安全检查,确保安全后,方可进行作业
		有人进入作业危险区域时,继续进行破碎锤作业	III	物体打击	作业时飞来的碎块,造成人员伤害	1.作业前,应在作业区域设置警戒区,设专人进行警戒,防止人员进入; 2.有人进入作业危险区域时,应立即停止破碎作业; 3.人员离开或危险解除后,方可继续进行破碎作业
		醉酒或服药有反应的情况下操作破碎锤	II	物体打击	操作人员操作不当会给周边人员或自身造成伤害	1.加强教育,现场安全、技术人员加强检查监督; 2.严禁作业人员酒后、醉酒或服药有反应的情况下进行破碎作业
		在作业期间,现场人员未使用耳塞、口罩等防护用品	III	其他伤害	破碎噪声伤害听力;破碎粉尘伤害肺部	1.作业前,现场安全、技术人员做好检查; 2.所有现场作业必须佩戴好耳塞、口罩等安全防护用品后,方可进行作业

10.3.3 典型示范

旧桥拆除施工风险防控典型示范,见表10.3.3。

表10.3.3 旧桥拆除施工风险防控典型示范

典型示范	风险防控要点
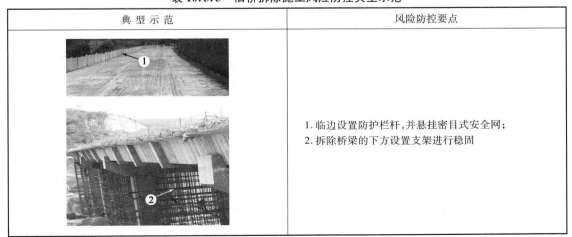	1.临边设置防护栏杆,并悬挂密目式安全网; 2.拆除桥梁的下方设置支架进行稳固

10.4 加固工程

10.4.1 主要工序

改扩建项目主要是对桥梁、隧道进行加固。桥梁上部结构常用的加固方法有粘贴加固法、增大截面法、体外预应力加固法等;下部结构常用的加固方法有:扩大基础加固法、高压旋喷桩加固法、钢筋混凝土套箍及外包钢板等。

本节主要以桥梁上部结构加固施工的粘贴加固法、增大截面法、体外预应力加固法为例,进行施工风险辨控。此外,还对缆索承重桥梁、钢桥加固进行了施工风险辨控。

裂缝封闭及灌胶作业主要包括以下工序:结构胶拌制、裂缝注胶(封闭)。

粘贴钢板加固施工作业主要包括以下工序:钢板加工、结构胶拌制、粘贴钢板。

粘贴碳纤维复合材料施工作业主要包括以下工序:碳纤维下料、结构胶拌制、粘贴碳纤维材料。

体外预应力加固施工作业主要包括以下工序:锚固及定位装置安装、施加体外预应力。

增大截面加固施工作业主要包括以下工序:原结构凿毛、植筋及增加受力筋、浇筑外包混凝土。

缆索承重桥梁加固施工作业主要包括以下工序:斜拉索更换、吊杆更换、系杆更换、缆索桥主缆维修。

钢桥加固施工作业主要包括以下工序:焊接加固、栓接加固、裂纹修复、钢桥涂装。

10.4.2 风险辨控

原结构面清理施工作业风险辨控见表10.4.2-1。
裂缝封闭及灌胶施工作业风险辨控见表10.4.2-2。
粘贴钢板加固施工作业风险辨控见表10.4.2-3。
粘贴碳纤维复合材料施工作业风险辨控见表10.4.2-4。
体外预应力加固施工作业风险辨控见表10.4.2-5。
增大截面加固施工作业风险辨控见表10.4.2-6。
缆索承重桥梁加固施工作业风险辨控见表10.4.2-7。
钢桥加固施工作业风险辨控见表10.4.2-8。

表10.4.2-1 原结构面清理施工作业风险辨控

序号	工序	风险因素	风险等级	可能造成的后果		主要防控措施
				事故类型	伤害形式	
1	原结构面清理	角磨机使用不当	Ⅲ	机械伤害	混凝土颗粒飞溅,伤害作业人员眼睛	1.严格按照安全技术交底和电动工具安全操作规程进行作业; 2.正确佩戴护目镜
		电锤使用不当	Ⅲ	机械伤害	打伤作业人员	严格按照安全技术交底和电动工具安全操作规程进行作业
		未按施工要求佩戴劳保用品	Ⅲ	其他伤害	粉尘、混凝土颗粒等危害对作业人员健康	1.加强安全教育培训,按时发放劳动防护用品; 2.正确佩戴护目镜、防尘口罩等劳动防护用品

表 10.4.2-2　裂缝封闭及灌胶施工作业风险辨控

序号	工序	风险因素	风险等级	可能造成的后果		主要防控措施
				事故类型	伤害形式	
1	结构胶拌制	施工过程中结构胶着火	Ⅱ	火灾、灼烫	对作业人员造成人身伤害,设备、材料损坏	1.对作业人员进行培训; 2.应采取防火措施; 3.配备消防灭火器材
		采用的化学材料挥发	Ⅲ	中毒、窒息、其他伤害	对作业人员职业健康造成伤害	按要求佩戴防毒面具等安全防护用具
		胶液飞溅到皮肤上	Ⅲ	灼烫、其他伤害	胶液接触皮肤会引起过敏或烧伤皮肤	按要求佩戴胶皮手套等安全防护用具
2	裂缝注胶	结构胶浇筑到裂缝中,施工风险见结构胶拌制				

表 10.4.2-3　粘贴钢板加固施工作业风险辨控

序号	工序	风险因素	风险等级	可能造成的后果		主要防控措施
				事故类型	伤害形式	
1	钢板加工	钢板切割操作不规范	Ⅲ	机械伤害	切割机伤害作业人员	加强作业人员岗前安全教育培训
		采用砂轮打磨钢板时,火花飞溅	Ⅲ	灼烫	火花烫伤作业人员	1.加强作业人员岗前安全教育培训; 2.正确穿戴防护服等安全防护用品
2	结构胶拌制	详见表 10.4.2-2				
3	粘贴钢板	粘贴作业风险辨控,详见表 10.4.2-2;钢板焊接作业风险辨控,详见表 4.4.2;高处作业风险辨控,详见表 4.9.2				

表 10.4.2-4　粘贴碳纤维复合材料施工作业风险辨控

序号	工序	风险因素	风险等级	可能造成的后果		主要防控措施
				事故类型	伤害形式	
1	碳纤维下料	碳纤维材料与电源、电线等接触	Ⅲ	触电	作业人员触电	碳纤维材料应远离电源、避开电线
2	结构胶拌制	详见表 10.4.2-2				
3	粘贴碳纤维复合材料	粘贴作业参见表 10.4.2-2;钢板焊接作业风险辨控,详见表 4.4.2;高处作业风险辨控,详见表 4.9.2				

表10.4.2-5 体外预应力加固施工作业风险辨控

序号	工序	风险因素	风险等级	可能造成的后果		主要防控措施
				事故类型	伤害形式	
1	锚固及定位装置安装	施工过程中结构胶着火	II	火灾、灼烫	对作业人员造成人身伤害,对设备、材料造成损坏	1.对作业人员进行培训; 2.应采取防火措施; 3.配备消防灭火器材
		采用的化学材料挥发	III	中毒、窒息、其他伤害	对作业人员职业健康造成伤害	作业人员必须按要求佩戴防毒面具等安全防护用具
		胶液飞溅到皮肤上	III	灼烫、其他伤害	胶液接触皮肤会引起过敏或烧伤皮肤	作业人员必须按要求佩戴胶皮手套等安全防护用具
		因钢构件切割、焊接而引燃其他物质	III	火灾、灼烫	烧伤作业人员	1.加强作业人员安全教育培训; 2.采取防火措施,配备消防灭火器材
		钢构件的运输、安装	III	车辆伤害、起重伤害	撞伤或砸伤作业人员	1.编制具有针对性的施工方案; 2.加强安全技术交底
2	施加体外预应力	体外预应力张拉施工时预应力筋断裂	I	其他伤害	预应力筋伤害作业人员	1.施工时作业人员远离张拉区域; 2.严格按设计施工,严禁超张拉
		加固受力状态下的结构构件过程中,原构件被削弱	I	坍塌	造成人员砸伤、设备损坏等事故	1.编制专项施工方案; 2.采取限载或支架支撑措施
		钢绞线切割风险辨控,详见表4.4.2				

表10.4.2-6 增大截面加固施工作业风险辨控

序号	工序	风险因素	风险等级	可能造成的后果		主要防控措施
				事故类型	伤害形式	
1	原结构凿毛	结构凿毛施工时,混凝土块飞溅;采用高压水枪凿毛原结构时,操作不规范	III	物体打击	混凝土块砸伤人员	1.作业人员必须按产品说明使用凿毛机械; 2.作业人员按要求正确佩戴安全防护用品
2	植筋及增设受力筋	电锤打孔时,发生卡钻	III	其他伤害	伤害作业人员	1.穿戴好安全防护用品,戴好安全带; 2.遇到卡钻时立即停止作业
		化学材料挥发或泄露	III	中毒和窒息、灼烫	刺激作业人员呼吸系统,烫伤作业人员皮肤	作业人员按要求佩戴防毒面具等安全防护用品
		胶液飞溅到皮肤上	III	灼烫、其他伤害	胶液接触皮肤,会引起过敏或烧伤皮肤	作业人员必须按要求佩戴胶皮手套等安全防护用具
		钢绞线切割风险辨控,详见表4.4.2				

续上表

序号	工序	风险因素	风险等级	可能造成的后果		主要防控措施
				事故类型	伤害形式	
3	浇筑外包混凝土	原结构受力状况差,浇筑混凝土易引起原结构垮塌	I	坍塌	造成人员、设备伤害	必须编制专项施工方案,采取限载或支架支撑措施
		混凝土施工时施工荷载过大,造成原结构垮塌	I	坍塌	造成人员、设备伤害	必须编制专项施工方案,进行施工阶段验算

表 10.4.2-7　缆索承重桥梁加固施工作业风险辨控

序号	工序	风险因素	风险等级	可能造成的后果		主要防控措施
				事故类型	伤害形式	
1	斜拉索更换	索塔、主梁、锚碇缺陷未修复完成,就开始换索	I	坍塌	交通中断,作业设备损坏,作业人员伤亡	严格执行施工及监控方案,在索塔、主梁、锚碇缺陷修复、加固完成并通过验收后,方可准许换索
		换索期间有超载车辆通行	I	坍塌	桥梁垮塌,车毁人亡,作业设备损坏,作业人员伤亡	1. 换索期间必须对交通实行"三限"管制; 2. 必要时应中断交通
		卸索过程中,量测不及时	II	坍塌	桥梁垮塌,车毁人亡,作业设备损坏,作业人员伤亡	卸索过程中应全程跟踪量测梁体高程变化,并与理论计算值进行比较,如有异常,应立即停止卸索,待查明原因并处理后,方可继续操作
		斜拉索卸索过程发生断索	I	坍塌	作业设备损坏,作业人员伤亡	严格按照施工方案拆除斜拉索,并采取防护措施;严格控制索力,分级同步卸载,分级荷载级差按照设计要求执行
		索力调整过程发生断索	I	坍塌	作业设备损坏,作业人员伤亡	严格计算索力并防止张拉过度
2	吊杆更换	吊杆在运输、安装过程中违章操作	III	机械伤害	损坏锚具及PE套管	在吊杆运输及安装过程中应有可靠的保护措施
		工具吊杆失稳	I	坍塌	吊杆承载力不足引起失稳,对作业人员造成人身伤害	1. 对工具吊杆进行设计验算; 2. 张拉,对工具吊杆力时,应保证同步张拉,使吊杆受力平衡; 3. 连续监测,使新旧吊杆、工具吊杆之间荷载转换平稳
		吊杆内力调整过程中,拉裂锚固系统	I	坍塌	张拉过度,造成断裂	严格按照计算拉杆力进行施工作业

续上表

序号	工序	风险因素	风险等级	可能造成的后果		主要防控措施
				事故类型	伤害形式	
3	系杆更换	临时系杆断裂	I	坍塌	桥梁损坏,伤害作业人员	1.通过设计验算,确定临时系杆受力; 2.新系杆、临时系杆、旧系杆之间的张拉荷载转换应平稳
		拆除系杆过程中发生垮塌	I	坍塌	桥梁损坏,伤害作业人员	1.严格按照施工方案拆除; 2.中断交通,须采取防护措施
		系杆内力调整过程中,拉裂锚固系统	I	坍塌	张拉过度,损坏系杆	严格计算索力
4	缆索桥主缆维修	检查主缆时,疲劳作业或注意力不集中	II	高处坠落	作业人员脚下打滑,从高处坠落	1.不适合高空作业的人员,严禁上岗; 2.作业人员必须按规定系好安全带,穿戴好防护用品

表 10.4.2-8　钢桥加固施工作业风险辨控

序号	工序	风险因素	风险等级	可能造成的后果		主要防控措施
				事故类型	伤害形式	
1	焊接加固	焊接作业风险辨控,详见表4.7.2				
		恒载作用下焊接	I	坍塌	垮塌,造成人身伤亡	严格按作业工艺指导书执行
2	栓接加固	一次更换螺栓数量过多	II	坍塌	结构垮塌,造成人身伤亡	1.编制安全作业指导书; 2.严格控制更换顺序
3	裂纹修复	焊接作业风险辨控,详见表4.7.2				
		电焊时削弱构件截面	II	坍塌	构件坍塌,造成人身伤亡	编制安全作业指导书,并严格执行
4	钢桥涂装	钢桥涂装作业时,未采取防火措施	II	火灾	作业人员被烧伤	1.配备灭火器材; 2.严禁将火种带入施工现场

10.5　支座更换

10.5.1　主要工序

支座更换施工作业主要包括以下工序:梁体顶升、支座更换。

10.5.2　风险辨控

支座更换风险辨控,见表10.5.2。

表 10.5.2　支座更换风险辨控

序号	工序	风险因素	风险等级	可能造成的后果		主要防控措施
				事故类型	伤害形式	
1	梁体顶升	千斤顶顶升梁板时不同步	Ⅱ	起重伤害	造成梁体开裂、设备损坏、伤害人员	1.应对梁体进行检测,确保同步顶升; 2.设置防止梁掉落的支垫保险装置及限位装置
		千斤顶液压管不合格或磨损,使液压管开裂	Ⅲ	其他伤害	高压液压油对作业人员造成伤害	1.使用之前进行检查; 2.施工时防止液压管被挤压
2	支座更换	施工时触碰油泵阀门,造成落梁	Ⅲ	起重伤害	对作业人员造成人身伤害	设置跟随顶装置
		千斤顶倾斜或漏油	Ⅲ	其他伤害	对作业人员造成人身伤害	1.轻取、轻放旧支座; 2.严禁触碰千斤顶

10.6　伸缩缝更换

10.6.1　主要工序

伸缩缝更换施工作业主要包括以下工序:拆除旧伸缩缝、安装新伸缩缝、浇筑混凝土。

10.6.2　风险辨控

伸缩缝更换风险辨控,见表 10.6.2。

表 10.6.2　伸缩缝更换风险辨控

序号	工序	风险因素	风险等级	可能造成的后果		主要防控措施
				事故类型	伤害形式	
1	拆除旧伸缩缝	安装伸缩缝前交通管制及安全防护不到位	Ⅱ	车辆伤害	造成交通事故,对作业人员造成人身伤害	1.施工前编制专项施工方案并通过相关方批准; 2.严格按照方案内容实施,加强交通管制,确保标识、警示、硬隔离等安全防护到位
		空压机操作不规范	Ⅲ	其他伤害	造成作业人员伤亡	严格按产品说明,使用机械设备
		凿除时,混凝土块飞溅	Ⅲ	物体打击	混凝土块砸伤作业人员	正确穿戴安全防护用品
		气割作业风险辨控,详见表 4.7.2				

续上表

序号	工序	风险因素	风险等级	可能造成的后果		主要防控措施
				事故类型	伤害形式	
2	安装新伸缩缝	电锤打孔植筋时，发生卡钻	Ⅲ	机械伤害	钻机、电锤伤害作业人员	1. 佩戴好安全防护用品；2. 卡钻时立即停止钻进
		焊接作业风险辨控，详见表4.7.2				
3	浇筑混凝土	混凝土作业风险辨控，详见表4.5.2				

10.7 隧道防排水修复

10.7.1 主要工序

隧道防排水修复施工作业主要包括以下工序：开槽、安装排水管、封闭槽口。

10.7.2 风险辨控

隧道防排水修复风险辨控，见表10.7.2。

表10.7.2 隧道防排水修复风险辨控

序号	工序	风险因素	风险等级	可能造成的后果		主要防控措施
				事故类型	伤害形式	
1	开槽	凿除二次衬砌混凝土时，混凝土块飞溅	Ⅲ	物体打击	作业人员被砸伤	1. 施工时，采取防护措施；2. 佩戴护目镜等安全防护用品
2	安装排水管	密封胶对人体有化学危害	Ⅲ	其他伤害	伤害作业人员呼吸系统等	佩戴护目镜、口罩等安全防护用品
3	封闭槽口	局部凿除二次衬砌混凝土时，修补加固不牢固	Ⅲ	物体打击	混凝土掉落，砸伤人员	加固修补的混凝土应与原二次衬砌之间有锚固措施

10.8 边通车边施工

10.8.1 主要工序

边通车边施工作业主要包括以下工序：施工准备、边通车边施工。

10.8.2 风险辨控

边通车边施工风险辨控，见表10.8.2。

表10.8.2 边通车边施工风险辨控

序号	工序	风险因素	风险等级	可能造成的后果		主要防控措施
				事故类型	伤害形式	
1	施工准备	未编制交通组织方案和应急预案	Ⅰ	车辆伤害、其他伤害	施工作业与道路交通相互影响,造成人员伤亡	1.编制交通组织方案; 2.编制应急预案
2	边通车边施工	未按要求设置作业控制区	Ⅱ	车辆伤害	车辆驶入作业区,造成人员伤亡	1.按养护规范设置作业控制区,并在作业区前方设置安全警示标志; 2.专职安全员在作业控制区内进行安全监管; 3.作业区上游(来车方向)设置摇旗手
		未定期检查、维护交通安全设施	Ⅱ	车辆伤害	交通安全设施损坏或缺失,误导交通,造成人员伤亡	1.专职安全员每天定时巡查交通安全设施; 2.与交警、路政部门进行联动,发现有损坏的交通设施及时更换
		施工路段沿线进出口处,未设置明显的临时交通安全设施	Ⅱ	车辆伤害	车辆、行人进入作业区,造成人员伤亡	1.出入口处设专人看管; 2.设置"禁止入内"等安全警示牌; 3.专职安全员巡查
		爆破作业前未临时中断交通	Ⅲ	放炮	车辆及人员被炸伤	1.爆破作业前必须临时中断交通; 2.爆破作业控制区内确保无滞留车辆和人员
		爆破后未清理道路上的土、石,未达到行车条件,就开放交通	Ⅲ	车辆伤害	发生交通事故,造成人员伤亡	1.爆破后,安全员对爆破现场及时进行排查并确认安全; 2.爆破后及时清理道路上的土、石,检修公路设施; 3.现场专职安全员及时检查路面情况,满足行车条件后,方可开放交通
		边通车边施工路段,路面存在杂物	Ⅰ	车辆伤害	发生交通事故,造成人员伤亡	1.施工现场安全区域内设置垃圾存放点; 2.专职安全员在施工作业区进行巡查,发现杂物,及时清理; 3.及时更换被损坏的临时交通设施
		封闭车道作业时,未按规定设置隔离设施	Ⅱ	车辆伤害	车辆驶入作业区,造成人员伤亡	1.按养护安全作业规程设置临时隔离设施和警示标志; 2.为专职安全员配备专用的通信设施,指挥车辆,疏导交通

续上表

序号	工序	风险因素	风险等级	可能造成的后果		主要防控措施
				事故类型	伤害形式	
2	边通车边施工	涉路施工现场开挖基坑或沟槽时,防护措施不到位	Ⅱ	高处坠落	造成人员伤亡	1. 作业区四周设安全围挡,封闭作业; 2. 施工区域设安全警示标志,夜间悬挂警示红灯
		作业人员未按要求穿戴安全防护用品	Ⅱ	车辆伤害	造成人员伤亡	1. 对作业人员进行安全教育培训及安全技术交底; 2. 进入施工现场人员必须穿戴反光服、反光背心等安全防护用品
		人员随意横穿公路	Ⅱ	车辆伤害	过往车辆躲避不及,造成车辆伤人事故	1. 加强巡查,及时制止; 2. 作业区域内设置隔离设施和安全警示标志牌
		门架搭设及拆除时未按要求进行防护	Ⅰ	车辆伤害	过往车辆对前方情况不明,引发司机误判,造成车辆伤人事故	1. 按设计方案进行搭设; 2. 施工前必须明确"交通组织专册"防护要求和高速交警、路政的要求; 3. 摆放警示牌、水马、爆闪灯,设摇旗手,设限高、限速、限宽及防撞设施
		上跨既有高速结构物施工时,存在物体坠落	Ⅰ	物体打击	物体坠落,造成车辆人员伤害事故	1. 作业现场下方安装设置防坠网; 2. 作业现场下方搭建安全通道
		施工作业区未按要求设置安全警示标志和防护设施	Ⅱ	车辆伤害	过往车辆在雨天、雾天、夜间行驶时对前方情况不明,造成人员伤害、车辆损坏事故	施工作业区必须按交通组织设计要求,用彩钢板、水马隔离防护,装设爆闪灯、贴反光膜等进行警示
		施工车辆与社会车辆分离后,施工车辆占用单车道行车,未设会车区域	Ⅱ	车辆伤害	导致对向行驶,无法避让,交通堵塞,引发事故,造成人员伤害、车辆损坏事故	1. 设置会车区域,条件不便的,应增建临时区间会车平台; 2. 增设交通疏导员,指挥协调施工车辆通行
		交通组织方案未审批、未公示	Ⅱ	车辆伤害	过往车辆未能提前选择绕行,导致堵、逆行等,造成车辆人员伤害事故	认真编写交通组织方案,批准后,提前公示

10.8.3 典型示范

边通车边施工风险防控典型示范,见表10.8.3。

10 改扩建工程

表 10.8.3　边通车边施工风险防控典型示范

典 型 示 范	风险防控要点
	1. 在高速口设立交通标志牌提前告知； 2. 安排专职安全员进行交通管理； 3. 设置隔离墩进行交通分流,且分流处设置限速标志牌； 4. 道路变窄前,设立安全标志牌提前引导

附录A 风险等级划分及处置原则

A.0.1 风险等级划分原则

风险是事件(事故)发生的可能性与严重性的组合。《本手册》主要综合风险因素可能造成的危害后果及以下因素进行风险评估,确定风险等级。

(1)风险因素的危险程度:依据作业环境、施工工艺、风险发生的可能性,确定危险程度。
(2)风险发生可能造成人员伤亡的数量。
(3)风险因素可能造成的经济损失。

A.0.2 风险处置原则

施工单位要根据安全风险的特点和评估结论,从组织、制度、技术、应急等方面对安全风险进行有效管控。通过采取隔离风险、采取技术手段、实施个体防护、设置监控设施等措施,达到回避、降低和监测风险的目的。

Ⅰ级风险(重大):通过增加安全投入,采取有效的技术、制度等防控措施,从本质上消除或降低风险。建议由建设单位主要负责人作为Ⅰ级风险防控责任人,逐一明确管控层级,落实管控措施。

Ⅱ级风险(较大):通过加强安全管理、完善安全管理制度、强化安全管理措施,消除或降低风险。建议由监理单位主要负责人作为Ⅱ级风险防控责任人,监督施工单位明确防控责任,落实防控措施。

Ⅲ级风险(一般):通过规范作业行为、落实风险告知制度,让一线施工作业人员了解风险的基本情况及防范、应急对策。建议由施工单位主要负责人作为Ⅲ级风险防控责任人。

附录 B 事故类型

按照《企业职工伤亡事故分类》(GB 6441—1986),将事故类型划分为 20 种:
——物体打击;
——车辆伤害;
——机械伤害;
——起重伤害;
——触电;
——淹溺;
——灼烫;
——火灾;
——高处坠落;
——坍塌;
——冒顶片帮;
——透水;
——放炮;
——火药爆炸;
——瓦斯爆炸;
——锅炉爆炸;
——容器爆炸;
——其他爆炸;
——中毒和窒息;
——其他伤害。

附录 C 《本手册》应用示例

施工作业前,应对照《本手册》并结合工程实际,编制施工安全风险辨控清单。此处以"施工临时用电"为例,简单介绍《本手册》的使用方法。

C.0.1 作业概况

根据某桥梁桩基施工临时用电方案,现场采用发电机发电,配置100kW发电机1台,设总配电箱(柜)1个、分配电箱2个、开关箱4个,采用三级配电、二级保护系统;场内有外电架空线路;夜间施工有照明需求;所有电缆均采用直接埋地敷设。

C.0.2 列出主要作业工序

以《本手册》作业工序为基础,结合施工组织设计文件,列出施工现场的主要作业工序。本示例的"施工临时用电"主要作业工序为:施工准备、建设、拆除等。

C.0.3 排查风险因素

对照《本手册》所列风险因素,逐条、逐项地进行排查,标记出本分项工程可能涉及的风险因素项,并根据工程实际,合理补充风险因素项数,结果列入安全风险排查表(表C-1)。

表C-1 公路工程施工安全风险排查表(施工临时用电)

序号	工序	风险因素	是否可能涉及该项风险因素
1	施工准备	外电架空线路与在建工程(含脚手架)、机动车道路面、起重机的距离不满足安全要求,且未采取安全技术措施	√
		消防器材不足	√
		……(可根据项目实际合理增加)	……
2	建设	变压器防护措施不到位	×
		未采取发电机防护措施	√
		架空线路档距或线间距离不符合要求	√
		一个档距的架空线路,每层导线的接头数过多	√
		架空线路未架设在专用电杆上	√
		地下埋设电缆时,未采取安全防护措施	√
		总配电箱、分配电箱、开关箱分布不满足要求	√
		配电箱、开关箱未装设在合适的场所	√
		固定式或移动式配电箱、开关箱的中心点与地面的垂直距离不满足要求	√
		配电箱未采取安全措施	√
		配电柜正面的操作通道(空间)不满足要求	√

续上表

序号	工序	风险因素	是否可能涉及该项风险因素
2	建设	未实行"一机一闸,一箱一漏"制	√
		漏电保护器的性能不满足安全要求	√
		用于潮湿和腐蚀介质场所的漏电保护器,不满足安全要求	×
		在潮湿或特别潮湿、有爆炸或火灾危险、存在较强振动等场所,未选用具有相应防护功能的照明器	×
		潮湿、特别潮湿等特殊场所电源电压不满足要求	×
		用电设备未采取防触电保护措施	√
		动力线路与照明线路未分开设置	√
		配电柜或配电线路停电维修时,未采取安全措施	√
		……(可根据项目实际合理增加)	……
3	拆除	临时用电设备和线路的拆除未由电工完成	√
		……(可根据项目实际合理增加)	……

注:"是否可能涉及某项风险因素",应在相应单元格画"√"或"×"。

C.0.4 编制施工安全风险辨控清单

对本分项工程可能涉及的风险因素项进行摘录和补充后,形成施工安全风险辨控清单(表C-2),便于施工安全管理人员和作业人员对照、掌握和应用。

表 C-2 公路工程施工安全风险辨控清单(施工临时用电)

序号	工序	风险因素	风险等级	可能造成的后果		主要防控措施
				事故类型	伤害形式	
1	施工准备	外电架空线路与在建工程(含脚手架)、机动车道路面、起重机的距离不满足安全要求,且未采取安全技术措施	I	触电	线路与设备或人员接触,造成人员直接或间接触电	1. 外电架空线路电压等级为 <1kV、1k~10kV、35k~110kV、220kV、330k~500kV 时,外电架空线路边线与在建工程(含脚手架)周边的最小安全距离分别为 4m、6m、8m、10m、15m; 2. 外电架空线路电压等级为 <1kV、1k~10kV、35kV 时,架空线路的最低点与路面的最小垂直距离分别为 6m、7m、8m; 3. 在外电架空线路附近吊装时,起重机的任何部位或被吊物边缘在最大偏斜时与架空线路边线的最小安全距离如下:外电架空线路电压等级为 <1kV、10kV、35kV、110kV、220kV、330kV、500kV,沿垂直方向的最小安全距离分别为 1.5m、3.0m、4.0m、5.0m、6.0m、7.0m、8.5m;沿水平方向的最小安全距离分别为 1.5m、2.0m、3.5m、4.0m、6.0m、7.0m、8.5m;

续上表

序号	工序	风险因素	风险等级	可能造成的后果		主要防控措施
				事故类型	伤害形式	
1	施工准备	外电架空线路与在建工程(含脚手架)、机动车道路面、起重机的距离不满足安全要求,且未采取安全技术措施	I	触电	线路与设备或人员接触,造成人员直接或间接触电	4.应悬挂醒目的警告标志; 5.应经有关部门批准后采取绝缘隔离防护设施; 6.应与有关部门协商,采取停电、迁移外电架空线路的措施; 7.改变工程位置
		消防器材不足	II	火灾	无法快速、有效灭火,造成伤害	1.应配备足够的消防器材; 2.应派专人进行消防器材管理,存放整齐,挂设醒目标志,进行经常性检查、维护及保养
2	建设	未采取发电机防护措施	I	触电	高压电弧等伤害人员	1.发电机应进行接地:当单台发电机容量大于100kV·A时,工作接地电阻值不得大于4Ω;当单台发电机容量不超过100kV·A时,工作接地电阻值不得大于10Ω;土壤电阻率大于1000Ω·m时,工作接地电阻值可提高到30Ω。 2.发电机电源必须与外电线路电源连锁。 3.发电机加油应规范,不得从油桶直接供油
		架空线路档距或线间距离不符合要求	III	触电、火灾	线路掉落,造成作业人员触电间距太近,电线之间容易产生电感,造成电线温度升高,发生火灾等事故	1.电杆档距最大不超过35m; 2.线间距不得少于0.3m
		一个档距的架空线路,每层导线的接头数过多	III	触电	导线接头处易断裂,引起人员触电	1.每层导线的接头数不得超过该层导线条数的50%; 2.一根导线只允许一个接头; 3.跨越道路、河流的架空线路,档距内不得有接头
		架空线路未架设在专用电杆上	III	触电	线路不稳掉落,伤害人员	1.严禁架设在树木或脚手架等不稳固的地方,必须架设在专用电杆上; 2.应选用钢筋混凝土杆或木杆,钢筋混凝土杆不得有露筋、宽度大于0.4mm的裂纹和扭曲,木杆的梢径不应小于14cm; 3.电杆的埋设深度为杆长的1/10加0.6m

附录C 《本手册》应用示例

续上表

序号	工序	风险因素	风险等级	可能造成的后果		主要防控措施
				事故类型	伤害形式	
2	建设	地下埋设电缆时，未采取安全防护措施	Ⅲ	触电	电缆断裂，发生触电	1. 地下埋设电缆应设防护管，埋设深度不小于0.8m； 2. 其沟槽边缘与现场开挖的其他沟槽边缘不得小于0.5m
		总配电箱、分配电箱、开关箱分布不满足要求	Ⅱ	触电	不能有效控制机械设备，造成伤害	1. 总配电箱应设在靠近电源的区域； 2. 分配电箱应设在用电设备或负荷相对集中的区域； 3. 开关箱与分配电箱的距离不得大于30m，开关箱应靠近用电设备，与其控制的固定式用电设备水平距离不宜大于3m
		配电箱、开关箱未装设在合适的场所	Ⅱ	触电	箱内线路发生故障，伤害人员	1. 应装设在干燥、通风及常温场所； 2. 不得装设在有瓦斯、烟气、潮气及其他有害介质的场所
		固定式或移动式配电箱、开关箱的中心点与地面的垂直距离不满足要求	Ⅲ	触电	不能引起作业人员的注意，造成人员触电	1. 固定式配电箱、开关箱的中心点与地面的垂直距离为1.4~1.6m； 2. 移动式配电箱、开关箱应装设在坚固、稳定的支架上，其中心点与地面的垂直距离为0.8~1.6m
		配电箱未采取安全措施	Ⅲ	触电	发生触电	1. 应上锁，并标识责任人及联系方式； 2. 应进行接地，接地电阻不得大于10Ω； 3. 配电箱内的进出电缆线应采用护管进行防护，开关应标识清楚、准确； 4. 一级配电箱应设置刀开关；坐地安装时应采用混凝土底座，厚度不小于30cm；放置于室外时，应设置防雨罩
		配电柜正面的操作通道空间不满足要求	Ⅲ	触电	操作不便利，导致操作失误，造成人员触电	1. 单列布置或双列背对背布置不小于1.5m； 2. 双列面对面布置不小于2m
		未实行"一机一闸，一箱一漏"制	Ⅱ	机械伤害、触电	开启一台机械的电源时，共用开关闸的机械电源也接通，导致不知情的人员发生机械伤害和触电	1. 实行"一机一闸，一箱一漏"，严禁用同一个开关直接控制2台及2台以上用电设备（含插座）； 2. 每台用电设备必须设置独立开关箱

253

续上表

序号	工序	风险因素	风险等级	可能造成的后果		主要防控措施
				事故类型	伤害形式	
2	建设	漏电保护器的性能不满足安全要求	II	触电	漏电保护器失效,导致作业人员触电	1.总配电箱漏电保护器的额定漏电动作电流应大于30mA,额定漏电动作时间应大于0.1s; 2.开关箱漏电保护器的额定漏电动作电流不得大于30mA,额定漏电动作时间不应大于0.1s
		用电设备未采取防触电保护措施	III	触电	灯具漏电或电压超过其额定电压,发生触电	1.用电设备的金属外壳必须接零或接地,若采用接地保护,则接地电阻不得大于10Ω; 2.照明灯具的相线必须经开关控制,严禁直接引入灯具; 3.应就近连接三级或末级配电箱
		动力线路与照明线路未分开设置	I	触电、火灾	动力线路的设备功率大,连带照明线路漏电,发生触电、火灾	1.应分开设置; 2.由电工进行线路巡检
		配电柜或配电线路停电维修时,未采取安全措施	I	触电	作业人员合闸,造成维修人员触电	1.应切断电源、锁定安全保护装置; 2.应悬挂"禁止合闸,有人工作"等安全警示标志; 3.必须由专人停送电,同时挂接地线
3	拆除	临时用电设备和线路的拆除未由电工完成	II	触电	错误操作,发生触电	1.必须由电工完成,并派专人监护; 2.先切断线路电源,再进行拆除

C.0.5 施工安全风险辨控清单的应用

编制完善并经审核备案的施工安全风险辨控清单,可作为施工安全管理人员和作业人员安全教育培训、技术交底的参考资料。

参 考 文 献

[1] 中华人民共和国行业标准. JTG F90—2015 公路工程施工安全技术规范[S]. 北京:人民交通出版社股份有限公司,2015.
[2] 中华人民共和国行业标准. JTG F10—2006 公路路基施工技术规范[S]. 北京:人民交通出版社,2006.
[3] 中华人民共和国行业标准. JTG/T F20—2015 公路路面基层施工技术细则[S]. 北京:人民交通出版社股份有限公司,2015.
[4] 中华人民共和国行业标准. JTG F40—2004 公路沥青路面施工技术规范[S]. 北京:人民交通出版社,2004.
[5] 中华人民共和国行业标准. JTG/T F30—2014 公路水泥混凝土路面施工技术细则[S]. 北京:人民交通出版社,2014.
[6] 中华人民共和国行业标准. JTG/T F50—2011 公路桥涵施工技术规范[S]. 北京:人民交通出版社,2011.
[7] 中华人民共和国行业标准. JTG F60—2009 公路隧道施工技术规范[S]. 北京:人民交通出版社,2009.
[8] 中华人民共和国行业标准. JTG F71—2006 公路交通安全设施施工技术规范[S]. 北京:人民交通出版社,2006.
[9] 交通运输部工程质量监督局. 公路水运工程施工安全标准化指南[M]. 北京:人民交通出版社股份有限公司,2014.
[10] 中华人民共和国行业标准. JTG B05—2015 公路项目安全性评价规范[S]. 北京:人民交通出版社股份有限公司,2015.
[11] 山西省地方标准. DB 14/T 666—2016 公路工程施工安全检查评价规程[S].
[12] 山西省地方标准. DB 14/T 1023—2014 公路工程施工危险源辨识指南[S].